GÉNÉRATION PÈRE NOËL

Du Splendid à la gloire!

ALEXANDRE GRENIER

GÉNÉRATION PÈRE NOËL

Du Splendid à la gloire!

belfond
216, boulevard Saint-Germain
75007 PARIS

Si vous souhaitez recevoir notre catalogue
et être tenu au courant de nos publications,
envoyez vos nom et adresse, en citant ce livre,
aux Éditions Belfond,
216, bd Saint-Germain, 75007 Paris.
Et, pour le Canada, à
Édipresse Inc., 945 avenue Beaumont
Montréal, Québec H3N 1W3.

ISBN 2.7144.3216.6

A Ivan et Fernande Balaskovic
A Jeanine et Marcel Blanc
A Louba et à M. le Pasteur Chazel
A Stéphanette et Jean-Claude Clavier
A Odette et André Jugnot
A Rosane et André Lhermitte
A Mona et Michel Mairesse
A Jeanne et Jean Moynot
qui ont eu la bonne idée de devenir parents dans les années 50...

A ma douce mère...
Qui a eu la même excellente idée à la même époque !

Sans eux, ce livre n'aurait jamais vu le jour...

Et pour cause !

Pour Susy...
qui sait que le Père Noël
n'est pas une ordure !

I get high with a little help from my friends,
I'm gonna try with a little help from my [friends.
What do I do when my love is away?
Does it worry you to be alone?
How do I feel by the end of the day?
Are you sad because you're on your own?
No, I get by with a little help from my [friends...

John Lennon – Paul McCartney

Juin 1993...

Il est nerveux, Michel, toujours nerveux. Encore plus depuis qu'il a entrepris ce tournage. *Grosse fatigue!* C'est lui qui l'a la... grosse fatigue. Deux mois déjà! Deux mois d'angoisses, de doutes... Qui cela va bien pouvoir faire rire? Jamais je n'aurais dû me lancer là-dedans...

Arpentant son décor, un salon-séjour chic censé être celui de Carole Bouquet, il se sent encore plus tenaillé par l'angoisse. Une boule, là, au creux de l'estomac... Pourquoi avoir écrit cette histoire absurde de double? Un compte à régler avec moi-même. Ma célébrité. Mon ego? Est-ce que « eux » se posent la même question? Comment vit-on sa célébrité lorsqu'on a tout fait pour qu'elle arrive? Ni Thierry, ni Josiane, ni Christian, ni le reste de la bande ne semblent se la poser, cette question...

On leur demandera tout à l'heure, quand ils vont « tous » être là, ensemble de nouveau... La bande, comme autrefois, pour rassurer...

C'est idiot, on n'est plus comme autrefois!

Finie, cette école que fut Le Splendid! Depuis dix ans, c'est chacun pour soi; même si l'amitié demeure, l'amour aussi, on n'a plus rien à voir ensemble. Plus les mêmes attentes, les mêmes envies, les mêmes raisons de faire ce métier. Et pourtant, il a voulu les réunir de nouveau, rien que pour lui, Michel Blanc, tous autour de la même table! Ça n'avait pas dû leur arriver depuis... Depuis quand, déjà? Cinq ans? Non, plus. Dix ans; oui, c'est cela, dix ans. Pour les dix ans du Splendid, justement!

Il a lu et relu sa prose, une scène écrite comme un clin d'œil au passé, à cette époque de grande angoisse, mais où tout semblait possible et facile. Protégé, Michel Blanc. De l'intérieur. Comme tous les autres, du reste. Cette troupe, elle leur a permis de devenir ce qu'ils sont aujourd'hui. Les meilleurs. De grandes vedettes du cinéma français, comme on disait avant que le mot « star » ne se mange à toutes les sauces. Tous y sont parvenus, sans exception. Grâce à la bande, à l'amitié. Et, accessoirement, au talent. Que seraient-ils aujourd'hui sans Le Splendid? Exercice : Josiane? Sûrement décoratrice de théâtre. Marie-Anne? Prof d'histoire. Christian? De philo. Thierry? Mathématicien ou... peintre. Et Bruno? Il aurait un garage ou serait imprésario. Michel? Un grand concertiste. Et Gérard? Réalisateur! Naturellement. Qu'importe, sans la bande, aucun n'aurait connu ces heures folles. Les bides et les triomphes, le goût du plâtre et celui du succès. Non, la troupe, c'est décidément la meilleure chose qui nous soit arrivée...

Intérieur jour. Carole Bouquet attend Michel Blanc devant une porte fermée.

« – Approchez...

– Alors, comme ça, vous êtes Michel Blanc... Ça tombe bien, parce que figurez-vous qu'en ce moment je suis en train de déjeuner avec lui. C'est pas de chance, hein? »

La porte s'ouvre, on découvre autour de la table " Michel Blanc " entouré de ses copains du Splendid. Stupeur générale!

Personne ne le reconnaît. Avançant dans son cauchemar, il les voit... Thierry, Gérard, Marie-Anne, Christian, Josiane... et Michel, le faux, adopté par le groupe...

Idiot! Ça s'était toujours bien passé. Mieux, sa vraie famille, c'est eux. Tous sont la famille de chacun. Et inversement. Michel les avait même quittés pour ça, par amour : « Pour ne pas être un jour obligé de m'engueuler avec des gens que j'aime! »

Cet après-midi-là, un cauchemar? Non! Un après-midi de souvenirs, de rires, de farces de collégiens. « Tu te souviens quand... » Autrefois. Dix ans? Non! Vingt ans... Déjà? Le lycée Pasteur, Neuilly, Courbevoie, Puteaux, le passage du Départ, les Lombards, *Les Bronzés*, *Le Père Noël*... C'est cela qu'il avait voulu, Michel : remettre les pendules de l'amitié à l'heure du passé. Et c'est pour la même raison qu'ils avaient accepté.

Le Splendid est un puzzle dont aucune pièce ne ressemble à l'autre, mais une fois réunies, assemblées dans le bon sens – et ce ne fut pas facile! –, le résultat donne une belle image de ce que l'amitié et le talent peuvent faire... et cette histoire est exemplaire. C'est Patrice Leconte qui le dit. Le point de vue n'est pas neutre. Le réalisateur des *Bronzés* est bien placé pour le savoir... il y était! Il dit « exemplaire » en mettant au défi quiconque de trouver dans l'histoire de la comédie une bande de copains de lycée devenus tous, sans exception, les plus grands dans leur art. Ça n'existe pas. Aucun n'y était préparé, et pourtant tous étaient faits pour ça.

Je n'arriverai pas à la tourner, cette putain de scène! Pas à aligner mes répliques! Ils sont partis. Loin. Les techniciens les regardent comme si soudainement un voile de tulle les isolait du reste du monde. Le bruit de leur rire n'appartient qu'à eux... Et si toute cette histoire était du cinéma? Un rêve, même. On aurait bien voulu que tout se passe comme ça. Que toutes ces personnes devenues des personnages, si différents, si peu ressemblants, soient vraiment nées du même œuf...

Ce jour-là, dix ans après leur dernier salut en commun, vingt ans après leur premier trac, trente ans après leur première poignée de main, ils avaient enfin conscience d'être une même famille.

Une histoire de pont...

1

S'il n'avait pas été un lycée, cet austère bâtiment aurait pu être une caserne.

Un quadrilatère de bâtiments tristounets dont un, plus trapu, fait office de façade sur le boulevard d'Inkerman, en plein centre de Neuilly – cette verrue chic plantée sur la joue ouest de Paris. Une prison de pierres grisâtres percée d'une multitude de fenêtres qui enserrent une cour pavée plantée de marronniers, pouvant accueillir plusieurs centaines d'ados dont les cris libératoires qui ponctuent les intercours sont des repères horaires pour les gens du quartier.

Tous les matins, la masse studieuse s'agglutine sur le trottoir. Mobs, vélos, Solex. On se cherche ; on se retrouve ; on commente la soirée, la nuit... aux copains avec lesquels souvent on a passé deux bonnes heures au téléphone, la veille... Les élèves Clavier, Jugnot, Blanc et Lhermitte sont de cette masse bruyante, des élèves que rien ne distingue des autres. La mode commence, en ce milieu des années 60, à devenir uniforme : jeans « pattes d'éph », shetland au ras du nombril, chaussettes Burlington, le tout monté sur très seyantes Clarks. L'hiver, il est permis de rajouter un manteau afghan pour les plus babs ; ou un trench-redingote en gabardine bleu marine – à la ceinture nouée dans le dos, afin d'accentuer le cintrage du vêtement – pour les plus sages. Les philosophies de l'époque, plus que les clivages sociaux, génèrent les tenues vestimentaires, l'uniforme. Le jeans assorti du pull en shetland dénote le hippie, le bab (le terme viendra plus tard), le contestataire à la fumeuse conscience politique...

« Tu devrais lire *L'Anti-Dühring* de Engels, c'est ââââbsolument nécessaire pour tout comprendre ! »

Les autres, les mods, snobs et autres « fils à papa », arborent, eux, le trois-pièces cintré, chemise en voile mauve avec col pelle à tarte soutenant une cravate cachemire large comme le boulevard Bineau. Le parapluie, même en plein été, est indispensable, comme les mocassins Carvil à glands ou à frange.

On « est » Beatles ou Stones, Grateful Dead ou Simon and Garfunkel, Timothy Leary ou Boris Vian. « Choisis ton camp, camarade... »

En réaction contre leur milieu, Thierry et Christian appartiennent à la première catégorie. Thierry a le cheveu très long, le sac militaire en bandoulière graffité du signe de la paix prôné alors par le MCAA (Mouvement contre l'armement atomique). Christian, lui, fait plutôt dans le romantique tendance Baudelaire. Il écoute plus volontiers Simon and Garfunkel ou Crosby, Still, Nash and Young, dont il raffole, que les discours des distributeurs de tracts. Sur une photo d'époque, on le voit assis sur le rebord d'une fenêtre, jeans velours mille-raies, col roulé, le cheveu couvrant les oreilles, les yeux perdus dans un vague insondable. Romantique ? Mieux : hugolien ! Michel et Gérard, eux, n'ont pas ce genre de frivolité. Leur tenue est identique, mais pas tout à fait pour les mêmes raisons. Ils portent le jeans par pragmatisme économique, plus pour se donner une contenance et une allure que pour militer contre leur origine sociale.

« C'était une époque où on fumait la pipe, se souvient Jugnot. J'ai eu la barbe, les Clarks, un Solex peint en mauve que j'appelais Malek (!), et les lunettes rondes à la Lennon... pour avoir une image d'artiste [1]. »

L'important est qu'ils sont tous là, dans cet antre d'ennui et de révolte qui va cimenter leur rencontre. Pour Thierry et Christian, le lycée Pasteur est le cadre naturel où ils devaient échouer, leurs parents respectifs n'ayant aucune velléité de les placer dans le « privé ». Pour Michel et Gérard, il y a en revanche volonté affichée de leurs géniteurs de les hausser au niveau supérieur. Bien qu'on tire – autant chez les Blanc que chez les Jugnot – une certaine fierté d'être de la classe ouvrière ou de la petite-bourgeoisie, on veut que le petit s'en sorte. Faisant fi des lycées de Courbevoie et de Puteaux qui mènent tout droit au collège

1. Toutes les citations sans référence ont été recueillies par l'auteur.

d'enseignement technique, on intrigue chez les Blanc et chez les Jugnot pour passer le pont.

Gérard : « Mes parents voulaient un lycée prestigieux, et pour cela il fallait traverser le pont. Normalement, j'aurais dû me retrouver à Paul-Langevin, à Suresnes. Si j'y étais allé, j'aurais peut-être fait une autre carrière, celle de comédien de théâtre, parce que j'étais pote dans mon quartier avec des mecs qui se sont retrouvés chez Vitez et Noël Martin. »

Les mêmes raisons président au choix des époux Blanc : « Pasteur était un meilleur lycée que celui de Puteaux, et comme j'étais un bon élève, ma mère a suggéré de m'envoyer là-bas. Au vu de mes notes, j'ai été pris sans difficulté. »

Le destin et un carnet de notes favorisent les grandes rencontres.

Aucun d'eux, étonnamment, ne garde beaucoup de souvenirs avant l'année scolaire 1967-1968. De la sixième à la quatrième, ils se traînent, moroses, entre le lycée et le domicile parental. Onze-quatorze ans, un no man's land de la vie à l'horizon encore bouché. Et puis, ces années-là sont celles qui vont être balayées par un certain mai de liberté. Pour beaucoup de lycéens de France, le temps se partagera vite dans leurs souvenirs entre avant et après 68. Mais, pour nos héros, tout commence un peu avant. En 1966, très exactement. Gérard Jugnot et Christian Clavier font, cette année-là, leur quatrième ensemble. Ils se connaissent... Sans plus.

Gérard : « Je me souviens bien de Christian à cette époque, et de son extraordinaire imitation du prof d'allemand. Il était chahuteur et terriblement cabot. »

« C'est vrai, admet le cabot. Pour moi, le regard des autres a toujours été important. Je faisais le con pour qu'on me remarque. J'étais un élève plutôt timide, pas très bon en classe, et à cet âge donc je devais avoir besoin d'une expression parallèle dans laquelle je me sente exister. Alors, je faisais le con... »

L'année scolaire 1965-1966 les sépare : Christian redouble vaillamment sa quatrième, Gérard, meilleur élève sans doute, passe en troisième où il rencontre un certain Michel Blanc qui présente d'étranges similitudes avec lui. Leur milieu, d'abord : ils sont tous deux fils d'ouvrier. Leur physique un peu ingrat, ensuite : Michel a déjà de graves problèmes capillaires; et Gérard, encore chevelu mais pas encore moustachu, est un « rond » sympa, plutôt gauche. Et dernier point, enfin, les filles... pour lesquelles ils n'existent pas !

« On ne les remarquait même pas..., se souvient malicieusement Marie-Anne Chazel qui fut pourtant très vite associée à la bande. L'un comme l'autre ont – même encore aujourd'hui – vis-à-vis de la gent féminine des rapports compliqués et conflictuels. Leur talent reconnu et leur célébrité n'ont pas – loin s'en faut – arrangé les choses! »

Naturellement, tout ça crée des affinités, des liens pour faire front commun dans un monde où l'argent, les vacances au ski, la grosse voiture de papa et les fringues à la dernière mode sont souvent ressentis comme une humiliation par nos deux « émigrés ».

C'est aussi une histoire de milieu qui va présider à la naissance d'une solide amitié entre Christian et Thierry. Eux, leur problème est le même, mais les raisons sont différentes.

Christian redouble, bloqué par l'obstination de ses professeurs à ne pas reconnaître ses efforts visant à privilégier les loisirs sur l'étude. Il date de décembre 1967 le début de sa grande amitié avec Thierry. Une amitié évidente, cimentée par une communauté de pensée, de rire, alimentée par le regard assez acide, souvent compassé et surtout dérisoire qu'ils portent tous deux sur leur milieu. Si leur sens de la déconnade les rapproche très vite, c'est cette profonde révolte contre leur milieu bourgeois qui les unit.

« Pour moi, la bourgeoisie, c'était surtout des valeurs de travail, d'effort et de morale. Je n'étais pas en rébellion contre cela, mais en réaction. En fait, je les trouvais un peu navrants. C'est ce qui fait que nous n'avons pas adhéré aux mots d'ordre de 68, mais l'avons vécu en parallèle... Il nous est quelquefois arrivé de sortir de Neuilly pour aller voir ce qui se passait dans les amphis à Paris... Et chaque fois nous en ressortions interloqués. J'ai encore en tête des images d'amphis bourrés d'intellectuels promis à un grand avenir; et les voir monter à la tribune pour prendre la parole au nom des masses laborieuses et de leur avenir nous donnait envie de rire. On trouvait ça drôle, sympathique... et terriblement ridicule! »

La lutte, la vraie, elle passe, selon eux, par un mouvement structuré, fait par des (vrais!) ouvriers luttant pour leurs intérêts. Le PCF, naturellement! Dans la foulée de 68, ils s'inscrivent donc au parti communiste à l'occasion d'une visite à la Fête de *L'Humanité*. En un après-midi, la pensée de Marx et de Lénine devient leur credo! Mais après deux réunions de cellule, Thierry et Christian, d'un commun accord, rompent avec les instances du Parti.

« C'est vrai que le côté structuré du Parti nous plaisait, nous qui avions toujours trouvé les gauchistes très chiants... Mais après la seconde réunion de cellule avec ces ringards d'une connerie insondable et bourrés jusqu'à la gueule de mots d'ordre débiles, on a trouvé ça catastrophique et on a préféré en rester là! » explique Christian.

Le souvenir du passage de Christian et de Thierry au PCF fait encore hurler de rire Jugnot. « C'était très snob à l'époque, à Neuilly, d'épouser les idées du parti communiste. Alors, s'y inscrire devenait carrément héroïque. Et, pour les filles, je ne vous dis pas l'impact. Mais, ne rêvons pas, ils allaient à la Fête de *L'Huma* en taxi et parlaient très sérieusement des cadences infernales... »

Au contraire d'un Jugnot qui, on le verra, a de sérieux problèmes familiaux, chez les Clavier l'ambiance est plutôt calme et détendue. Le père élève bien de temps en temps la voix, lorsqu'il s'inquiète pour l'avenir de son aîné – « Passe ton bac d'abord, on verra après... », le leitmotiv de toute une génération de parents –, mais les accès de colère légitime sont arrondis aux angles par Fanette Clavier, une mère qui sait toujours trouver le mot apaisant.

Pour Thierry, en revanche, les choses se passent moins bien. Il a encore le souvenir d'homériques engueulades avec ses parents... des bagarres alimentées par un réel don de cossard qui, Mai 68 aidant, ne l'a pas vraiment incité à plancher. Christian se révèle très vite le copain idéal, l'ami sur la même longueur d'onde à qui on confie tout... La vraie famille : les potes.

« Christian et moi, nous étions les meilleurs amis du monde. Le soir, en sortant de Pasteur, je le raccompagnais, puis il me raccompagnait, et je le raccompagnais de nouveau. On discutait des heures entières des filles, du métier d'acteur auquel il commençait à penser, de nos parents, du cinéma... Et quand on arrivait enfin chez soi... on se téléphonait pendant deux heures! Comme tous les ados... »

2

L'album de photos de Christian Clavier est celui d'une famille unie, heureuse, classique... Assis souriant derrière un pupitre de primaire. Clic-clac, le petit oiseau va sortir. En balade avec maman en minijupe sur les courts de Roland-Garros, avec son frère Stéphane en vacances ; avec papa et maman, sur une de ces photos qui meublent le dessus d'un buffet... Une famille ordinaire dans le Neuilly de l'après-guerre. M. Clavier père est ORL, une spécialité qu'il fera doucement glisser vers une autre plus lucrative : la chirurgie esthétique. Au sein de cette famille-cliché pour gazette heureuse va naître le 6 mai 1952 un premier enfant. On le prénomme Christian. Classique encore. Il comblera au-delà de toute espérance les attentes de ses parents... mais pas tout à fait dans les branches escomptées... Quelques années plus tard, les époux Clavier lui adjoindront un frère, baptisé Stéphane à cause du prénom de Mme Clavier : Stéphanette.

Plus communément appelée Phanette, Clavier mère est née Rousset-Rouard. Originaire de Haute-Provence, elle est l'aînée de trois sœurs et d'un frère, Yves, le futur producteur des *Bronzés*. Phanette a une position : elle est femme de médecin. Elle élève ses enfants et consacre le reste de son temps à des activités sportives et culturelles. Il semble qu'elle aurait bien aimé devenir comédienne. C'est Christian qui l'affirme, mais elle partage surtout avec son aîné un sens très aigu de l'humour.

« Ma mère me donnait d'irrésistibles fous rires dès huit ans ! » C'est rare qu'une mère fasse marrer ses enfants... Christian, très tôt, montre les mêmes dispositions. Un goût très vite sûr, aussi, pour analyser le monde qui l'entoure.

« Ce qui m'a toujours étonné chez Christian, se souvient

le tonton Yves, c'est sa confiance en lui, son caractère très affirmé dès sa plus tendre enfance – il ne se laissait pas faire, et n'a pas changé –, mais aussi un sens de la repartie et une envie rarement refrénée de faire l'andouillle en famille. Il aimait qu'on le regarde. »

La primaire à Neuilly : sans histoires, banale. Puis direction le lycée Pasteur. Un parcours tracé d'avance. Tout va pour le mieux dans le meilleur des mondes bourgeois possible. Christian ne fout pas grand-chose à l'école. Les profs se suivent, ne laissant pas beaucoup de traces sur ce terrain rebelle. Thierry Lhermitte se souvient avec bonheur des numéros de Christian. De ses imitations et de ses prises de conscience ouvrières! Après 68, Christian s'était mis en tête d'être un délégué de classe aussi vindicatif qu'un délégué syndical de chantiers navals.

« J'ai été un élève extrêmement médiocre jusqu'à la troisième. A partir de la seconde, j'ai commencé à m'intéresser à mon entourage scolaire. Avant, je déconnais sans cesse. Je me souviens d'un prof d'histoire-géo, un certain Séjournan, que j'ai fait tourner en bourrique. Il était à un an de la retraite et détestait les mômes. Il en a pris plein la gueule, avec moi comme délégué de classe qui couvrais ignoblement les autres. Un jour, il m'a hurlé dans les oreilles : " Les délégués de classe, c'est fait pour chier dans les bottes "... Il n'avait pas tort. Au conseil suivant, devant le proviseur, il s'est fait allumer en beauté. J'étais très en verve... »

A cette époque, Christian n'a pas beaucoup d'idées quant à son avenir. 68 gronde aux portes de Neuilly, trimbalant sa cohorte de nouvelles idées, de nouvelles permissions. Seul électrochoc dans cette platitude de vie : la découverte de Michel Bouquet, au Théâtre de Paris où une cousine l'entraîne un soir. Là, comme la Vierge apparaissant à Bernadette dans la grotte miraculeuse, Christian, médusé, reçoit en pleine figure la merveilleuse prestation de Michel Bouquet dans *Pauvre Bitos*, une pièce d'Anouilh sur les magouilles politiques post-révolutionnaires. « " C'est étonnant, j'aimerais beaucoup faire cela ", me suis-je dit en sortant, et non pas : " C'est cela que j'ai envie de faire ". Le métier d'acteur devenait une éventualité, une activité acceptable dans ma tête, une envie que je gardais présente en moi... Mais, d'un autre côté, en seconde, j'ai été très emballé par un prof de philo extraordinaire, un certain Pinart-Legris, qui m'a fait découvrir la philo avec passion, à tel point que je caressais aussi l'idée de devenir prof... »

A la maison, en revanche, dès que Christian affiche ouvertement sa volonté de devenir comédien, il sent une très vive réserve. Avec son père, ce sont constamment des discussions qui s'arrêtent souvent à la limite du pugilat.

« Mon père ne désirait pas spécialement que je devienne médecin comme lui, ou avocat. Non, il pensait simplement, et avec raison, qu'il y avait peu de débouchés dans la voie théâtrale et que c'était un leurre de m'y accrocher. Comme tous les parents, il s'inquiétait de mon avenir et mettait en doute mes chances de réussite dans ce milieu où il ne connaissait personne... » Seul à avoir un petit pied dans le milieu : le beau-frère, Yves Rousset-Rouard, qui n'est pas encore le producteur à succès d'*Emmanuelle*, mais un publicitaire très en vue. Lui aussi, d'accord avec le mari de sa sœur, ne l'encourage pas vraiment à pousser son rejeton dans la jungle du show-biz...

Tout comme Christian, Thierry n'a jamais eu d'autre horizon pendant son enfance que les rues comprises entre Pasteur, l'Hôpital américain et l'île de la Jatte. C'est là qu'il est né, le 24 novembre 1952, d'un père administrateur de sociétés et d'une mère joliment prénommée Rosane qui, de journaliste, est devenue femme au foyer. Trois enfants, ça ne laisse pas beaucoup de loisirs. Les années passant, la marmaille élevée et autonome, Mme Lhermitte songe à reprendre du service comme attachée de presse de ce qui était à l'époque l'ORTF – avant de devenir, quelques années plus tard, journaliste.

Des trois enfants Lhermitte, Thierry semble le plus détaché de son environnement. Il semble n'avoir envie de rien! Il vit sa vie au jour le jour. Alors que ses deux sœurs, elles, ont très vite trouvé leur voie : l'une va devenir prof d'anglais; l'autre peintre – en suivant les traces d'un ancêtre de la famille, Léon Lhermitte, dont une toile, *La Paie des moissonneurs*, a eu les honneurs du Salon officiel de 1882 avant d'échouer au premier étage du musée d'Orsay. Un bon artiste, bien dans son temps, qui forçait l'admiration de Van Gogh ! « Il est certain que, depuis quelques années, je n'ai rien vu d'aussi beau que *La Scierie* de Lhermitte, écrivait Vincent à son frère Théo en 1885. Je suis très loin de faire moi-même quelque chose dans ce genre... » D'artiste officiel – aujourd'hui oublié –, le grand-père est devenu gloire familiale. Quelques rares toiles et des pastels sont encore accrochés aux murs du salon, en souvenir... Seuls Thierry et l'une de ses sœurs semblent lui avoir voué un (mini)culte. Le premier, en manifestant assez jeune des envies de prendre la palette... La seconde, en devenant peintre – affublée par son frère du sobriquet de « Camille Claudel ». Mais Thierry affichait surtout du peintre la tenue bohème et un goût prononcé pour la rêverie.

La famille n'a jamais vraiment été une préoccupation pour Thierry. Le travail non plus. Très vite, sa vie est au-dehors. Dans le grand jardin familial, déjà, où il passe le plus clair de son temps avec ses copains. Puis dans la rue, quand il revient du lycée en traînant les pieds.

« Les seuls moments heureux qui me restent en mémoire sont toujours associés à Jacques et à Frank, mes amis d'enfance, et à mes sœurs... » Pour corser le tout, ce « roi du club des ringards » qui va vite compter comme membres Gérard et Christian se trouve moche, pas drôle, et trimbale une timidité à côté de laquelle une rosière passerait pour une meneuse de revues. Bref, Thierry traverse mal cet âge ingrat. Il se rattrapera...

Autre problème, et pas des moindres : « J'étais flemmard, mais flemmard comme on ne peut s'imaginer... » La figure du père, administrateur de sociétés, est plutôt rédhibitoire en ces années 60. Tous les prétextes sont bons pour rejeter les tenants du « grand capital », et surtout refuser d'engraisser à son tour la machine. 68 poussera sur ce terreau. Plus simplement, au niveau de Thierry et vues de Neuilly, les idées de 68 sont davantage une excuse à la paresse qu'une incitation à prendre les armes.

« C'est vrai que 68 ne m'a pas beaucoup motivé. Comme Christian, j'étais très en guerre contre mon milieu. Pas anar ou gauchiste – ça nous faisait marrer –, mais très proche de notre bande de copains, qui a vite été notre seconde famille... »

La bande, c'est naturellement Christian, puis Gérard et Michel, qui tombent sur Thierry alors qu'il vient de passer avec les honneurs en troisième à Pasteur.

« Tout de suite, Christian est devenu mon grand pote. On se raccompagnait tous les soirs, on discutait pendant des heures. On ne se quittait plus, on ne faisait rien sans en avertir l'autre... »

3

Chez les Jugnot, s'il y a une chose à laquelle on croit, c'est bien à la réussite sociale. Pas le genre success story à l'américaine. Non, leur truc c'est plutôt la place au soleil, la garantie de l'emploi liée à l'effort, au sérieux, à la probité. Alors, quand le petit dernier, issu d'une lignée d'ouvriers intègres, commence à zigzaguer entre les études et les petits boulots en affichant des envies de devenir artiste – autant dire de ne rien faire du tout –, les choses forcément ne se passent pas bien.

Chez les Jugnot, donc, on descend d'une lignée de durs à l'ouvrage. André et Odette, les parents de Gérard, en savent quelque chose. André, devenu, à force d'opiniâtreté, directeur d'une saine entreprise de couverture-plomberie, n'a jamais lésiné sur les heures sup', les chantiers visités à l'aube, les gars houspillés pour une connerie, les devis et les métrés revérifiés le soir sous la lampe de la cuisine. Et ce statut-là, à mi-chemin entre le « bureaucrate » et la fière condition ouvrière, André y tient plus que tout. Un jour, un journaliste écrivant un article sur son fils fera de lui un « plombier », un « modeste artisan ». André prendra la plume et sermonnera derechef l'outrecuidant qui a eu l'impudence de confondre plombier et commis de chantier monté en graine de directeur. Attention, ce n'est pas du mépris, mais chacun à sa place et les vaches seront bien gardées. Et surtout, lorsque vos ancêtres – d'origine rémoise – ont été boucher, ouvrier de chantier, et même... l'un des tout premiers conducteurs du métro parisien, on n'a pas à rougir de ses antécédents, et l'on cultive une certaine fierté d'avoir réussi. Naturellement, André aurait aimé voir son rejeton se diriger vers la plomberie, posséder son entreprise, faire travailler les autres, « avoir les cartes en main »... A la rigueur, expert-comptable aurait fait l'affaire... Mais ce têtu de Gégé ne rêve que de caméra, de ciné et de tournage... A Vincennes d'abord, où les Jugnot habitent, puis à Courbevoie, où ils émigrent quand Gérard a huit ans, l'horizon ne se prête pourtant pas aux rêvasseries. Courbevoie, Jugnot père s'y installe car il pense, à juste raison, que La Défense sera « le New York français de l'an 2000 »; lorsqu'on est dans le bâtiment, c'est l'assurance d'un emploi jusqu'à la retraite.

« On change pas de ligne, simplement on est à l'autre bout de la 1! » plaide cet usager de la RATP pour tenter de ramener un sourire sur les visages de sa petite famille, qui était heureuse de sa condition et du bois de Vincennes tout proche.

« Courbevoie, c'était effectivement La Défense, se souvient aujourd'hui Gérard... Ça veut dire aussi que nous avons vécu vingt ans dans les travaux. Quel bordel c'était! On ne pouvait sortir sans tomber sur une grue ou une bétonnière! »

Courbevoie, en ces années 60, a encore son allure du siècle dernier. Mais on sent que l'époque est aux bouleversements. Les rues aux airs de province, les maisons de trois ou quatre étages, les petits commerçants vivent leurs derniers instants de sérénité... La tête de pont qui fait face à la Seine se transforme. De l'autre côté de ce pont, des cohortes d'ouvriers érigent des tours de vingt étages! Un nouveau quartier tampon qui va encore plus isoler Courbevoie la Plébéienne de Neuilly la Dorée. « A quoi ressemblent les enfants de Neuilly? » se demande souvent le petit Gérard... Aux gamins de Courbevoie. Ils ont les mêmes rêves. Gérard ne va pas tarder à s'en apercevoir...

« Mon père fait partie de cette génération d'après-guerre pour qui la réussite sociale est primordiale... Parce que c'est une garantie d'être à l'abri du besoin. Aujourd'hui encore, quand il me parle de mon travail, il croit que tout peut s'arrêter du jour au lendemain. Et j'ai beau lui dire que j'ai investi et fait en sorte de pouvoir vivre sans travailler jusqu'à la fin de mes jours, il n'y croit pas vraiment... Je m'oblige très souvent à leur acheter des cadeaux très chers pour tenter de les convaincre de la réalité de ma situation... et de les rassurer ! Si on ne parle pas de moi à la télé ou dans les journaux pendant quelque temps, je suis sûr d'avoir un appel me demandant si ça marche toujours !... D'ailleurs, je porte sûrement une partie de son anxiété, puisque dès que j'ai commencé à gagner un peu d'argent j'ai acheté le principal, le nécessaire – je ne l'ai pas claqué... »

Jugnot et les gros sous... L'un des sujets de plaisanterie favoris du groupe... « Mes parents ont toujours eu l'angoisse du lendemain, la peur de manquer. Et cette obsession, ils me l'ont léguée. Je leur dois effectivement cette volonté très ancrée en moi de me battre sans arrêt, de vouloir réussir pour assurer mes arrières. Ça me fait chier d'être comme ça. D'avoir ce besoin de me situer par rapport à un niveau de réussite ou à un système de valeurs... »

Un père travailleur exemplaire qui rapporte une paie à la maison, ça fait un peu cliché ; mais les traditions sont bien respectées chez les Jugnot, puisque c'est madame qui est le « ministre des Finances » – et elle s'y entend, Odette, pour conduire sa maisonnée. A l'image de son mari, Mme Jugnot est une femme sérieuse, une mère hors pair, qui sait être tendre, câline... mais aussi ferme et « talochante ». Une dure à l'ouvrage qui va cesser d'aller travailler chez les autres pour élever les siens. Deux enfants, le choix du roi. Une fille d'abord, et Gérard ensuite, qui naît le 4 mai 1951, dans un hôpital du 19e arrondissement. Jugnot père, trop occupé à travailler et ne pouvant veiller attentivement sur madame, l'a envoyée terminer sa grossesse là-bas, chez ses parents.

La prime enfance de Gérard a pour horizon le bois de Vincennes. Bon pour les bronches, les balades entre les futaies pas encore trop polluées et le zoo. La vie se déroule tranquille, trop peut-être, entre les parents et les grands-parents : Gérard voue un amour sans bornes à ses grands-pères qui le lui rendent bien. Les vieux, c'est plein de tendresse et toujours disponible. Plus qu'un papa sans cesse au travail... Il passe son temps libre à leur parler, et surtout à les écouter lui raconter toutes les choses qu'on n'apprend pas dans les livres. En 1963, son grand-père paternel s'en va, suivi quatre ans plus tard du grand-père maternel...

« La mort est entrée dans le jardin et elle n'est pas ressortie. Elle ne ressortira jamais. C'est dans un poème d'Éluard. Il est question de la jeunesse, cette période de la vie dans laquelle “ la mort n'est pas encore entrée dans le jardin ”... A leur mort, quelque chose s'est brisé. La disparition de mon grand-père maternel, surtout, m'a beaucoup marqué. Il avait un cancer généralisé qu'il a traîné longtemps. C'est de ce moment que date mon attitude face à la vie. Je ne suis pas triste ou pessimiste, comme on le pense trop souvent. Seulement inconsolable... »

Odette, elle aussi, fonctionne à l'angoisse. Et à la question rituelle : « Qu'est-ce que tu veux faire quand tu seras grand ? » Gérard n'ose jamais parler de cinéma. Il répond : « Ingénieur », ayant vite compris que c'est là un mot magique qui recueille toutes les approbations. On lui fout la paix et il peut rêver. Vers treize ans, il affinera même la réponse : « Ingénieur chimiste »... « Non pas pour faire des lessives, mais pour mettre au point des feux d'artifice ! Ça, naturellement, je me gardais bien de le dire. »

Mais, sans le vouloir, ces parents modèles qui rêvent d'un gamin fort, droit et instruit vont introduire eux-mêmes le ver dans le fruit : ils envoient le jeune Gégé s'aérer les poumons et se muscler les mollets chez les scouts. Ça ne peut lui faire que du bien, la vie en communauté. Et ça va lui en faire ! C'est là, en culotte courte et béret bleu, qu'il va se lier d'amitié avec son chef de troupe, un certain Jean-François Renac, un cinéphile fou qui va trouver dans son jeune louveteau un terrain des plus fertiles.

« Le scoutisme m'emmerdait un peu, jusqu'au jour où j'ai parlé cinéma avec Jean François. J'avais quinze ans, et lui pas loin de vingt. Il m'a cmmené à la Cinémathèque et dans deux ou trois ciné-clubs qu'il fréquentait. Et c'est aussi avec lui que j'ai joué ma première pièce, un spectacle qu'il avait monté d'après *Le Bœuf sur le toit* de Cocteau. Ça a été quelqu'un de déterminant pour moi : il m'a fait découvrir mes premiers Buster Keaton, le cinéma américain, et aussi des trucs franchouillards comme Mocky, Duvivier et Clouzot. Je lui dois mon amour pour la VO et ma profonde envie de faire du cinéma. Il me fascinait également car son père travaillait à Air France et était chargé de remettre les billets d'avion gagnés par les participants de l'émission de Jean Nohain “ Trente-six chandelles ”, ce qui lui permettait de côtoyer des vedettes ! Puis mes goûts ont évolué et j'ai eu toute une période assez con, vers seize-dix-sept ans, où je me tapais des trucs chiants, du cinéma expérimental ou underground, des films de Rivette, de Robbe-Grillet ou des incunables. Et je trouvais naturellement ça génial. J'étais comme tous les secoués qui fréquentaient Chaillot ou Ulm... »

Entre l'amour parental pour les cascades de Jean Marais, les exploits de Michel Strogoff et les choix plus élitistes de Jean-François Renac, Gérard adopte un juste milieu. Populaire et intelligent.

Après une scolarité terne, sans histoires, dans le primaire, arrive l'entrée en sixième. A cette époque, accéder au lycée était la garantie d'un job en col blanc. Entrepreneur en plomberie, pourquoi pas? Mais André Jugnot regarde plus loin, de l'autre côté du pont, à Neuilly, chez les « richards ». Là où les arbres ne servent pas à accrocher les antivols des vélos, mais à faire pisser les chihuahuas promenés par les gouvernantes. Même si ce n'est qu'une image, elle fonctionne et, délaissant le trop vulgaire lycée Langevin qui ne doit sûrement former que de la graine d'ouvriers, les Jugnot voient en « Pasteur » la bouée qui permet de passer sur l'autre rive.

De cette enfance de fils de travailleurs et de petits-bourgeois, Gérard ne garde que des souvenirs de rêves inaccessibles, d'envies inassouvies et d'horizons un peu bouchés... Auxquels s'ajoute un physique qu'il va trimbaler comme une chaîne, en zieutant alentour les filles – et surtout les gus qui, sûrs de leur attrait, se pavanent à leur côté. De cela, de cette enfance faite de frustrations et d'angoisses, d'envies et de rêves inaboutis, Gérard gardera une sorte de mélancolie pessimiste, de désir forcené qu'on l'aime et qu'on le reconnaisse.

Et le premier à lui renvoyer cette image sera un gus de son acabit. Un fils d'ouvrier, affublé de plus d'un nom incolore : Blanc, et d'un prénom tout aussi commun : Michel.

Si l'enfance de Gérard se déroule sur fond de marteau-piqueur et de bétonnière, celle de son nouveau copain Michel Blanc se passe, en revanche, dans une ambiance plus calme, plus reposante, plus feutrée. Presque religieuse.

Michel est un enfant de Puteaux, la sœur jumelle de Courbevoie, elle aussi collée à Neuilly, où il est né le 16 avril 1952. Il grandit dans l'antre du grand-père horloger. « Mon père et ma mère travaillaient toute la journée », explique-t-il comme pour excuser ses parents trop peu présents, travailleurs, durs à l'ouvrage et sans le sou. Comme des millions de gamins, il se souvient de son père qui part tôt le matin, les joues fraîches lestées d'un baiser sonore, et de sa mère veillant au café matinal vite avalé et qui disparaît, elle aussi, après un « sois sage » plus empreint de douceur que de menace... Une famille modèle.

Chez les Blanc, on est breton par les femmes et auvergnat par les hommes. Le grand-père gardait des moutons dès l'âge de neuf ans, mais possédait, revendique fièrement Michel, son certificat d'études. Dans la famille, c'est le premier à avoir obtenu un diplôme. Le siècle en marche... Il est devenu horloger par amour de la précision, pour l'adresse des doigts, et aussi parce que c'est un métier noble, respectable, avec lequel on ne trahit ni les siens ni son origine sociale. La fierté de l'ouvrier... Il commence par l'usine en rêvant de s'installer un jour « à son compte », ce qu'il fera après des années de travail chez les autres. La petite horlogerie de Puteaux bercera l'enfance de Michel. « C'est peut-être pour cela que j'aime bien la précision... »

Une de ces boutiques de quartier chères à l'époque. Pas besoin de chercher plus loin, on y trouve l'homme qui répare les montres, l'étal où choisir celle du communiant, ou un vrai réveille-matin à l'agaçant tic-tac... L'outil premier du monde ouvrier. Michel vit là après l'école, apprenant ses leçons dans l'arrière-boutique et écoutant son grand-père parler avec ses clients des petits riens de la vie. Il enregistre, inconsciemment, ces morceaux d'humanité qui reviendront plus tard dans ses personnages. Il compose sa palette...

Marcel Blanc, le père, choisit un métier plus citadin. D'abord chauffeur-livreur, il passe – en raison d'un caractère un peu instable – de patron en patron, n'aimant pas qu'on lui en conte, pour enfin s'installer comme déclarant en douane. Ce n'est plus lui qui conduit... Il est passé au stade supérieur : il vérifie, compte, établit les bordereaux et les déclarations en douane des entreprises. Un métier d'employé qui intègre complètement les Blanc à la ville.

Mme Blanc mère est née Jeannine Billon. La branche bretonne, le côté têtu... Michel héritera de cette façon d'aller de l'avant, de foncer droit au but sans se laisser dévier de sa route... mais une fois la route choisie. Car son problème, à Michel, ce sera toujours le choix. Ira, ira pas? Fera, fera pas? On le verra : ça lui pourrit l'existence, cette valse-hésitation. Mais, de cette mère-icône, il tient aussi le goût de l'effort et du sérieux. Après avoir débuté comme simple dactylo, sans autre diplôme que son courage et sa volonté, elle finira comme chef du personnel des établissements Lacoste. Naturellement, un tel parcours demande des sacrifices...

A l'inverse des parents Jugnot, Clavier ou Lhermitte qui tannent leurs rejetons pour les pousser à devenir médecin, avocat, prof ou ingénieur chimiste, les parents Blanc n'ont qu'une seule volonté : « Que Michel soit heureux! », le reste n'étant à leurs yeux que littérature. Pas dirigistes pour deux sous, ils ont tout mis en œuvre pour que leur fils « y arrive »... A quoi? Ils ne savent pas trop. Michel, dès l'âge de dix ans, les a rassurés : « Je veux être ingénieur électronicien »; cela leur convient bien et, à l'image des parents Jugnot, les Blanc se contentent de cette vague intention.

Les résultats suivent. Excellent élève, Michel endort donc l'inquiétude des siens et continue son bonhomme de chemin scolaire. Des résultats qui décident les Blanc, pour son entrée en sixième, à choisir Pasteur à Neuilly plutôt que le lycée du coin, peu digne à leurs yeux de leur unique descendant... Comme les Jugnot, d'ailleurs. Ces deux-là étaient vraiment faits pour se rencontrer!

A la maison et à l'école, tout va pour le mieux. Michel vit sur un nuage. Il garde un souvenir heureux et ému de son existence jusqu'à onze ans, dans la douceur de la petite maison de Puteaux. C'est le grand-père qui l'a construite, cette maison, dans un Puteaux qui n'est pas encore une excroissance de la capitale, mais un charmant village ouvrier aux portes de Paris. Il n'est pas maçon, le pépé Blanc, mais c'est un homme pragmatique. Deux pièces devraient suffire. Pas assez de place, ni d'argent pour faire plus. Une grande servira à deux générations de Blanc de cuisine - salle d'eau - salle à manger - chambre des parents; et une autre, minuscule, de chambre pour les enfants!

« J'ai de mon enfance le souvenir des petits matins d'hiver où je me collais au radiateur en buvant mon chocolat. J'étais transi de froid, il faisait souvent pas plus de zéro dans la cuisine et c'était une vraie épreuve de se laver... » En grimpant dans l'échelle sociale, la priorité des Blanc sera le logement. Une HLM de Colombes remplace d'abord la maison du grand-père. Un début de confort... mais un chagrin pour Michel : dans ce déménagement, il laisse ses copains, ses repères, son quartier. Toutefois il y gagne sa propre chambre. Quelques années plus tard, enfin, les Blanc achèteront un confortable logement bourgeois à Paris. Ascenseur, grandes pièces et salle de bains ! Dans sa tombe, heureux, le grand-père horloger sourit... Le temps, toujours lui, a bien fait les choses.

Michel, lui, la salle de bains et la pierre de taille, il s'en fout un peu, ses préoccupations sont ailleurs. Il se regarde dans la glace et ne s'aime pas... Dégarni au sommet du crâne, il planque tout cela sous une énorme mèche prise sur les côtés. Et des lunettes de myope lui mangent un visage maigre en triangle renversé !

« J'avais un rapport très conflictuel avec mon physique. L'adolescence déjà est un moment difficile ; mais quand on est petit et qu'on perd ses cheveux en plus, ça ne facilite pas l'épanouissement. Je pensais qu'au train où ça allait je serais chauve à dix-huit ans... Je crois que c'est vraiment de là que date mon envie de jouer sur scène, d'être un autre, de séduire un public, d'être aimé avec un physique que l'on n'aime pas... Alors que beaucoup de gens gardent un souvenir idyllique de leur adolescence, moi j'en ai rien à foutre, j'en ai même un souvenir affreux... excepté le fait qu'on se marrait bien entre nous à Pasteur. »

Mais très vite les choses vont se compliquer. Pas au niveau études : là, on reste dans le beau fixe... mais dans la tête de Michel. Dès l'âge de treize ans, il comprend que ce n'est pas en roulant des mécaniques devant les filles qu'il va trouver sa voie. Il met donc au vestiaire ses velléités de jeune coq et commence à se tricoter un personnage d'intello blagueur et spirituel. Un Woody Allen de banlieue...

« Je ne me suis jamais mis un slip sur la tête pour faire rire », affirme-t-il. Mais il fait l'admiration béate de ses camarades par ses reparties et la vision pleine de dérision qu'il porte sur son entourage. Parallèlement à ce début de carrière d'amuseur, il fait du cinéma, armé d'une caméra super-8. Un problème de collage de films au montage le rapproche de Gérard Jugnot. Ils deviennent très vite amis... Ces deux dignes héritiers de Méliès partagent également, sans oser se l'avouer ouvertement, les mêmes complexes tant sur le plan social que physique. Forcément, ça crée des liens. Autres centres d'intérêt du touche-à-tout qu'est Michel : la musique, qui le conduira un peu plus tard à commencer des études de... concertiste; et la comédie, qui le prend très tôt, puisqu'il est le premier à assister aux cours que Jean-Pierre Fontaine dispense dans l'enceinte du lycée Pasteur. « Alors que Jugnot clamait partout qu'il voulait être réalisateur, moi je disais que je voulais être comédien. Ce n'était pas une attitude, mais une volonté réelle. J'ai aussi commencé à faire du piano et, vers dix-sept ans, la musique est devenue plus importante que le théâtre; peut-être parce qu'on est toujours plus amoureux de ce qui vous résiste... »

Si les angoisses de Michel se cantonnaient aux loisirs... Mais non, elles vont également se manifester dans sa scolarité. Au moins, pour les générations précédentes, le choix était simple : bac philo ou maths. Mais voilà, d'un ministre à l'autre, après 68, la bureaucratie universitaire a singulièrement compliqué la donne. D'où un surcroît de problèmes pour Michel. On veut l'orienter... on le désoriente!

4

Christian est le premier du quatuor qui affiche une volonté ferme d'embrasser le métier de comédien. Plutôt littéraire, excité par la philo, lui, le mauvais élève, se met à plancher, dès la seconde, sur Platon, Nietzsche et Bergson avec un enthousiasme non feint qui lui vaudra une mention « très bien » au bac ! Mais, foin de philo, le ver est dans le fruit dès le moment où, on l'a vu, il met les pieds dans les coulisses du Théâtre de Paris. Il en revient conquis. Profession ? Acteur, évidemment ! En attendant, les cours d'art dramatique de Jean-Pierre Fontaine à Pasteur servent d'exutoire à ses envies de monter sur scène.

Thierry, en revanche, nage en pleine panade. Les maths ? Pourquoi pas, il n'est pas littéraire, et les théorèmes et autres équations le branchent bien. Mais il y a l'ombre de l'ancêtre peintre qui l'incite un moment à prendre les pinceaux. Jugnot se souvient de certaines de ces œuvres, signées « Bernard » (pour... Bernard Lhermitte !), aujourd'hui disparues (ou planquées...). « Des trucs foireux, des pâles imitations de Van Gogh torchées dans le goût romantique... En revanche, il me stupéfiait par son intelligence. Il voulait être prof de maths, peut-être pour faire chier ses parents, mais je pense qu'il aurait pu faire un grand professeur, peut-être un prix Nobel. » Perfide Jugnot... Pas vraiment l'envie de devenir comédien, donc, chez Thierry. L'idée ne l'effleurait même pas. Ce qui importait, en revanche, c'était déjà de suivre les autres. L'attachement aux copains, la douce sensation du groupe. Thierry restera toujours le plus grégaire...

« Pour moi, nul doute, on allait vivre ensemble jusqu'à la fin de nos jours. » Ça, c'était le plus important. Plus que les révoltes contre son milieu et sa famille. Et pourtant, chez les

Lhermitte, les causes de bagarre ne sont pas rares... Cette génération-là désespère M. Lhermitte père. Et de voir son grand dadais de fils traîner dans d'interminables grasses matinées, ou l'écouteur du téléphone scotché à l'oreille pour débiter, des heures entières, des trucs sans intérêt à copain Christian l'exaspère un peu... Rien pour rendre l'ambiance familiale très vivable. Une solution va s'imposer très vite, dès seize ans : la chambre séparée, dans le même immeuble, mais à un autre étage. Une façon pudique aussi, pour les époux Lhermitte, de cacher à leur fils qu'une séparation est imminente. Thierry et ses sœurs l'ont senti depuis longtemps. Les enfants perçoivent vite ces choses-là... En cette année 1967, la chambre « en ville » de Thierry est l'une des plus courues de Pasteur. La bande y trouve son premier local... La bande? Enfin, l'embryon, car Gérard et Michel vont bientôt s'inscrire dans l'horizon de Christian et de Thierry.

Le rapprochement de Blanc et de Jugnot s'explique non seulement par des raisons d'ordre social, mais aussi par leur intérêt commun pour le cinéma. Gérard rêve depuis toujours de cinoche : il a à son actif des bricolages en super-8, dont le fameux *Plombfinger*, une parodie de Bond en noir et blanc muet. Pour lui, pas de doute, il sera cinéaste.

« J'ai passé ma jeunesse à essayer d'inventer des histoires de travelling, de lumière et d'angle de prise de vues. J'ai fait six ou sept films en 8 mm qui sont irregardables. J'en ai encore des bouts, mais tout cela est en miettes parce que c'était mal collé. Il n'y avait naturellement pas de son, j'avais une bande magnétique qui passait à côté, pas synchro... » L'ère des pionniers.

Ce rêve en scope et en couleurs est alimenté par l'amitié et une certaine admiration que Gérard porte alors à Charles Nemès, de trois ans son aîné, un fou de cinéma qui, à Pasteur, s'occupe du ciné-club. Le bac venu, il passera même la main à Jugnot.

« Il faut se rendre compte, se souvient aujourd'hui Charles Nemès, de ce qu'était un ciné-club de lycée dans les années 60. La possibilité de voir des films pour lesquels on ne se serait sûrement pas déplacés spontanément, parce qu'on n'aurait jamais fait l'effort de pousser nos Solex jusqu'au Champo ou au Studio Médicis au Quartier latin. Le ciné-club, à Pasteur, était aussi très populaire : les séances étaient mixtes ! Les filles des bahuts alentour avaient le droit d'assister aux projections et de participer au débat qui suivait. C'était un prétexte à rencontres et discussions. »

Charles Nemès – futur réalisateur de *Les héros n'ont pas froid aux oreilles* et de *La fiancée qui venait du froid* –, rendu à la vie active, n'a pas décroché de sa passion ; il est même devenu... assistant metteur en scène, grâce à un ami de son père qui connaît un producteur nommé Paul Claudon.

Comme les autres parents, Nemès père voyait d'un mauvais œil le penchant de son fils pour le cinéma. Il tenta de le faire changer d'avis, avec la complicité de Paul Claudon : « Mon cher Paul, voulez-vous prendre Charles, mon crétin de fils, qui s'est mis en tête de faire du cinéma, et le dégoûter un peu de cela ? » Et le crétin de se retrouver aussitôt stagiaire sur *Le Grand Amour* de Pierre Étaix. On ne pouvait guère tomber mieux ! Le vendredi soir, tout pétri de sa nouvelle importance, Charles la ramène, avec force détails et anecdotes, au rade du boulevard d'Inkerman pour subjuguer un Jugnot tout acquis.

« Là, reconnaît-il, un peu fat, j'ai eu deux années de supériorité professionnelle, d'autant que j'avais tendance à en faire beaucoup, à raconter que je tutoyais des acteurs célèbres, que Girardot me faisait la bise. »

Du petit-lait pour Gérard. Les comptes rendus enjolivés de Nemès renforcent son envie de passer un jour derrière la caméra. Aussi sec, pour se faire la main, il rajoute deux œuvres inoubliables à sa filmographie : *Démention* et *Dagrau* – prononcez « Dagra-au comme... Murna-au » –, deux bricolages en super-8 du même tonneau que *Plombfinger*. Le second offrant l'intérêt d'être la première prestation devant une caméra de... Thierry Lhermitte lui-même dans une histoire où le surréalisme l'emporte sur une vision très ésotérique de la vie... Jugnot lui-même ne se rappelle plus vraiment quels fantasmes et délires alimentaient ces deux œuvres de jeunesse.

Charles Nemès : « Gérard me stupéfiait avec ses petits films. Il arrivait avec un matériel d'amateur à faire des choses synchrones, des montages presque parfaits et des mouvements de caméra très intelligents. »

Michel Blanc confirme : « Ce qui m'a d'abord attiré chez lui, c'est qu'il faisait des petits films géniaux! Je me rappelle très bien que, la fois où je lui ai adressé la parole, c'était pour lui demander comment il arrivait à ce que les collures de montage tiennent au passage dans le projecteur, et on est devenus très vite amis... » Quelqu'un qui parle « collure » ne peut être qu'un mec bien. C'est ce que se dit Gérard en rencontrant Michel. L'amitié tient souvent à de petites choses...

Michel, en fait, n'est pas spécialement attiré par le cinéma. Côté cinéma, du moins, il préfère très nettement, à l'époque, les cours d'art dramatique de Jean-Pierre Fontaine, ce qui a pour conséquence première de rendre Jugnot jaloux.

« Je crois que j'ai eu une vocation d'acteur par jalousie. Tout ça parce que Michel, de temps en temps, se barrait des cours. Le prof lui disait : " Oui, je sais, il faut que vous alliez répéter Molière... ", et il sortait de la classe sous les quolibets : " Laissez passer l'artiste! " J'ai tout de suite pigé qu'il y avait des privilèges énormes à être artiste. »

En fait, Michel Blanc, on le sait, était bien incapable lui-même de dire quelle voie il voulait emprunter. Et, à cette époque, son seul horizon était... le bac. « Je suis quelqu'un qui hésite beaucoup, mais qui a des décisions très tranchées! C'est-à-dire que, soudainement, c'est comme cela et pas autrement. Par exemple, lorsque j'étais à Pasteur en première C, j'ai décidé que les maths me faisaient chier, alors que j'étais bon en maths et beaucoup plus intéressé par elles que par les matières littéraires. Un soir, en rentrant, j'ai dit à mes parents : " Je veux arrêter les maths et passer en section lettres! " Ma mère affolée m'a supplié de réfléchir, elle est allée voir mon prof de maths, qui a crié " Au fou " et lui a dit que j'aurais mon bac C sans problème; dans le doute, je suis resté en C... et j'ai eu mon bac avec mention, alors que je me serais sûrement planté en A! »

Mais, tout naturellement, son bac maths en poche, il ira aussi sec s'inscrire en fac de... lettres! Un véritable handicap, ce doute qui le tenaille toujours au moment du choix.

A cette époque, le cœur de Michel balance entre deux métiers : comédien ou musicien. « Si Jugnot voulait être réalisateur, moi je voulais être comédien. J'avais cette chose au fond de moi depuis que j'étais tout petit, je ne sais pas pourquoi, parce que dans ma famille, à part un grand-oncle qui avait eu envie de faire une carrière de fantaisiste et y avait renoncé très vite, on n'était pas comme ça. Et, parallèlement, j'étudiais le piano. Puis, peu à peu, la musique a pris le pas sur la comédie. Pourtant, je faisais rire sans faire le pitre – seulement des réflexions. Mon humour passait par le verbe, ce qui fait qu'en classe je ne me faisais jamais prendre. J'étais un très bon élève, alors j'avais un crédit : " Ce ne peut pas être lui, car il est bon... " Ce qui est faux : on peut être bon élève et fouteur de bordel. » La preuve.

C'est Mai 68 et son cortège de jours libres, de flânerie, de désorganisation et de fausses responsabilités sociales et politiques qui creuseront le nid où va naître la troupe. On s'emmerde un peu sans cours, sans devoirs, sans buts réels. La plupart des élèves de Pasteur laissent aux bourgeois révoltés le soin de refaire sans eux Octobre 1917 et regardent d'un œil goguenard s'agiter les drapeaux de la révolte. « C'était l'époque où régnaient les intellos chiants, résume Gérard. Il fallait se farcir des œuvres indigestes de Godard en trouvant ça génial, et moi qui adorais Duvivier et Clouzot, je passais pour un ringard. C'était aussi l'époque du théâtre populaire qui emmerdait tout le monde et qui était honteusement subventionné, alors que c'est les spectateurs que l'on aurait dû payer... »

Neuilly, en proie au doute et à la crainte, est déserté. Ceux qui ne sont pas derrière leur porte à écouter les infos pour suivre l'avancée du mal ont fui dans leur campagne. *Milou en mai*, à la recherche d'essence, de denrées et surtout de calme. Les frontières suisse et luxembourgeoise ont même vu des limousines conduites par des couples bégayants tenter un forcing vers des banques sûres et réconfortantes.

L'errance, sans école ni réel emploi du temps, devient rapidement un mode de vie. A l'écoute de tout, Christian et Thierry apprennent qu'un certain Vincent Kaldor, metteur en scène « intello », s'en donne à cœur joie à la MJC de Neuilly en enseignant des choses que lui seul, apparemment, comprend. Ça ou autre chose... Christian et Thierry s'y rendent.

L'époque est aux zozos et aux doux rêveurs. Toute une génération en quête d'amour universel est à la recherche d'une spiritualité nouvelle, d'un retour aux sources. Entraînés dans le sillage de chefs d'opinion, de leaders, de figures emblématiques et surtout de gourous, les quinze-vingt ans redécouvrent certaines valeurs. Tout se doit d'être nouveau : les religions viennent d'Asie, les idées de l'Ouest comme de l'Est, la musique sent l'encens et la gunja, l'avenir est au fromage de chèvre et aux moutons qu'on part élever dans des bergeries désertées depuis des lustres. Le cinéma comme le théâtre se veulent le reflet de ces idées généreuses et nouvelles. C'est dans ce premier secteur qu'officie Vincent Kaldor, qui tente de monter et de faire jouer des pièces obscures d'auteurs naturellement maudits et incompris. Les expériences de ce gus réjouissent Christian et Thierry autant qu'elles les font marrer. Avec clairvoyance, ils n'adhèrent pas aux divagations de leur époque. Bien au contraire, Vincent Kaldor est un délice, un régal regardé par eux. Il nourrit leur imaginaire et aiguise leur sens inné de la dérision. Vincent Kaldor, un type pas banal que Christian assassinera avec son complice Poiré, plus tard, en exagérant à peine son portrait dans *Mes meilleurs copains*. La MJC de Neuilly? C'est le souvenir de séances d'expression corporelle, de happenings délirants, de cours donnés avec le plus grand sérieux devant un parterre de disciples hypnotisés... Mais cette intrusion dans cet antre d'« avant-garde » leur donne surtout une première occasion de grimper sur scène. Dans l'esprit de Christian et de Thierry germe l'idée de monter *Zoo Story*, d'Edward Albee. Une pièce aussi courte que perverse mettant en scène deux zigotos dont l'un, plutôt étrange, veut absolument raconter à l'autre – un doux et calme père de famille – ce qu'il est allé faire au zoo. Une pièce comme on les aime en ce temps-là, avec d'interminables silences de réflexion, une mise en scène minimaliste et tout un discours psychanalytique entrelardé de situations surréalistes. *Zoo Story* a fasciné ceux qui l'ont joué comme ceux qui l'ont vu. Un culterie du moment, créé en 1965 avec Michael Lonsdale et Laurent Terzieff. Une vraie performance d'acteur. C'est sûrement ce challenge qui pousse Thierry et Christian à relever le défi. Si parfaite que soit *Zoo Story*, la pièce a tout de même un défaut : sa longueur... Son peu de longueur, plus exactement. Christian suggère alors à son alter ego de rencontrer un « mec sympa » qui a été son compagnon de galère en quatrième : Gérard Jugnot, que Thierry connaît déjà de vue et de réputation.

« Ah oui! le dingue de ciné... »

L'entrevue, capitale, a lieu chez Thierry, et le problème exposé : « T'aurais pas une idée pour une première partie? » Comme le hasard fait bien les choses, Gérard travaille à ce moment-là quelques sketches d'un spectacle de Romain Bouteille, *L'Échappée belle*, avec son copain Michel Blanc! Christian, qui est – et reste – sous des dehors de comique pince-sans-rire un angoissé de l'organisation et un fin défenseur d'un certain ordre, suggère du haut de ses seize ans et le plus sérieusement du monde que Michel et Gérard passent une... audition, à charge pour eux de jouer aussi un morceau de *Zoo Story*. Ce qui a lieu un jeudi après-midi, sous le regard sentencieux et professionnel de Christian et de Thierry. Michel Blanc n'en mène pas large : « J'avais un vrai trac, comme pour une audition normale, et je me souviens en fait qu'aucun d'entre nous n'a jamais eu une attitude d'amateur; on était déjà à dix-sept ans des gens posés, sérieux. A la fin de l'audition, ils m'ont simplement dit d'un air pénétré : " Ouais, ça va... " »

Moment d'émotion, qui n'est certainement plus dans beaucoup de mémoires, que l'entrée sur scène de Gérard et de Michel devant un parterre bruyant. En lever de rideau, quelques morceaux choisis de *L'Échappée belle* – deux sketches, plus exactement, dont un sur la Nativité, avec Jugnot en saint Joseph et Blanc en... Vierge Marie. Cette « revisitation » de la Bible est suivie, après un court entracte, du plat de résistance de la matinée : *Zoo Story*. La scène s'ouvre sur Christian, pipe à la bouche, assis sur un banc, absorbé dans la lecture d'un bouquin. Survient un Thierry un peu survolté.

« – Je viens du zoo. *(Silence prolongé.)* Je dis que je viens du zoo. *(Resilence.)* Monsieur, je viens du zoo!

(Silence.)

– Hein?... Quoi?... Excusez-moi, c'est à moi que vous parlez?

– Oui. Je suis allé au zoo, et puis je suis remonté à pied jusqu'ici. C'est bien la direction du nord?

(Silence.)

– Le nord? Eh bien... euh... oui, je crois. Voyons voir... »

Tout pénétrés d'importance, ils débitent sentencieusement leur texte. C'est un vrai succès... d'estime devant la performance. S'être attaqué à si gros morceau mérite le respect.

Jugnot, lui, s'en souvient parfaitement. Vachard: « Thierry imitait Terzieff, et Christian se prenait pour Lonsdale. » Quant à Michel, il garde en mémoire une prestation de Christian qui lui fait penser à... Dustin Hoffman!

De l'amateurisme pur jus... mais qui va avoir comme effet premier de renforcer leur amitié naissante. Effets secondaires: cette prestation va confirmer Christian dans sa volonté de jouer; ouvrir les yeux à Gérard et lui prouver qu'il est aussi à l'aise devant une caméra que derrière; installer un doute encore plus grand dans l'esprit indécis de Michel – la scène ou le piano? Le piano ou la scène? – et décider Thierry à suivre tout ce petit monde avec lequel il se sent mille fois mieux qu'à la maison. Lui, maths, peinture ou théâtre... Tant qu'il y a les potes, tout baigne.

Christian, Gérard, Michel, Thierry: les quatre mousquetaires attendent leur reine. Elle n'est pas loin... Il suffit de traverser la rue.

5

Face au lycée Pasteur, au coin de la rue Perronet, se trouve un temple... S'il représente un intérêt certain pour la communauté protestante, pour les lycéens de Pasteur l'intérêt serait moindre... s'il n'y avait, accolé au pieux édifice, un cours secondaire d'enseignement pour jeunes filles! Et la masse grouillante qui, cinq jours par semaine, réveille les bourgeois alentour par ses cris et ses pétarades n'a d'yeux que pour les jeunes chattes qui ronronnent d'aise, sur le trottoir d'en face. Ça reluque et ça tente d'entrer en contact... de part et d'autre. Les rencontres, en ces années-là, ne sont pas faciles. Et même si 68 va un peu ouvrir les esprits et délacer le corset de l'autorité parentale, on contrôle encore, dans les familles, les heures de rentrée. Les seuls moments de liberté arrachés aux cerbères maternels le sont souvent sous couvert de quelque mensonge : « Je révise chez Josette, je serai là vers 7 heures... »

Certes, les féministes et leur révolution gagnent du terrain, mais plus à l'Est. Neuilly – Dieu merci! – et ses chaumières en pierre de taille semblent encore épargnés. Pour preuve, le lycée Pasteur n'est pas mixte, et le cours d' « en face » non plus. Les bars voisins servent de repaire aux amours. Ça flirte sur les banquettes de moleskine rouge du café du carrefour. Ça fantasme beaucoup, aussi... mais cela ne va pas plus loin.

Parmi celles qui attendent leur bac, il y a une petite blonde avec une drôle de « tête de balai », des yeux ronds, la taille aussi fine que son esprit et des airs de fausse oie blanche. Elle répond au prénom – presque – républicain de Marie-Anne et au nom de Chazel.

Marie-Anne est un étrange personnage. Presque une

énigme. Elle ne paraît pas ce qu'elle est, elle n'est donc pas ce qu'elle paraît. Une fille de pasteur, forcément, ce n'est pas comme tout le monde. Une éducation rigoriste mâtinée d'une grande culture. Chez les Chazel, on est d'extraction bourgeoise... désargentée ; et si on n'a pas un rang social à tenir, on a du moins un état à respecter. Une philosophie qui servira beaucoup à Marie-Anne, la fera se replier sans cesse sur l'essentiel, trier le bon grain de l'ivraie et aller directo à l'important lorsque la vie lui jouera des tours. Marie-Anne, c'est Zézette à jamais qui pousse droit devant elle son Caddie et ne demande pas qu'on l'aide. Un père pasteur, ça forge le caractère... et elle en a !

C'est à Gap, dans les Hautes-Alpes, que Marie-Anne ouvre deux grands yeux sur un ciel d'azur un 19 septembre. Heureuse arrivée. Ses parents ne sont pas originaires de cette préfecture un peu enclavée, mais ils y ont atterri après quatre années passées à Tahiti. La famille s'est ensuite retrouvée à Nice où, pendant dix ans, le père a officié avant d'être nommé à... Neuilly. Enfance heureuse, insouciante, dans une famille unie, cultivée, respectueuse et pieuse. Marie-Anne apprend vite, curieuse ; elle s'intéresse à tout et se débrouille sous l'uniforme des jeannettes.

Elle a onze ans lorsqu'elle débarque en face du lycée Pasteur... avec trois handicaps. « J'avais une vraie tête de balai, une condition sociale modeste et je venais de province ! » Et, de plus, un père homme d'Église ? « Ah non, de ça j'étais très fière, parce que j'avais le sentiment confus que c'était extraordinaire ! Mais il est vrai que c'était très compliqué, socialement, de s'installer à Neuilly. Nous qui étions plutôt démunis, on arrivait dans une ville très argentée, où le social et le paraître avaient beaucoup d'importance... » Si à cette époque on consommait moins qu'aujourd'hui, ses copines d'école allaient tout de même au ski deux fois l'an, et s'affichaient en Weston et collier de perles dès seize ans. Des trucs auxquels elle, Marie-Anne, n'aura jamais accès. Donc, plutôt que de se sentir inférieure, elle rejette tout cela en se persuadant que ce ne sont que biens terrestres, et qu'elle elle joue à un autre niveau.

« Et je me souviens d'avoir eu beaucoup plus tard des grands plaisirs quand j'ai vu arriver, au théâtre où je jouais, des filles au demeurant charmantes avec qui j'avais été en classe, mais qui étaient encore et à jamais dans ce milieu protégé, réservé, argenté et sans surprise. Nos rapports s'étaient inversés. Elles enviaient mon mode de vie... »

De plus, le milieu cultivé dans lequel elle a grandi donne à Marie-Anne l'impression d'être différente. Son père est un érudit qui la subjugue par ses sermons en chaire. Elle acquiert ainsi dès son plus jeune âge une conscience très aiguë du monde qui l'entoure. « Je n'étais pas élevée comme les autres, je n'avais pas les mêmes valeurs... Et je pense que c'est sûrement pour cela que je me suis rapprochée de Christian, Thierry, Gérard, qui eux aussi n'allaient pas dans le sens des autres... Même si leurs raisons étaient différentes, c'était aussi une révolte contre un certain milieu, ou du moins l'impression qu'il fallait s'en détacher. »

Côté maternel, en revanche, Marie-Anne peut revendiquer un certain atavisme. Que fait une femme de pasteur, sinon être femme de pasteur? Chorale, bonnes œuvres et... art dramatique! D'origine russe, Mme Chazel, née Louba Guerchikoff, a attrapé très jeune le virus de la scène et s'est même inscrite au cours Simon. Mais c'est grâce à Jean-Claude Pinchenat, qui anime à Nice un groupe de théâtre amateur, que la maman de Marie-Anne renoue avec la muse. En 1967, quelques années après l'installation de la famille à Neuilly, Jean-Claude Pinchenat, nommé maître assistant à la Sorbonne, recontacte tout naturellement Louba pour lui annoncer sa nomination... et une autre nouvelle, d'importance : « J'ai une amie, Ariane Mnouchkine, qui est en train de créer une troupe de théâtre étudiant. Est-ce que tu veux en faire partie? Ça s'appelle le Théâtre du Soleil. »

Une aubaine tombée... du ciel! Non seulement Louba peut recommencer à exercer sa passion, mais en plus elle peut le faire sans trahir sa condition d'épouse d'homme d'Église, sans être obligée de courir les auditions en se gardant de toute intrigue ou de tout compromis. Et puis, Mnouchkine, c'est l'assurance d'un théâtre de grande qualité dans des conditions idéales. Louba participe aux débuts de cette troupe qui fera les grandes heures de La Cartoucherie, à Vincennes. Ce qui contrarie son pasteur de mari.

« Je pense que c'est un genre artistique qui ne le touchait

pas, lui qui, en revanche, avait une passion pour la littérature et la peinture. Il était aussi partagé entre l'émotion de voir sa femme – puis sa fille! – exposée aux yeux du monde et la rigueur qu'exigeait sa condition! A ses yeux, tout cela manquait un peu de pudeur. Il a attendu le succès du *Père Noël...* pour accepter de venir me voir! Alors, ma mère sur scène, ça devait être dur pour lui. »

Pourtant, Louba va être de tous les grands succès de la troupe : *La Cuisine, 89, 93, Méphisto...* Un ballon d'oxygène, pour elle qui a rempli sans faillir son devoir de mère en élevant ses quatre enfants : Marie-Anne et trois autres – devenus, l'une, « galériste » d'art à Vichy; l'autre psy; et le seul garçon de la troupe, agriculteur et éleveur dans une ferme cévenole qui appartient à la famille depuis la nuit des temps. Louba peut le cœur en paix retourner à ses amours d'antan.

Comment, devant un tel exemple, ne pas être titillé par l'appel des planches? C'est sur la scène de la salle Saint-Pierre – haut lieu du patronage et de la culture bon genre à Neuilly – que Christian Clavier remarque pour la première fois cette brindille blonde. Remarque seulement. La suite viendra un peu plus tard. Marie-Anne a tout juste quinze ans, elle louche déjà côté théâtre tout en se gardant bien d'en parler à son austère papa. Pour lui, pas de doute, sa fille qui semble douée pour l'histoire fera une excellente prof! « C'est vrai, je l'étais, et j'adore toujours cela... »

En attendant, Marie-Anne continue d'ânonner sur les bancs de son « cours secondaire pour jeunes filles »... pas très sages. Ce qui l'intéresse, ce n'est pas de fréquenter les oies blanches qui peinent à ses côtés, mais d'infiltrer cette bande qui semble bien rigoler. Tout est bon pour l'approcher, à commencer par franchir la porte du lycée Pasteur. Alors qu'en règle générale ce sont les garçons qui font le mur de chez les filles, là c'est le contraire. Sous n'importe quel prétexte : le théâtre, les séances – mixtes! – du ciné-club... Un « bonjour » entraîne une parlote, un café, et des habitudes se créent. C'est un amour de jeunesse qui sera le premier contact de Marie-Anne avec les garçons. Il s'appelle Didier Sainderichin et fait partie de la bande avec Thierry, Christian, un certain Patrick Corrigan – aujourd'hui publicitaire – et Gérard Papillon – qui, de loin, fait l'unanimité.

Aujourd'hui encore, plus de vingt ans après l'accident de moto dans lequel il trouva la mort, Gérard reste une figure emblématique de ces années-là. « Un vrai copain, un mec génial qui avait comme ambition de devenir libraire... C'est forcément génial, un mec qui veut vendre des livres. » Thierry est celui qui en parle le mieux. Gérard, c'est un peu un cinquième Beatles qui aurait sûrement été loin avec eux si le destin n'en avait pas décidé autrement... Cette disparition brusque, à un âge où l'on se sent immortel, va resserrer les liens qui unissent déjà les membres de cette bande qui n'est pas encore une troupe. Manque simplement une fille...

C'est Gérard le timide qui va faire l'intermédiaire. Il vient traîner à la salle Saint-Pierre pour voir jouer Didier Sainderichin. Sur scène, à ses côtés, dans *Les Bâtisseurs d'empire* ou *Le Schmürtz* de Vian, Patrick Corrigan et Marie-Anne Chazel !

« Elle était tout simplement formidable », se souvient Jugnot. Marie-Anne tempère : « J'étais morte de trouille, je jouais la jeune fille de famille qui tremble parce qu'il y a cette chose ignoble comme une momie, le Schmürtz, qui veut pénétrer dans la maison. C'était Patrick qui était sous les bandelettes... »

Jugnot, lui, veut absolument rencontrer cette drôle de fille. Mais comment faire ? Marie-Anne de son côté n'attend que cela pour enfin intégrer la bande ! Quelle belle entrée en matière que le théâtre pour aborder une fille. Jugnot, mal à l'aise, pousse Didier à lui présenter Marie-Anne. Didier s'exécute... Gérard n'est pas vraiment un rival.

Gérard lance alors l'idée de monter une nouvelle pièce, dans laquelle pourrait jouer... Marie-Anne ! Jean-Pierre Fontaine, le professeur d'art dramatique de Pasteur, adhère tout de suite à l'idée, trop heureux, pense-t-il, d'avoir éveillé le feu sacré chez un élève. Une conversion ? Merci, mon Dieu. Et il se met en quête d'une pièce dans laquelle il pourrait employer sa nouvelle « troupe », composée des prosélytes Gérard et Marie-Anne.

D'emblée, il songe à un certain Raymond Cousse, le genre auteur maudit et emmerdant – surtout pour son entourage –, qui lui propose sa dernière création : *Gros papa...* Une œuvre dont la postérité n'a, tout comme les protagonistes, pas retenu grand-chose, sinon le vague souvenir d'une histoire mettant en scène un ogre et des enfants. L'ogre tombant naturellement dans l'escarcelle de Gérard. Marie-Anne et... Christian Clavier complètent la distribution, sous la direction de Jean-Pierre Fontaine. Seule Marie-Anne a souvenir « d'un type complètement tyrannique, qui avait balancé un jour sa Cocotte-Minute par la fenêtre parce que des gens faisaient du bruit dans la rue, qui picolait comme un trou, travaillait dans le génie, et était un tel obsédé sexuel qu'il mettait un magnéto à cassette sous son lit conjugal ! ». Cet allumé des planches, on le retrouvera en partie – mixé avec Vincent Kaldor, l'autre fou furieux du même tonneau – sous les traits de Philippe Khorsand dans le film *Mes meilleurs copains*, un pot-pourri de souvenirs que signeront Clavier et Poiré, une quinzaine d'années plus tard. Comme quoi, rien ne se perd... Cet avatar théâtral a au moins l'historique avantage de permettre la première prestation des futurs Renaud-Barrault du café-théâtre (dixit Coluche) : Marie-Anne Chazel et Christian Clavier. Une amitié de planches, rien de plus...

Si Christian date son premier intérêt pour Marie-Anne de sa prestation dans *Le Schmürtz*, elle, de son côté, avoue avoir remarqué Christian pour la première fois sur la funeste moto de Gérard Papillon. Puis ils se sont revus de temps à autre, au gré des réunions de la bande. Café, théâtre, ciné-club. C'est tout. Clavier, Jugnot, Thierry – oui, même Thierry ! – et Blanc ont les problèmes de tous les ados vis-à-vis du mystère féminin. « On les dévorait des yeux, on était le club des Ringards ! » se souvient Thierry. Ce que Jugnot résume parfaitement d'un : « On était puceaux dans la tête ! » Chez les filles, en revanche, il y a plus d'allant : « Tout était bon pour approcher les garçons, affirme la môme Tête de balai. On y allait plus pour eux que par amour de l'art ou du cinéma d'auteur... » Ainsi, Marie-Anne est au mieux, et depuis longtemps, avec Didier Sainderichin. C'est sur lui qu'elle a jeté son dévolu. Un amour de (prime) jeunesse qui s'éternise peut-être un peu par habitude. Ils sortent ensemble, et la bande devient petit à petit le fond de sauce incontournable de leurs rendez-vous. Marie-Anne, très vite adoptée, finit par être de toutes les sorties et se sent parfaitement à l'aise dans ce groupe.

« Et pourtant, il n'était pas facile, à l'époque, de les approcher. Ils étaient très proches, très soudés, et ça m'intimidait beaucoup. Moi, je les regardais déconner, raconter des histoires, se marrer avec leurs airs (faussement) libérés, et je trouvais que c'était une chance d'être acceptée... Sûrement, au début, parce que je sortais avec Didier. Je me trouvais bien aussi parmi eux parce qu'ils étaient en révolte contre leur milieu, qu'ils n'avaient pas ce côté gros cul qu'on rencontrait beaucoup à Neuilly et qui me mettait mal à l'aise. Ils avaient un certain courage à vouloir absolument vivre leur vie autrement. » Rituellement, le dimanche matin, les garçons vont à Bagatelle, jouent au rugby, puis, mâles jusqu'au bout, se bricolent une troisième mi-temps à coups de blanc limés très prolétariens. Marie-Anne, qui accompagne Didier, est donc aussi de ces sorties champêtres. D'autant qu'à l'image de l'époque elle s'est libérée : elle a claqué (en douceur) la porte du domicile parental. Elle a à peine dix-huit ans et s'est installée près de Montparnasse – avec, naturellement, l'élu de son cœur – dans un microstudio affublé d'une « terrasse rouge »! Elle est aux anges, elle adore cette vie entre études, bohème, amour et copains. Neuilly lui pesant, elle a rejoint le Quartier latin qui porte encore les traces d'un mai chaud. Un vrai parcours d'enfant de l'époque...

Un jour, à Bagatelle, il lui faut se rendre à l'évidence : Christian est tombé amoureux d'elle! Didier et Christian, potes de lycée, copains de vestiaire, amis de rigolades, deviennent comme deux coqs face à la blondinette qui n'en demande pas tant. Le rival a chassé l'ami...

Fine, Zézette retrouve des accents de plaisir : « C'était très romantique... Et puis, un jour, il a bien fallu que je choisisse, et j'ai choisi. »

Elle quitte Didier. En entrant dans la vie de Christian, elle signe un bail avec le groupe qui ne va pas tarder à prendre son envol. Et un autre avec un homme. Ce bail-là n'a jamais été dénoncé...

6

Ils prennent vite le pli d'avoir des projets de scène en commun. Ce théâtre scolaire et amateur est un formidable ciment et a sur eux, si différents, un incroyable effet fédérateur. Ils cherchent tous une raison d'être autres, hors des sentiers battus que les adultes pavent à l'intention de leurs enfants. Ce qu'ils veulent avant tout, c'est exister ailleurs. Leur grand besoin de s'affirmer, aussi important que leur besoin de liberté, va passer par la scène. Ils veulent mettre des coups d'accélérateur dans leur vie. Rejetant les habitudes de leurs parents, de cette existence qu'ils pensent vouée à la tristesse et à la monotonie. Chaque génération jette sa gourme. Se libère, s'envole. Cette génération-là plus que tout autre. En avril 1968, d'une façon prémonitoire, *Le Monde* avait titré : « La France s'ennuie. » Mai 68 la réveille. La jeunesse n'a pas de projet, pas d'excitant, pas de stimulant. Tout va bien ? Trop bien, sans doute... Et alors ? Même à Neuilly, on s'ennuie. On s'ennuie au ski, on s'ennuie en achetant des Weston, on s'ennuie en pensant à l'avenir. Et cette bande-là ne veut pas s'ennuyer. On peut faire autrement ! Ils vont le prouver en coupant tous les ponts. « Pas de porte de sortie, car au premier échec vous allez la prendre ! » a balancé Jugnot comme un mot d'ordre. Compris ! Pas de sortie de secours ! Pas de métier, des études secondaires bâclées, pas de diplôme... La vie, et tout de suite ! Ils voient rapidement où ils doivent aller. « Nous n'avons jamais été des gamins », dira un jour Michel Blanc. C'est vrai, le temps pour eux a d'étonnantes contractions. Ils sautent vite une étape, comme s'ils avaient eu très jeunes cette hantise qu'on attrape généralement beaucoup plus tard : celle du temps qui s'écoule. Ils veulent faire du théâtre, du cinéma... qu'on parle d'eux ! Et le monde va voir ce qu'il va voir.

En attendant le monde, Neuilly et Puteaux feront l'affaire... jusqu'au bac, du moins. Très actif – hors des cours –, le groupe se lance dans d'infernales expérimentations. Molière même y passe, encouragé par la constance de Jean-Pierre Fontaine, qui arrive à transformer Jugnot en Mascarille, au côté de Bernard Menez, lui aussi à Pasteur. Quant à Michel Blanc, recruté pour faire un porteur de chaises, il traverse la scène au fond du décor.

Très vite, ils en ont marre des textes des autres. Michel Blanc écrit une pièce – une « potacherie », comme il la qualifie lui-même : *La concierge est tombée dans l'escalier.* Une œuvre déjà proche de l'esprit qui fera leur renommée. Un palier dans un immeuble où quatre personnes conversent tranquillement, alors qu'on entend, montant des profondeurs de la cage d'escalier, une concierge qui hurle après avoir, de toute évidence, dérapé sur une marche. On retrouve là un peu l'absurde dérangeant d'un Edward Albee, et aussi l'influence de Jarry et de Ionesco.

Sur le palier fatidique, autour de Michel, on peut voir Jugnot en ancien combattant, Christian en sportif avec jogging incorporé, Thierry en « homme d'intérieur » drapé dans une très seyante veste en soie. Et chacun d'expliquer ses problèmes, de justifier sa non-intervention tandis qu'une bande-son diffuse les râles de la pauvre bignole au bout du rouleau. Le tout s'achevant sur le décès de la concierge ; le *Requiem* de Mozart écouté au garde-à-vous par les protagonistes ; et, pendant que Michel prononce une oraison funèbre très enlevée, Gérard Jugnot présente à Dieu sa batterie de médailles d'ancien combattant. Du grand art ! Les élèves de Pasteur, où cette rareté est montée une fois, en redemandent...

A la même époque, dans un genre plus engagé, Thierry écrit un film que Gérard, « le cinéaste de Pasteur », porte à l'écran : *Désespoir de cathode.* Une œuvre avant-gardiste au message social destiné à faire avancer d'un pas la réflexion de l'espèce humaine et à éclairer d'un jour nouveau les grands défauts du système... Ces choses-là se pensaient ainsi à l'époque. Scénario coton : il est question d'un peintre à l'immense talent – l'ombre de Léon Lhermitte plane au-dessus de l'œuvre –, mais ignoré, alors qu'un autre, pas plus doué, a droit à tous les honneurs et à l'argent, parce qu'il sait utiliser le système! Drôlement envoyé comme métaphore. Résumé de Jugnot : « C'est l'histoire de deux mecs qui peignent les mêmes merdes – un pauvre et un riche. Le riche arrive à exposer, et l'autre reste dans son trou à rats. » Le film est tourné en 16 mm (s'il vous plaît!) avec l'argent tapé à la... grand-mère de Thierry! La brave et naïve mémé Bouchara-Lhermitte est loin de se douter qu'elle est ainsi la première productrice du Splendid!

« C'était très sérieux, très très profond, et très très très chiant », confesse Thierry. Gérard en rajoute, pour éclairer de son avis de réalisateur la tambouille cinématographique qu'il a le plus sérieusement du monde mise en boîte. « En fait, j'ai considérablement amélioré dans le sens surréaliste le scénar de Thierry. A l'époque, on était très influencés par Buñuel et par les cinéastes japonais comme Ozu. J'étais capable d'avaler les quatre heures de *L'Amour fou* de Rivette, alors que je serais incapable de m'en taper simplement le générique aujourd'hui... J'avais donc rajouté des scènes comme celle censée symboliser l'incompréhension entre les êtres. On y voyait quelqu'un qui n'arrivait pas à parler, qui se cognait contre une vitre et pleurait des larmes bleues... Sauf que je n'avais pas pensé que ma caméra n'était pas réflexe; ce qui fait qu'à la projection on voyait dans le champ les deux mecs qui portaient la vitre... »

Un qui est aux anges, c'est Jean-Pierre Fontaine. Jamais son enseignement, plutôt considéré comme un gadget par les autres profs de Pasteur, n'a été aussi couru. Et tous semblent accros. Fort de son succès, il se met à inviter des célébrités comme Jean-Louis Barrault à venir parler de leur art. Mais c'est surtout la rencontre avec Tsilla Chelton qui va être déterminante. Tsilla Chelton est une grande dame de la scène qui, mieux que quiconque, a mis son talent au service du théâtre de Ionesco, mais qui restera pour beaucoup l'invivable *Tatie Danielle* de Chatiliez. Une chance pour la bande, qui en a aussitôt conscience et qui écoute fascinée la comédienne parler de son métier. C'est Jugnot, décidément le plus intrépide, qui l'aborde. « Comment faire pour devenir comédien? » demande-t-il tout de go.

« C'est facile, répond Tsilla, je peux vous donner des cours. »

Pierrette et le poteau... laid

7

Les années Tsilla sont trois années de doute et d'incertitude. Un no man's land qui va de Pasteur à la fac. Des années capitales, pourtant, et qui vont peu à peu forger leur détermination. Leur inclination pour la scène passe du possible au certain.

Seul Michel, dans le brouillard le plus complet, va embrasser trois carrières... en l'espace de deux ans!

Tsilla les prend en main alors qu'ils sont encore à Pasteur, en première ou en terminale. Pour rassurer les parents, on pare au plus pressé : le bac d'abord. De 1969 à 1971, ils décrochent tous l'indispensable diplôme, non sans difficulté parfois.

Puis, en traînant un peu les pieds, certains décident de s'inscrire en fac. Pour avoir la paix. Christian à Sciences-Po, Michel en... histoire de l'art (!), Thierry... nulle part, tout d'abord; quant à Gérard, il slalome entre différentes filières. « J'étais en C. J'avais réussi à persuader mes parents de passer de A en D, puis en C, parce que, pour les rassurer, je leur avais dit : “ Je veux être ingénieur chimiste. ” J'aime bien la chimie, les feux d'artifice. Je faisais même beaucoup d'expériences à la maison, et j'avais cramé souvent des trucs dans le garage... Puis, comme je n'étais vraiment pas très bon en maths, je me suis dit que, tant pis, je serais... directeur de la photo! Tout ça encore pour calmer mes parents, parce que, chef op ou directeur de la photo, c'est un métier plus technique, donc pour eux plus sûr que comédien... »

Gérard ne fera naturellement rien de tout ça. En définitive, il prend son courage à deux mains, affronte le regard paternel et avoue son désir d'être comédien. « Ça y est, je l'ai dit, on se détend », aurait ajouté Michel Blanc à sa place. Mais papa Jugnot, lui, ne se détend pas, et les choses ne se passent pas vraiment bien. Gérard saisit le prétexte de son succès au bac et de ces tensions familiales pour prendre une chambre de bonne en même temps que sa liberté. Une mansarde de deux mètres sur quatre, un boui-boui sans confort peint en noir par le précédent locataire, au sixième étage d'un immeuble, rue de Courcelles, qu'il loue deux cent dix francs par mois. Un loyer qui ampute largement les cinq cents francs mensuels familiaux. En attendant son départ pour l'armée, ses journées sont partagées entre la fac de Nanterre, où il s'est inscrit en lettres modernes, et les allers-retours en Solex à Neuilly, où il va voir Thierry et Christian. Au début de 1971, quand l'armée le cueille pour ses « trois jours », il n'a qu'une crainte : se faire réformer... à une époque où tout le monde monte des usines à gaz infernales pour échapper aux seize mois de service ! La raison ? Le cinéma, toujours...

Un de ses copains, un certain Ronald, a une planque au Service cinématographique des armées et arrive au terme de son devoir envers la nation. Une idée simple a germé dans la tête des deux larrons : Gérard va prendre la place laissée vacante par la quille de Ronald. Une sacrée porte d'entrée dans la profession pour Gérard, qui y voit la possibilité de rencontrer d'anciens élèves de l'IDHEC ou de Vaugirard – lesquels pourront sans doute, par la suite, faire quelque chose pour ce « copain de régiment ».

Premier obstacle : devancer l'appel et passer la visite médicale. Un reliquat d'asthme risquant de faire échouer la « machination », Jugnot décide de faire donner un petit coup de piston à son dossier par un ami de son père qui connaît un colonel qui... Naturellement, vu de Puteaux, tout paraît simple ; mais, une fois dans les arcanes du ministère et sous les lambris du boulevard Saint-Germain, les préoccupations cinématographiques de Jugnot fils deviennent lettre morte. Bref, ça foire en beauté pour une question de date, et notre Lubitsch en herbe se retrouve, « comme un con, chauffeur d'un commissaire divisionnaire de la DST en poste à Paris ».

Mais, Gérard ayant commencé ses classes à... Fontainebleau, c'est un moindre mal : être à Paris offre la possibilité de faire le mur assez souvent ! Pas question pour Jugnot de perdre le contact avec les autres... qui, n'ayant, quant à eux, pas de copains à remplacer, se sont gentiment débrouillés pour se faire réformer. A cette époque, du reste, l'armée a la réforme facile, car elle n'est pas très emballée à l'idée de récupérer cette génération de gauchistes qui a joyeusement cassé du CRS et copieusement insulté le chef de l'État – un général, de surcroît!

Pendant ce temps, Christian Clavier, le bac en poche, se retrouve sur le marché universitaire. Son penchant naturel le pousserait à opter pour le métier de saltimbanque... au grand désespoir, là encore, du Dr Clavier. Certes, celui-ci s'est un peu fait à l'idée que son aîné ne sera ni toubib ni même avocat, mais tout de même le métier de comédien lui paraît très précaire. En homme avisé, il va prendre conseil auprès de son beau-frère, le « tonton » producteur Yves Rousset-Rouard. Finalement, Christian, en jeune homme de compromis, cède aux injonctions parentales et choisit Sciences-Po. La voie royale quand on a, comme lui, obtenu le bac assorti d'une très étincelante mention « très bien »... Sciences-Po, ça ne peut pas faire de mal, et puis ça donne toujours la Sécu, le CROUS et l'accès au resto U. « On a toujours fait en sorte de ne pas avoir de porte de sortie, commente Christian, moi comme les autres. J'ai donc raté mes partiels, et je me suis retrouvé rapidement dans l'impossibilité de continuer. Il a bien fallu trouver autre chose. Sciences-Po, ou plus exactement le peu de temps que j'y ai passé, j'en remercie mon père, parce que m'avoir incité à faire cette école plutôt que de continuer, par exemple, des études de philo qui me plaisaient beaucoup m'a désintéressé très vite des études; d'ailleurs, si j'avais fait philo, je ne serais peut-être pas devenu comédien... Je pense que, quand ils doutent de la capacité de leurs enfants à réussir, les parents, en fait, les aident beaucoup; en ce qui nous concerne, en tout cas – Thierry, Gérard et moi –, ils n'ont fait qu'accroître notre détermination. Je me souviens que cette période de ma vie a été très difficile avec mes parents, j'étais en conflit permanent... Comme Gérard et Thierry, du reste. »

Michel, quant à lui, suit les méandres de son hésitation. Une fois abandonnée la tentation de se lancer dans des études littéraires puis musicales, il se dit qu'en fait il veut être comédien... Mais comment? Il n'a pas suivi les autres chez Tsilla. Une erreur. Revenir là, la queue basse, c'est reconnaître sa méprise. Dilemme.

« Plus je faisais autre chose, plus j'avais envie d'être sur scène... mais je n'osais revenir. Ou, plus exactement, l'idée du groupe m'effrayait, je me disais : " Cela va être terrible, un vrai kolkhoze. " Comme je n'avais pas le choix et qu'au fond je suis terriblement conservateur, très classique, je suis allé m'inscrire chez Jean-Laurent Cochet, où l'on préparait le Conservatoire. C'était sûrement aussi pour m'affirmer par rapport au groupe, une façon de me dire : " Eh bien, moi, je ne ferai pas de café-théâtre! " » C'est Béatrice Agenin, « une femme sublime aujourd'hui... qui était une jeune fille déjà sublime à l'époque », se souvient encore avec émotion Michel, qui le pousse à la rejoindre dans ce cours. Mais, d'entrée, il se sent très mal à l'aise, il ne supporte pas l'ambiance, ni ces élèves qui, persuadés d'être tous les nouveaux Talma ou Rachel, snobent le vilain petit canard venu les perturber. Cochet lui-même le prend en grippe dès son arrivée et le met en garde : « Vous voulez vous présenter au Conservatoire? Je ne vois pas pourquoi, il n'y a pas d'emploi pour vous dans notre métier... De plus, je fais partie du jury; alors, économisez donc les cinquante francs de l'inscription! »

Michel ne reste que trois mois chez Cochet avant de se tourner vers une autre école : celle de la rue Blanche qui, elle aussi, prépare au Conservatoire. Il s'attaque très sérieusement au programme : il pioche Molière et une fable. Classique et de bon goût... Il se fait étendre, et une nouvelle porte se referme. « En fait, ces gens-là m'ont rendu un service énorme car, si j'étais rentré au Conservatoire, que serais-je devenu par la suite? Ceux qui marchaient bien à l'époque – comme Giraudeau, par exemple – avaient des physiques immédiatement employables. Moi, j'avais l'air trop vieux pour jouer les valets et trop jeune pour tenir les emplois d'âge mûr. Bref, j'étais inclassable. »

Michel mettra quelque temps avant de retrouver le chemin de la raison. D'oser enfin pousser la porte de Tsilla Chelton, où l'attendent les autres.

8

« L'articulation, mon grand, l'ar-ti-cu-la-tion! Tu ne vas jamais passer le cinquième rang! Tu joues pour eux, pas pour toi! »

L'importance de Tsilla Chelton sur le groupe en formation est considérable. Elle leur inculque d'emblée la notion de professionnalisme. Ils ne sont plus en train de préparer une pochade pour une fête de lycée, mais de répéter comme si, le soir même, ils jouaient à Marigny. A partir du moment où Tsilla les prend sous sa coupe, ils ont le sentiment de ne plus être des amateurs et de faire partie de la grande famille des comédiens.

Tsilla occupe alors un minuscule appartement derrière la fontaine Saint-Michel. Deux générations de futurs comédiens se sont entassés là, jusque dans l'entrée, en quête de la bonne parole. A l'image de l'époque, les cours de Tsilla tiennent de la communauté, du happening. Mais l'enseignement qu'elle dispense est le meilleur qui soit. Tsilla est aussi pauvre que certains de ses élèves qui, pour payer leurs cours, lui donnent parfois un coup de main. Gérard et Thierry posent du tissu dans une chambre, une fille promène le chien. Gérard se souvient même d'avoir vu certaines candidates à la scène donner la réplique en faisant... la vaisselle! Les cours pouvaient commencer à midi, et « on y était encore à minuit, avec des coupures pour aller faire les courses et la bouffe »... Tsilla, au-dessus de tout cela, prodiguait ses précieux conseils dans un langage imagé. Les fainéants avaient droit à un sévère : « Amusez-vous quand il est encore temps... mais, lorsque le torchon se lève, il faut mouiller la chemise... Lâchez-vous, mes p'tits cocos! »

Aux impatients, aux fringants qui veulent casser la

baraque après trois mois de cours, elle répond : « Attendez ! Si vous faisiez des études de médecine, vous n'iriez pas soigner les gens au bout d'un an ! Patientez, vous n'êtes pas prêts ! » A ce rythme, certains restent trois jours, d'autres plus longtemps... mais peu aussi longtemps que notre bande : trois ans ! Et même davantage en ce qui concerne Gérard, qui a développé des rapports quasi filiaux avec Tsilla – allant même, lorsqu'une dépression existentielle le frappe, jusqu'à venir habiter chez elle le temps d'un chagrin...

« Une fois passée leur gaucherie première, j'ai très vite senti leur potentialité, se souvient Tsilla. Gérard est sûrement celui qui doutait le plus de lui. Je lui avais dit : " Ne t'en fais pas, tu joueras, tu as un physique qui te sert. " Thierry, lui, a une vraie folie qui lui permet de passer outre à ce physique qui le catalogue d'emblée. Il est capable de tout. Clavier, j'ai vu d'entrée que c'était un extraordinaire comédien de théâtre, manifestement fait pour la scène, et il nous l'a prouvé souvent avec un succès mérité. Michel, quant à lui, m'a stupéfiée par son talent. Il a un talent énorme, rare ; et pourtant, quand il a débarqué chez moi, un peu après les autres, il paraissait plus vieux qu'aujourd'hui. Quand je le vois maintenant à l'écran, à l'aise et volubile, j'ai du mal à imaginer combien il était triste, gris, maigre et peu sûr de lui, à l'époque... La première chose que je lui ai fait travailler, c'est... Roméo ! En troisième année, j'ai donné à chacun un rôle dans son entier. Le même pendant toute l'année. Jugnot jouait le Béranger du *Tueur sans gages* de Ionesco ; Michel, Richard III – et c'est un des plus beaux Richard III que j'aie vus ! Clavier en Hamlet... Rien à dire, comme je m'y attendais. Et Thierry était un magnifique Becket. Chacun avait son rôle-titre, et les autres tournaient autour, faisant les autres personnages de chaque pièce. On a commencé à avoir du vrai théâtre. Ils m'ont donné beaucoup de joie... »

Pourtant, ce n'est pas gagné. Car ce n'est pas un embryon de troupe qui se présente chez Tsilla au début de 1970, mais une bande de gamins poussés là par une vague idée de ce que peut être le théâtre. Tsilla les a bluffés... mais, surtout, c'est la seule porte qu'ils connaissent pour entrer dans le métier. Ils ont déjà été applaudis par des salles toutes acquises – à Pasteur, à Saint-Pierre et dans une MJC; ils ont traîné leurs jeans sur les fauteuils de quelques théâtres et découvert avec étonnement et surprise Le Café de la Gare, qui commence à faire parler de lui. Ils sont condamnés à réussir. Ils se sont condamnés à réussir, plutôt; et ce challenge-là va sûrement être pour beaucoup dans leur détermination.

Le mérite de Tsilla, c'est tout simplement d'avoir fait son travail avec une rare clairvoyance. Elle comprend tout de suite qu'elle a entre les mains une matière prometteuse, des grands comédiens en devenir, mais qui utilisent leur corps comme des coureurs de fond, et leur voix comme des marchands de légumes.

Elle les prend un par un, les travaille, les façonne, comprend ce qui cloche. Nos quatre (futurs) Splendid ne bronchent pas, fascinés par l'aplomb, l'assurance, la voix grave au phrasé impeccable de la grande comédienne. Gérard se souvient : « Jean-Pierre Fontaine m'avait dit que j'avais une voix un peu " blanche " : " Tu as un polype, tu ne feras jamais de théâtre! " Et j'en étais resté là, jusqu'au jour où Tsilla m'a expliqué que j'avais simplement un problème de... timidité! Elle m'a redonné confiance en moi... Quand je suis arrivé chez elle, je bafouillais, je n'arrivais même pas à m'exprimer. Elle a tout de suite compris que j'avais une grande angoisse, celle qu'on a toujours lorsqu'on est jeune comédien : celle de monter sur scène et de parler faux. Et sa méthode à elle n'est pas une méthode pour jouer bien, mais une méthode pour parler juste! »

Même scénario pour Marie-Anne qui, quelques mois après, suit les garçons chez Tsilla – car Christian lui met chaque jour l'eau à la bouche en lui parlant des cours. « Elle m'a dernièrement rappelé notre première entrevue, raconte Marie-Anne. Je ne m'en souvenais plus. J'avais ma tête de balai, mes cheveux " gras-mouillés ", et tout de suite elle a vu ce qui n'allait pas. Ma rébellion cachait un manque d'assurance et une timidité maladive. Elle m'a donné confiance. »

Michel enfin, qui, après un an d'hésitations et de méandres, rejoint la bande chez Tsilla, y débarque avec ses problèmes, ses doutes, ses angoisses. Il en ressortira presque prêt à tenir tête à n'importe quel public. « Je suis arrivé très blindé, en traînant les pieds, mais avec une grande envie de travailler. Dès qu'elle m'a vu, comme si elle lisait en moi, elle m'a dit : " Fais craquer le vernis ! " Elle avait compris que j'étais sorti de l'adolescence bourré de complexes et que je m'étais mis une carapace. Or, la carapace, c'est vachement bien pour se protéger, mais ça bloque dans les deux sens... Et c'est grâce à elle si j'ai pu commencer à jouer et à communiquer. »

Ce qu'ils vont tous apprendre chez Tsilla, c'est simplement un métier ! Jouer, faire carrière, et surtout tenter d'en vivre. Ces deux notions – jouer et vivre – seront toujours associées dans leur esprit. Ils ne seront jamais, à l'image de Tsilla, de ces comédiens « vache enragée » sûrs de leur talent, qui attendent patiemment que le public les découvre. Artistes maudits ? Non, merci !

« Ce qui les caractérisait tous, explique Tsilla, c'était une fragilité intérieure cachée sous des dehors, non pas de fanfaronnade, mais de calme et de sérieux. Ils avaient en commun une grande intelligence et un très grand désir de réussite. Une grande détermination à y arriver ! Je me souviens d'une chose que l'un d'eux m'avait dite : " On ne veut pas faire comme vous, on veut gagner de l'argent ! " C'était en référence à mon existence – mariée avec quatre enfants, j'avais fait... quinze ans de scène avant de commencer à gagner un peu d'argent ! Le nombre de pièces que j'ai jouées pour rien, dans un garage ou un hangar, uniquement par passion est incroyable ! Nous, on veut jouer, disaient-ils, on fera tout pour... mais on veut en vivre ! »

Armés d'une telle détermination, ils s'engagent à fond. Un apprentissage fait à la confiance. Jamais aucun d'eux ne se pose la question du temps à y consacrer, du chemin à suivre ; et ils s'interrogent encore moins sur les choix, souvent déconcertants, de la comédienne. Ils écoutent et apprennent. Tsilla a souvenir d'une bande très attentive, très docile, qui ne discutait jamais ses conseils, ses interjections... pendant le cours, du moins !

« J'ai su qu'ils parlaient beaucoup de mon enseignement

au-dehors, surtout lorsque je les mettais sur la sellette et que l'on passait un après-midi sur deux répliques! Quelquefois, je sentais qu'ils avaient une irrépressible envie de prendre leur manteau et de partir... Mais ils ne l'ont jamais fait. Ce qui est très étonnant, de la part de jeunes gens de leur âge, c'est qu'ils n'ont jamais manifesté. Ils sont restés trois ans pleins à travailler souvent tard, car je suis quelqu'un qui ne regarde pas l'heure... Ils ont su faire une chose que peu savent faire : ils ont pris ce que je leur offrais. Jusqu'à la dernière miette. C'est ce que je dis toujours à mes élèves : " Soyez égoïstes, servez-vous... " » De vraies éponges.

C'est en troupeau qu'ils sont arrivés chez Tsilla, ce sont des individualités qui en ressortent, avec une seule envie : former une troupe. Mais pas question maintenant d'aller frapper à la porte du Français ou du TNP... Ils sont plutôt venus chercher là la confirmation qu'ils peuvent faire ce métier. Le reste, ils vont le construire eux-mêmes. Ils sont fin prêts dans leur tête... La volonté de former une troupe s'est imposée depuis longtemps. C'est leur chance et, Tsilla en est persuadée, à juste titre : « Leur grande intelligence, c'est d'avoir compris d'emblée l'importance du travail, et d'une formation associée à leur amitié et à cette formidable dynamique de groupe qu'ils entretenaient chaque jour en étant proches jusqu'à vivre quasiment ensemble. Et ça, je les y encourageais. Je leur disais : " Ne perdez pas votre groupe en allant faire des castings individuels qui peuvent mettre en péril votre cohésion. Ne soyez pas orphelins de votre groupe, faites ensemble! " »

Tsilla ne fut pas invitée tout de suite à voir le résultat de ses efforts. Pas avant *Je vais craquer* à La Candelaria, leur premier vrai spectacle « pro ». Un cadeau de séparation...

« J'ai vu sur scène mon cours, qu'ils recrachaient! Eux qui avaient tous un énorme problème de diction étaient parfaits, ou au contraire – comme Jugnot dans son fameux *Proverbe* (le sketch fétiche que Gérard jouera jusqu'en 1983) – accentuaient à loisir tous les défauts que j'avais mis trois ans à essayer de corriger. Comme pour bien me prouver qu'ils avaient tout compris! »

9

Nécessité fait loi. Enfin, presque, en ce qui concerne le café-théâtre : il semble avoir poussé, hymne à la liberté, sur les décombres fumants d'une révolution avortée. Il ne faut pas assimiler trop vite 68 au café-théâtre, même si, avec le recul, ces caves humides, ces scènes en planches mal peintes gardent un goût de bricolage avant-gardiste que la nostalgie pare d'une bonne dose de ringardisme. En fait, comme chaque fois que survient une révolution dans les comportements ou dans les actes, il y a derrière une raison sociale et économique. Nécessité fait loi, oui, au café-théâtre aussi. Et surtout.

Le fait d'associer à un spectacle la vente d'un autre service ne date pas de ces années-là. La même idée présidait déjà aux cabarets de la fin du siècle dernier chers à Lautrec, les fameux cafés-concerts et le Moulin-Rouge qui permirent à des amateurs de devenir, dans les vapeurs de l'absinthe et la fumée des cigarettes turques, les coqueluches du tout-Paris. Qu'il s'agisse de danse – la Goulue, ex-dame de petite vertu, ou Valentin le Désossé, fonctionnaire qui délaissa peu à peu son ministère pour le cancan –, de chant ou de concert, le spectacle servait avant tout à attirer et retenir le chaland, puis à le faire consommer... Et naturellement, au vu de la gratuité de cette prime, pas question de présenter le chanteur à la mode ou la danseuse réputée. Place aux amateurs, aux candidats à la célébrité, aux dégourdis affublés d'un brin de talent. Et, comme le constate fort justement Pierre Merle [1] : « On a toujours joué, déclamé, chanté dans des auberges, des tavernes, des bouges ou des cafés... »

---

1. *Le Café-Théâtre*, coll. « Que sais-je? », PUF, 1985.

Dès le début du siècle, les quartiers excentrés de Paris recelaient un grand nombre de salles pompeusement baptisées casino, folies, concert ou théâtre ; des bouges, souvent, qui virent les débuts de futures gloires, comme Piaf, Montand ou Trenet. Sans ces salles pour galop d'essai, sans ces structures peu exigeantes sur le professionnalisme, mais vouées à la détente du samedi soir, beaucoup de monstres sacrés adulés n'auraient jamais trouvé leur public. Ces Casino, Eldorado, Pacra et Alhambra qui racolaient de leur fronton en stuc et de leurs brillantes loupiotes le populaire de Charonne, de Ménilmontant, de Montmartre et de Saint-Martin laissèrent, dans les années 60, la place au cinéma ou au cabaret rive gauche. Puis arriva le café-théâtre : tous ceux qui aujourd'hui font la république de la scène et de l'écran y ont débuté, comme leurs aînés ont fait les beaux soirs de L'Échelle de Jacob ou des Assassins. En cette matière, l'Histoire aussi balbutie.

Car il n'y a pas beaucoup de solutions pour sortir du lot. Attendre en jouant les utilités, avant d'être remarqués au fond du décor? Merci! « Aide-toi, le ciel t'aidera. » L'impatiente génération post-soixante-huitarde qui pense – et elle a raison! – que le monde lui appartient va appliquer à la lettre un autre aphorisme, l'un de ces mots d'ordre à l'emporte-pièce qui ont vu le jour sur les barricades de mai : « Cours, camarade, le Vieux Monde est derrière toi! » Et ils vont courir. Aux quatre coins de Paris, traquant la remise désaffectée, l'usine en faillite, le sous-sol inexploité, la mûrisserie de bananes... dans les quartiers en pleine transformation, dans les banlieues ouvrières. « Pour se rapprocher du public », clament les plus mercantiles. « Pour porter la véritable parole à ceux qui sont exclus du théâtre bourgeois », prétendent les plus marxistes du lot. Même les villes de province rendormies après le coup de chaleur de mai se réveillent. En moins de dix ans, on comptera dans Paris – la province sera moins touchée – plus de deux cents lieux offrant, d'une seule fois par semaine pour certains à plusieurs fois par jour pour d'autres, des spectacles pleins de vigueur, quelquefois novateurs et souvent désolants, pour ne pas dire navrants, mais tous empreints d'une bonne volonté à faire pâlir les compagnons d'Emmaüs.

Débroussaillée avec bonheur, amour et compétence par Pierre Merle [1] et Bernard da Costa [2] – qui fut lui-même l'un des premiers acteurs, réalisateurs et directeurs de salle –, l'histoire du café-théâtre dans ce qu'elle a d'anecdotique et d'historique reste à écrire. Mais revenons à l'aspect purement économique qui présida de tout temps à son émergence. Trivialement, Pierre Merle résume cela par : « Un mariage de raison entre des limonadiers soucieux de stimuler, voire de renouveler, leur clientèle et des auteurs ou des comédiens qui n'arrivaient pas à percer dans des structures classiques. »

« De qui le café-théâtre serait-il la providence, renchérit Bernard da Costa ? Des auteurs, des acteurs ? Ou bien simplement des patrons de café ? » Des uns et des autres, évidemment. Chacun va y trouver son compte. Pendant que certains font plier de rire les salles – ou navrent les consommateurs égarés là par curiosité –, les autres remplissent leur tiroir-caisse... C'est du moins vrai pour la première génération du café-théâtre, celle directement issue des cafés et des restaurants qui acceptèrent que des comédiens, voire des chanteurs ou des humoristes, animent leur lieu, leur laissant le droit de faire la quête – le fameux « filet à phynance » qu'ils passent au-dessus des tables à la fin de la représentation – ou leur concédant un maigre pourcentage sur les consommations.

Les lieux pionniers du café-théâtre qui perpétuaient simplement la tradition du cabaret virent le jour quelque temps avant 68 : La Vieille Grille, rue du Puits-de-l'Ermite – sûrement le plus ancien ; Le Sélénite, rue Dauphine ; Le Fanal, qui émigra de l'île Saint-Louis aux Halles ; L'Absidiole ; Les Blancs Manteaux ; Le Bec-Fin ; Le Café d'Edgar ; et Le Café-Théâtre de l'Odéon, rue Monsieur-le-Prince, situé sous le restaurant La Candelaria... Mais les auteurs et les acteurs répugnèrent bientôt à laisser aux gargotiers le souci de récolter le fruit de leur travail. On n'était pas en période de révolution pour rien. « Mort aux exploiteurs ! » Certains eurent l'idée de créer leur propre lieu, tout en continuant – pour des raisons autant fiscales que pratiques – à ne pas faire payer, mais à percevoir une rémunération en échange

1. *Op. cit.*
2. *Histoire du café-théâtre*, Buchet-Chastel, 1978.

– symbolique – d'une consommation ou d'un quelconque produit, si possible peu cher, pouvant être stocké et servi facilement. Le futur Splendid, par exemple, proposa une glace l'été, une soupe chaude l'hiver, un bonbon, un Coca ou un Orangina, et même des pâtisseries telles que des chaussons aux pommes !

C'est ainsi que naquit la seconde génération du café-théâtre, dont Le Café de la Gare reste le symbole.

10

« Il n'y a pas de mauvais auteurs – affirme da Costa dans son livre, en citant un des chantres de cette contre-culture –, mais des auteurs frustrés dans leur possibilité d'expression. » On pourrait en dire autant des acteurs. Da Costa rappelle là la fonction première du café-théâtre, qui était de servir de tremplin à des inconnus : une première marche vers les sommets de la gloire ou le retour à l'oubli... Mais très vite le café-théâtre devint une entité, revendiquant un ton, une indépendance et par là même, pour certains, sinon un art de vivre, du moins un art de penser. On vit même des comédiens, tout auréolés d'une gloire off, refuser benoîtement d'intégrer des structures qui leur ouvraient enfin les bras, le succès venu. Ne vaut-il pas mieux être le premier dans son village que le second à Rome? Laisser le café-théâtre à ceux qui débutent pour courir finalement sa chance dans les grandes machines boulevardières, cela pour beaucoup frisait la trahison. Le théâtre ne fut jamais autant divisé que dans ces années-là.

Les spectateurs se posaient la même question : le théâtre ou le café-théâtre? Le costume ou le jeans? Le risque de s'ennuyer ou celui d'être choqué? Les visages vus et revus ou les trublions d'un ordre qui tentait de retrouver ses marques? La république pompidolienne calmait les ardeurs de mai... Le café-théâtre cherchait encore, et pour longtemps, à ne pas perdre le terrain conquis. Ne le nommait-on pas alors, rappelle Pierre Merle, le « boulevard de gauche »? Et de citer cette mésaventure arrivée à Patrick Dewaere, l'un des piliers du Café de la Gare, lors de la présentation à Cannes du film d'Alain Corneau *Série noire* dont il était l'acteur principal.

Le jour de la projection, Patrick est abordé, sur la Croisette, par un groupe d'admirateurs à peine plus jeunes que lui...

« – Alors, Patrick, tu vas aller à la présentation du film dans lequel tu joues?

– Oui, répond le comédien.

– Tu vas pas mettre un smoking et un nœud pap! s'exclame un fan.

– Si, pourquoi? »

Comment le héros des *Valseuses* et des *Boulons dans mon yaourt* pouvait-il ainsi trahir sa profession de foi : être acteur de café-théâtre... et se « déguiser » en star?

Le confort ou la surprise? Un dilemme crucial pour toute une génération de comédiens. Ne pas trahir son camp... et pourtant passer de l'autre côté du miroir, où brillent les feux de la célébrité et de la reconnaissance. Tous le voulaient... Peu, sinon certains au Café de la Gare, le revendiquaient. Pour preuve, l'apostrophe de Romain Bouteille aux Splendid débutants, eux qui osèrent afficher leur volonté de considérer le café-théâtre plus comme un moyen que comme un but : « Vous n'êtes que des boulevardiers. » Presque une insulte dans sa bouche! Symbole pour lui de la déchéance, de la trahison. Et pourtant, ce « boulevard » s'engraissera bientôt sur les ruines – ou, plus exactement, sur les bases solidement cimentées – du café-théâtre que son succès grandissant ne permet plus d'ignorer. Dès que le boulevard et le cinéma mettent leur nez dans le café-théâtre, ce dernier n'a plus de raison d'exister – sinon de se renouveler sans cesse, d'innover, de continuer sa mission novatrice. L'histoire du Splendid en est la preuve éclatante.

C'est ce Café de la Gare, phare de l'agit-prop, qui va fasciner nos amis dès la sortie du cours de Tsilla. Devenir des pros de la scène, oui... mais de quelle scène? L'exemple du Café de la Gare sera déterminant. Une pièce surtout les a marqués : *Des boulons dans mon yaourt*, une succession de sketches à l'image de ceux qu'ils écriront. Leurs premiers spectacles – *Non Georges pas ici!* et *Je vais craquer* – doivent sûrement beaucoup à ces « boulons »-là.

« On était très admiratifs et, inconsciemment, ils nous ont beaucoup aidés, explique Marie-Anne. C'est en les voyant qu'on s'est dit : " On peut le faire nous aussi ", et ils avaient l'air de tellement se marrer et d'être bien ensemble ! C'est en les connaissant un peu mieux, plus tard, qu'on s'est aperçus que tout n'était pas aussi idyllique que ça... »

Christian est de loin le plus méfiant et le plus virulent. Si la structure sociale – et économique, surtout – l'intéresse, cette troupe très « fromage de chèvre et pull en grosse laine » l'ennuie, et il se méfie un peu de leur état d'âme, qu'il trouve « légèrement bolcho ». Cette méfiance n'est pas une simple réflexion, mais le signe tangible d'un décalage de génération. Cinq ans à peine les séparent de leurs aînés ; mais cinq ans, quand on a « seulement » seize ans en 68, c'est beaucoup ! Ils sont d'une génération qui ne s'est pas nourrie de 68 et qui a suffisamment de recul pour juger la précédente d'une façon critique. Ils ne vont pas s'en priver...

Et puis, cette structure prétendument démocratique – autogérée, pour employer un terme qui fait fureur à l'époque – n'existe vraiment que par la personnalité très forte de son chef... et elle ne semble pas des plus épanouissantes pour les autres. Christian et ses acolytes, pourtant très influencés par Le Café de la Gare, voient ses limites.

« Ils [ceux du Café de la Gare] représentaient surtout pour nous des gens en pleine réussite, des gens qui arrivaient à exister et à se produire dans une structure qui nous passionnait. La structure était un modèle... et seulement la structure, car, pour être vraiment franc, j'ai toujours trouvé très fumeux les spectacles de Bouteille – pas vraiment merdiques, mais fumeux. J'y allais avec plaisir, car je les voyais exister, et cela me confortait dans l'idée que c'était ce qu'il fallait faire. J'y allais aussi parce que je trouvais Dewaere et Guybet étourdissants de rire, deux clowns de génie... Mais les élucubrations de Bouteille sur la bombe atomique, la récupération politique, et son esprit baba m'ont toujours énormément ennuyé. »

Ce n'est pas son bref passage au PC – qui n'a pas vraiment révolutionné la place du Colonel-Fabien – ou sa vision très détachée des événements de mai qui vont convaincre Christian du contraire. Rappelons-nous la sentencieuse parole de Michel Blanc : « Nous n'avons jamais été des gamins. » Romantiques ? Plutôt pragmatiques...

« Mis à part Dewaere, Guybet et aussi Miou-Miou, qui était de plus mignonne et sexy, j'ai toujours trouvé les autres extraordinairement amateurs... Et ils le sont restés, surtout Bouteille, dont le message presque messianique nous faisait d'ailleurs rire. »

Mais ils retirent de tout cela un enseignement évident : « On peut en faire autant. »

11

En cette fin de 1971, tous se posent avec angoisse la même question : Comment faire pour y arriver ? Comment mettre en application leur nouveau savoir, la véritable sève injectée par Tsilla dans leurs veines ?

C'est Jugnot le premier qui s'y colle. Rendu à la vie civile, il a du temps libre. Hormis une vague inscription à Censier en... cinéma, pour justifier et profiter sans vergogne de l'obole parentale – augmentée de quelques sous glanés dans des petits boulots comme décafardiseur ou coursier. Rien qui encombre l'esprit. Il se pointe donc un jour avec de méchants sketches écrits sous l'impulsion du Café de la Gare.

Ce qu'il a en main n'est pas terrible, mais il y a de la matière... à discussion, du moins. Dans ces écrits, une perle sommeille. Une idée jetée à la hâte, griffonnée maladroitement, mais qui va pourtant alimenter son fonds de commerce pendant de nombreux spectacles : le légendaire *Proverbe*. A tel point que, dix ans plus tard, à l'ouverture du Splendid Saint-Martin, ce sketch fera toujours crouler de rire les spectateurs de son « one man show » ! Si Jugnot alors n'a plus ses cheveux, le sketch, lui, n'a pas pris une ride !

« La première fois qu'il nous l'a joué, se souvient Thierry, c'était chez moi, et je crois n'avoir jamais autant ri ! » C'est l'interprétation de Jugnot qui donne toute sa saveur à ce morceau d'anthologie, car l'idée en elle-même est des plus simplistes. « Voilà, leur explique Jugnot, un type se pointe sur scène, dit : " Proverbe, un petit proverbe... " et tente pendant dix bonnes minutes de prononcer cette simple phrase : " Rien ne sert de courir, il faut partir à point. " Voilà... » Devant le silence un peu navré de la bande, il s'exécute. Et là, ça confine au génie...

Un autre n'aurait sûrement pas tenu trois minutes. Jugnot, les grands soirs, pourra faire dix bonnes minutes, au mépris de la rate fragile de certains spectateurs. Immédiatement, les autres pressentent qu'ils tiennent quelque chose. Stimulée, la troupe se met à l'ouvrage... Dans la chambre de Thierry et dans celle de Gérard, les premières séances d'écriture collective évoquent la réunion de potaches.

« Seul Jugnot tentait de nous raisonner et de nous ramener dans le droit chemin, se rappelle Thierry. Nous, nous n'avions qu'une idée en tête : déconner. » Pourtant, c'est ainsi que naîtra un premier embryon de spectacle.

Reste à trouver l'endroit où prouver, sinon au monde, du moins aux amateurs qui écument les cafés-théâtres, qu'une nouvelle troupe de génie – ils n'en doutent pas ! – a vu le jour. Une troupe ? Oui, et d'entrée, très conscients de l'enjeu du groupe pour leur avenir, ils jettent sans vraiment se concerter les bases de ce qui sera leur philosophie d'existence pour les dix années à venir.

« Pas de chef, pas de gourou, et surtout pas de diktats à la Bouteille », résume parfaitement Clavier. Une écriture en commun, signée en commun. Personne ne revendique rien, tout appartient à tous. Dès lors, le devenir du groupe, pris en main collectivement, ne peut que profiter au... groupe, garant de la réussite de chacun. Pour preuve, et on le verra, il n'y a jamais eu de groupe moins uni que celui-ci, à l'intérieur... mais donnant, aux observateurs extérieurs, l'impression d'être soudé et cohérent. Tous ceux qui tenteront de s'y introduire, de l'infiltrer, seront rejetés. Ne rentreront que ceux qui auront été cooptés par l'ensemble des membres. Un paradoxe qui empêchera la gangrène d'attaquer ce bloc compact. Naturellement, tout ne sera pas toujours idyllique... mais l'image est intacte. Le mot « Splendid » est sculpté sans faille au mont Rushmore du café-théâtre...

Leur première préoccupation est de trouver un nom. Ils se creusent les méninges, passent en revue des appellations dignes d'eux, de leur talent, de leur exigence. Ils les ont oubliées... sauf celle qui est retenue : la Compagnie de la Turlutte ! On a l'esprit de ses envies... Seule Marie-Anne, à qui Christian dévoile un jour le nom choisi, passe à côté de sa signification exacte. Turlutte? C'est drôle, elle trouve même que ça a un air d'instrument de musique folklorique! Va pour la Turlutte...

Avoir un nom, c'est bien, mais il faut aussi un titre de spectacle. Les rues de Paris sont alors couvertes d'affiches racoleuses vantant des spectacles dont le titre est déjà tout un programme, comme le succulent *Le cave habite au rez-de-chaussée*, l'énigmatique *Pas de citrouille pour Cendrillon*, sans oublier les ravissants *Elle voit des nains partout, Apocalypse na!*, jusqu'à des sommets du genre : *Ils avaient les foies dans l'Ouest, Le Jour le plus con, Phèdre à repasser* et *Le Troisième Jumeau*... Un seul but : alpaguer le chaland dans une sorte d'escalade de l'absurde qui, trop souvent, ne sert qu'à masquer d'insipides singeries de potache. Pour se mettre au goût du jour, nos héros – qui n'ont pas froid aux yeux – jettent en vrac dans une conversation qui fera date les idées et les jeux de mots les plus saugrenus. Chacun s'accrochant à sa trouvaille, on décide – démocratie, quand tu nous tiens! – de tout retenir et de tout accoler à la manière de ces titres de romans très fin de siècle. Cela donne : *Non Georges pas ici ou Les Espions du consortium ou Le Hérisson démoniaque ou Fromage et dessert!* Si avec ça le spectateur n'y va pas de sa maigre obole, c'est à vous dégoûter du spectacle.

Quant à l'endroit, là encore, Jugnot se révèle l'homme providentiel. Nourri au lait du système D et ayant retenu des maximes paternelles du genre « Celui qui reste les deux pieds dans le même sabot n'avance guère », il cherche, fouine, va voir X qui connaît Y et qui a entendu parler de, et trouve ainsi une opportunité en fin de semaine dans un café-théâtre un peu à l'écart des circuits habituels (le Quartier latin, Montparnasse, le Marais), mais qui accepte d'accueillir ces débutants.

Appelé joliment Le Poteau, tout simplement parce qu'un poteau occupe le milieu de la scène, il est situé rue de la Banque, en face d'un marchand de vin et à côté d'un commissariat. Une modeste rue entre la Bourse et le quartier du Louvre, animée en semaine grâce aux bureaux alentour, mais déserte et froide comme une ville morte le soir et le week-end. Qualifié de « petit lieu » par Pierre Merle dans son *Histoire du café-théâtre,* Le Poteau ne laissera pas une trace indélébile dans la mémoire des historiens du genre... Pas plus que dans celle des animateurs de la Compagnie de la Turlutte. Mais c'est pourtant là qu'un soir du doux printemps de 1972 ils se retrouvent pour la première fois sur une scène « professionnelle ».

« Nous y allions, le peu de soirs où nous y avons joué, avec un enthousiasme infernal, raconte Christian, le futur Jacquouille. Nous étions soutenus par Patrick Bouchitey, lui aussi débutant, qui m'avait dit : " Ce n'est pas important ce que tu joues, mais tu dois le faire car c'est formidable : tu joues ! " Il n'était pas encore connu, mais à nos yeux c'était déjà un acteur professionnel. Quand nous avons commencé au Poteau, nous avons pensé que nous allions révolutionner Paris... Ça n'a pas été le cas. Nos sketches étaient plus ou moins bons... et même plutôt moins, mais nous les jouions avec un entrain infernal. »

« Nous avons joué avec beaucoup de succès pour... nos familles et nos amis, renchérit Jugnot. Mais presque sans public, sans un critique, sans rien. » Désespérant... Et pourtant, ils ont mis toutes les chances de leur côté. Au lieu de se contenter d'alerter copains, connaissances et parents, ils raisonnent en professionnels et se fendent d'une affiche. Sollicité, Didier Sainderichin – l'ex- de Marie-Anne –, pas rancunier pour deux sous, la leur imprime en sérigraphie, et elle en jette : « La Compagnie de la Turlutte présente : *Non Georges pas ici ou Les Espions du...* », etc. L'impression des premières affiches est effectuée dans l'atelier que Didier partage avec un copain. Un copain un rien irascible, connu pour son caractère ombrageux, qui touche un peu à tout et partage son temps entre le dessin, les cours de théâtre et la décoration. Un beau jour, le copain arrive, gueule en biais, à ne pas prendre avec des pincettes. Le foutoir de l'atelier, entièrement occupé par les affiches en train de sécher, ne facilite pas le premier contact. Didier, gêné, fait les présentations : « Gérard, Christian et Thierry, des copains comédiens... Martin Lamotte, un ami déco qui partage cet atelier avec moi. »

Les Turlutte ne peuvent qu'inviter Martin à venir les voir sur scène, le surlendemain. La soirée se termine autour d'une table, et l'ours se révèle un joyeux compagnon. Mieux encore, c'est quelqu'un qui partage le même humour, la même férocité, la même envie de croquer l'époque. Martin ne sera jamais une recrue. Trop fou, trop indépendant, incapable – on le verra – d'intégrer une structure, il restera toujours l'indispensable pote de tous les membres du Splendid, et surtout de Christian. « Le soir où nous l'avons rencontré, j'ai tout de suite été fasciné par son humour méchant et cinglant. »

La scène du Poteau, cette ébauche de Splendid, regroupe alors Thierry, Christian et Gérard, auxquels se joint Isabelle de Botton (aujourd'hui membre de la troupe des Filles), recrutée chez Balachova – un des cours d'art dramatique les plus en vue à l'époque – par Thierry, qui en fait son « terrain de chasse » favori. « C'était plein de filles... »

Le loup a été introduit dans la bergerie par Martin, qui y a lui aussi ses « habitudes ». Les rares soirs où ils jouent, Isabelle se taille – à égalité avec *Proverbe* de Jugnot – un franc succès dans *Pierrette et le Poteau... laid*. Ce sketch n'aura aucune pérennité dans le répertoire de la Turlutte, et pour cause... L'idée leur en est venue lors de la première visite du lieu et nécessite simplement, pour fonctionner... le fameux poteau du milieu de la scène. Isabelle rentre toutes les dix minutes, à chaque intersketch, armée d'une scie, d'un marteau, d'un pétard, en hurlant comme une possédée : « J'en ai marre de ce poteau, il est laid, il est laid ce poteau », tout en tapant dessus comme une possédée. La chute est amenée par Christian ou Gérard qui, tentant de l'arrêter, prononce cette phrase d'anthologie : « Pierrette, laisse ce poteau laid ». On ne reculait alors devant aucun effet. Un autre sketch aussi ravit les (trop) rares spectateurs : celui dit « De la merde », dans lequel, en véritable exercice de style, Gérard et Christian marchent « dedans » avant d'entamer un twist endiablé pour cause de chaussures rendues glissantes par ce lubrifiant inopiné. D'une très grande légèreté. Mais le vrai délire (le mot est peut-être un brin fort...) vient de *Proverbe*, qui détermine nos héros à transporter ailleurs leur talent. Rien qu'avec ce « classique » et en retravaillant le reste, on doit pouvoir accéder au stade supérieur, se rapprocher des vrais lieux de plaisir. Bref, investir le Quartier latin, où tout se passe.

Isabelle, elle, profite de ce déménagement pour les abandonner. Deux soirs par semaine pendant trois mois, ce n'est pas assez lucratif. Un engagement se présente, elle part. La troupe n'est pas décimée pour autant. Thierry, sans trop se faire prier, retourne chez Balachova voir s'il n'y aurait pas des « nouvelles ». Il y en a au moins une, qui répond au doux nom de Fabienne Barbey. Mais, en fait, elles sont deux! Car Fabienne est toujours accompagnée de son indispensable copine, une nunuche toute blonde, toute ronde, pétillante comme une bouteille de Fanta, avec de grands yeux bleus naïfs qui dévorent la vie... et bouffent du regard le grand Thierry. Le chasseur de têtes fait donc d'une pierre deux coups en ramenant à la troupe la remplaçante d'Isabelle et dans sa vie la belle Valérie.

12

M. Michel Mairesse, directeur général à la banque Worms, son épouse Mona et leurs trois enfants forment une famille modèle... Mais celle-ci nourrit en son sein une figure rebelle qui détonne : Valérie, leur fille cadette. Effrontée, Valérie ne veut jamais baisser les yeux quand on la sermonne, elle vomit le bourgeois et rêve d'Hollywood à un âge où toutes les petites filles en rêvent... Mais elle en rêve encore à l'âge où l'on pense plus à son avenir qu'à un grand amour avec... Steve McQueen. Cette Pasionaria des faubourgs chics et des écrans a vu le jour en juin 1955 à Paris, puis est allée pousser sous le soleil marocain dès l'âge de cinq ans avec le reste de la famille, lorsque M. Mairesse père a été nommé à la tête de la succursale de sa banque à Rabat.

Direction le carmel Saint-Joseph, elle qui aurait sûrement fréquenté Sainte-Marie de Passy si la famille était demeurée peinardement sous nos latitudes. Le plan de carrière du papa en décide autrement... et c'est tant mieux, au dire de Valérie.

« Sainte-Marie de Passy m'aurait sûrement rendue rebelle à tout et délinquante. Au Maroc, les choses étaient un peu différentes. Le carmel était loin de la discipline de fer d'une école religieuse française. Pas question de délinquance, vu qu'on ne fréquentait que des Français bourges à mourir. Avec mes copines, on papotait des heures entières sur le port et on se disait pas qu'on allait changer le monde, mais que tous ces cons nous faisaient chier et qu'on irait bien passer des vacances à... Ibiza ! » Un lieu de perdition, dans les années 60...

Un rêve la hante : Hollywood ! Ça fait un peu cliché, mais les clichés, à son âge, elle aime ça. « Je n'avais qu'une idée : être actrice. Je n'avais pas des rêves de midinette devant les limousines et les paillettes, non, je voulais devenir actrice et j'étais persuadée que j'y arriverais... Je ne voulais pas vivre comme tous ces gens, je voulais être star et je le disais à tout le monde autour de moi. Au début, on se foutait de moi, puis c'est devenu normal. Je signais même des autographes à mes copines, en leur disant de les garder, car plus tard ça vaudrait beaucoup d'argent. » De son écriture ronde, elle écrivait : « Amitiés. Sandra Mac Day », parce que Sandra était sans nationalité définie, et Mac Day en hommage à McCartney qui hantait ses rêves... plus secrets. Elle faisait état de sa vocation à tous... y compris à ses parents, qui ne contrarièrent jamais cette envie précoce. Seule condition, l'obsession parentale traditionnelle : le bac! « Il faut que tu aies ton bac pour être actrice, disait toujours mon père. Et ma seule crainte était de le louper et de repiquer une année. »

Valérie n'est pas vraiment une reine du bachotage, mais elle apprend avec facilité, sans se biler. Elle décroche son bac sous le ciel marocain... et sous les auspices de l'académie de... Bordeaux, dont dépend le Maroc, puis met ses géniteurs au pied du mur : « Je l'ai, mon bac... je retourne à Paris! »

Panique! Car si sa grande sœur, de cinq ans son aînée, est rentrée – seule – en France, c'est parce qu'elle est un modèle de sagesse et de sérieux. Valérie, c'est autre chose. Les parents décident de revenir au pays après douze ans de bons, chauds et loyaux services à la gloire de la banque française, prenant comme prétexte les études de leur deuxième fille. Un ami d'un ami, qui connaît Michael Lonsdale, recommande au père le cours de Tania Balachova, où l'illustre comédien enseigne de temps à autre. Et c'est ainsi que Valérie fait ses premiers pas dans le dur métier qui est déjà sien depuis si longtemps.

Les choses ne vont pas se révéler évidentes. C'est même très vite la friction avec Tania, qui ne souffre pas qu'on suive ses cours sans un certain respect et recueillement. Elle accable Valérie de conseils et de remontrances. « Avââânt d'apprendre à jouer, mâââ-demoiselle, il faut apprendre à bouger! »

« C'était le comble! Me dire ça à moi, moi qui bougeais

comme Marilyn ! Car pendant quinze ans j'avais été à l'école de Marilyn, j'avais vu tous ses films, d'autant qu'au Maroc mon père s'occupait d'un ciné-club dont je ne loupais pas une séance. Truffaut, Chabrol, mais aussi et surtout *La Chartreuse de Parme, Le Rouge et le Noir*, tous les Gérard Philipe... Finalement, Balachova ne m'a pas influencée, puisqu'en tout et pour tout j'ai dû y aller trois fois. »

Tout en suivant officiellement les cours de Balachova, Valérie passe le plus clair de son temps au café d'à côté. Il y a là une véritable manne pour tous les metteurs en scène à la recherche d'ingénu(e)s, les producteurs en mal de nouveaux visages ou les comédiens en quête de partenaires. C'est comme ça, on s'en souvient, que Thierry Lhermitte aborde... Fabienne Barbey.

Dès que Fabienne est cooptée pour reprendre le rôle laissé vacant par Isabelle dans *Je vais craquer*, Valérie la suit comme son ombre et échoue tous les soirs dans les « coulisses » du café-théâtre. « Je trouvais qu'elle avait beaucoup de chance. Je ne me rendais même pas compte que ce que je préparais chez Balachova c'était une porte d'accès au " vrai " théâtre. Moi, à l'époque, ce qui m'intéressait, c'était de jouer, d'être sur scène et non dans un cours. Alors, la voir jouer tous les soirs me rendait folle de rage. »

La chance ne l'abandonne pas et va doublement lui sourire. En effet, Thierry tombe raide amoureux d'elle – au point, aime se rappeler Valérie, qu'il aurait dit aux autres : « P'tain, j'ai rencontré la plus belle fille du monde ! » Ce à quoi Gérard Jugnot, sûrement un brin jaloux mais tenant aussi à remettre les choses à un niveau plus acceptable, aurait répondu, après avoir rencontré l'objet du fantasme de Thierry : « Ah bon ! C'est ça... » Ça ou pas, les tourtereaux n'attendent pas six mois, ni l'approbation de papa Mairesse, pour s'installer dans un nid douillet. Et peu à peu, en compagnie de l' « homme de sa vie », Valérie s'intègre à la troupe, donnant un coup de main de temps à autre à la régie lorsque Marie-Anne ne peut se rendre disponible. « D'un seul coup, mon rêve se réalisait : être dans une troupe ! Et, de plus, je formais avec Thierry un couple magique ! » Une vraie histoire de cinéma.

13

Les trois mois passés au Poteau, ce galop d'essai grandeur nature, sont loin d'être inutiles. Ils ont maintenant le sentiment d'appartenir à la grande famille du café-théâtre et décident de se mettre en quête d'un lieu plus approprié à leur talent et à leurs ambitions.

En attendant, l'été 1972 arrive. Se séparer? Partir en vacances chacun de son côté, comme à la fin d'une année scolaire, et attendre la rentrée pour se retrouver? Pas question! Un certain Michel Garboulin, un habitué des cafés-théâtres, va leur proposer une alternative inespérée : une tournée d'été!

Garboulin, tout en bricolant dans le social, était vendeur à mi-temps chez Maspero, la librairie mythique du Quartier latin, rue Saint-Séverin. On trouvait sur les rayons du rez-de-chaussée comme sur ceux du sous-sol toute la contre-culture. Marx, Engels et les autres théoriciens de gauche au rayon « Classiques », à proximité des écrits d'Eldridge Cleaver ou de Malcolm X, voisinant avec ceux de Jack Kerouac, Allen Ginsberg, William Burroughs, Kate Millet ou Margaret Mead. La librairie était fréquentée par deux types d'individus : ceux qui y bossaient comme vendeurs et ceux qui venaient là pour piquer les bouquins qu'ils ne pouvaient se payer chez Gibert, à côté. Maspero, par ailleurs éditeur de textes introuvables, vindicatifs autant que poétiques, finit par fermer boutique – ne pouvant mettre en pratique une répression que tout son stock d'écrits dénonçait. C'est là que Garboulin se faisait son mois, animant par ailleurs des VVF et autres villages pour travailleurs.

Ne voulant voir dans les initiatives du café-théâtre qu'une volonté de briser le carcan de la culture bourgeoise, Garboulin pense que cette forme théâtrale se doit d'être au service de la culture populaire. Ce qui l'amène tout naturellement, en joyeux héritier de l'esprit Front popu 36, à proposer à la Compagnie de la Turlutte – rebaptisée sur sa demande Théâtre de la Louche – une animation d'été sur les places de village en Bretagne, dans les cours des gîtes ruraux et dans les campings, les lieux de repos par excellence des congés payés. Ce n'est pas vraiment le truc de nos ex-pensionnaires du Poteau, mais ils acceptent – ayant encore l'âge où l'on ricane en passant devant les quatre étoiles, sûr que rien ne vaut la belle nature et le feu de camp pour se rapprocher de la vérité. Deux voitures, deux tentes, Gérard, Christian, Thierry et le sieur Garboulin, flanqué de son amie délicieusement surnommée Pépette, prennent en juillet le chemin de l'Ouest. Pas question de jouer « *Non Georges pas ici ou les...* », etc. : ils ont, pour l'occasion, mis au point un spectacle très commedia dell'arte que Garboulin, didactique en diable, a écrit.

Voilà pour le fond. La forme revêt une tout autre allure, Garboulin leur ayant concocté un costume des plus... stricts. Imaginons un instant Gérard ou Christian dans un collant noir moule-machin, T-shirt assorti, demi-masque sur le visage et ballerines aux pieds ! Et voilà nos zozos ainsi attifés lancés sur les routes du Finistère. Dans la cour des papes, on pourrait prendre ça pour de l'avant-garde... Dans une cour de ferme, c'est une autre paire de collants. Thierry en rit encore.

« Qu'est-ce qu'on s'est marrés ! A chialer ! C'était dément, et malgré tout on le faisait très sérieusement. Son texte était vraiment à chier ; on se disait bien qu'on avait l'air de cons, qu'on était ridicules, mais on y allait. » Gérard lui aussi se souvient d'avoir dragué dans cette tenue sur les plages en hurlant : « Ne loupez pas la représentation exceptionnelle du Théâtre de la Louche à 11 heures sur la place du Marché », et de s'être retrouvé à Carnac en train d'ânonner un texte indigent que personne ne comprenait, alors qu'à cent mètres de là une brave maraîchère à la voix de stentor lui damait le pion d'un « Elle est bêêêlle ma scâââarole, elle est fraîîîîche ! » Conscients du potentiel comique de la situation, Christian et Jean-Marie Poiré la ressortiront quasiment intacte dans *Mes meilleurs copains*, dans la scène d'anthologie du théâtre à l'usine.

A leur décharge, il faut reconnaître qu'ils sont tous essentiellement motivés par deux arguments de poids : les trois cents francs quotidiens que la « troupe » se partage (le SMIC est alors aux alentours de mille francs par mois...) et les deux mois de vacances passés à « se roder ».

De retour à Paris, le lieu reste leur préoccupation première. Où jouer? Où exister? Où trouver un public? La « tournée » et ses longues soirées sous la tente ont été mises à profit pour améliorer leur spectacle. *Non Georges...* a été retravaillé; d'anciens sketches mixés avec de nouveaux, sous le titre générique, toujours très « café-théâtre », de *Je vais craquer ou Ce n'est pas parce qu'on n'a rien à dire qu'il faut fermer sa gueule*. Ils décident alors de faire les choses, sinon en grand, du moins en vrais pros. Plus exactement, en « miniprofessionnels », comme les qualifiera quelques mois plus tard Jean-Pierre Barbe, un journaliste de *L'Aurore*!

Car, même s'ils ont tous mis en place une économie de crise et un plan des plus drastiques pour mener leur vie – ministudio, ou chambre de bonne, allocation parentale et petits boulots ingrats –, ils sont condamnés à aller de l'avant. Ils reprennent donc contact avec Vincent Kaldor, le Jouvet de la MJC de Neuilly, pour obtenir des tuyaux et une introduction dans le milieu fermé des propriétaires de salles. Il leur en indique une dans laquelle il a commis quelques exactions, rue Monsieur-le-Prince, au Quartier latin. Une salle libre au Quartier latin! On ne peut rêver mieux.

Le quartier n'est pas encore aux mains des marchands de fringues et autres soldeurs, et reste même encore un peu sous le choc du coup de chaleur de mai, quatre ans auparavant. L'endroit est idéalement situé. De surcroît, c'est un restaurant (bouffe assurée) dont le propriétaire, un certain Miguel Orocena, sentant le vent venir, a aménagé la cave en salle de café-théâtre. Au rez-de-chaussée se trouve donc le restaurant, délicieusement nommé La Candelaria, qui, en plus de servir des tacos et des tortillas d'enfer, fait avaler le mauvais picrate du patron et l'addition salée – un vrai coup de tromblon zappatiste – avec un spectacle de musique cubano-guatémaltèque. En dessous, c'est un véritable marécage. Une salle aménagée dans une cave ignoble, se souvient Christian, une salle que Pierre Merle qualifie bien de « salle voûtée du XVIIe », mais qui reste dans la mémoire de ceux qui y suèrent comme un vrai cul-de-basse-fosse. Classé ou non, l'endroit peut chichement accueillir quarante spectateurs qui paient en achetant une sangria à « décorner un bœuf » servie par le loufiat du lieu, un certain Agustin Gomez Arcos. Ce dernier troquera d'ailleurs vite la limonade sud-américaine contre la plume et deviendra un romancier à succès couronné de nombreux prix littéraires.

Non seulement Kaldor leur a déniché une salle, mais il a aussi filé un petit coup de main à leur mise en scène, histoire de faire un peu plus pro. La Candelaria, à leurs yeux, revêt des airs de TNP. Il ne s'agit pas de louper son coup. Et, pour bien enfoncer le clou de ce changement de statut, ils laissent tomber la peu sérieuse « Compagnie de la Turlutte » pour le très glorieux « Théâtre de la Louche », le nom rodé au pays de la crêpe et de l'hydromel, et qui sent bon sa troupe héritière de Molière.

Le patron du lieu, lui, Turlutte ou Louche, ce n'est pas sa tasse de tequila. Ce qui lui importe, c'est de remplir sa « salle ». Il accepte la troupe parce que ça le fait marrer... mais surtout parce qu'il sent qu'il va pouvoir – comme il le fait déjà au rez-de-chaussée – se payer une rotation de plus. Et de leur coller d'autorité un horaire des plus juteux... Minuit!

Si pour les boîtes de nuit c'est une heure idéale, pour le café-théâtre on peut rêver mieux. Et les voilà face à une salle à moitié vide, morts de trac, cherchant à décrocher quelques rires. Une véritable école d'humilité qui va très souvent les laisser sur le trottoir tard dans la nuit, la mine défaite et le moral à zéro.

Ratissant large, leur nouveau spectacle se nourrit de l'air du temps passé au crible de leur humour. La dérision est tout de suite leur marque de fabrique. Dans ce premier spectacle, tout y passe. Ils commencent par une parodie d'« Hare Krishna », adaptation très libre des défilés que l'on peut voir à l'époque dans toutes les capitales européennes. Sari orange, tête rasée et pieds nus, psalmodiant « Hare Krishna, hare Krishna, Krishna, Krishna », agitant des clochettes, frappant de minuscules cymbales et laissant dans leur sillage des effluves de patchouli, de curry et d'autres choses pas toujours en vente libre. Prendre pour cible, d'entrée de jeu, en plein Quartier latin, les adeptes de Krishna pour s'en moquer, c'était se démarquer des idées très en vogue de liberté, d'amour universel, de tolérance. Krishna, comme le théâtre engagé, ça les fait bien marrer. Le spectacle continue par toute une série de sketches, mettant tour à tour en scène un prof de géo qui dispense un cours effroyablement raciste sur un ton badin, une belle brochette de cons partant en vacances en train, une séance de drague sur une plage avec une fille qui ne cesse pas de dire « Faites chier » à deux garçons, et qui s'entendra répondre – quand elle sera enfin prête à sauter le pas – « Fais chier » par les deux types plus très emballés. Ou encore une parodie de soirée diapos avec un Jugnot qui présente et commente ses photos de vacances... d'ailleurs de vraies photos de vacances de ses parents ! Succès assuré. Les soirs de grande forme, lorsque la troupe est aussi chaude que la salle, le sketch peut être interminable et toucher au sublime. Un inconditionnel de la première heure de la troupe, le réalisateur Bertrand Tavernier, qui est alors attaché de presse, se souviendra de ce sketch et ira même jusqu'à l'inclure, plusieurs années après, dans son film *Des enfants gâtés* ! Et, bien sûr, le spectacle n'aurait pas été complet sans... *Proverbe*, que Jugnot avoue avoir joué plus de... deux mille fois dans sa vie !

« Je n'ai jamais vraiment compris comment ça fonctionnait. Le sketch faisait mourir de rire mes potes, c'est ça qui m'avait poussé à le jouer sur scène. Parmi les gens qui venaient au spectacle, quatre-vingts pour cent étaient écroulés par terre – certains sont revenus jusqu'à dix fois pour le voir... – et vingt pour cent étaient complètement hermétiques. Ils ne se marraient pas du tout, et parfois venaient me trouver après la représentation en me demandant pourquoi je me foutais de la gueule des bègues ! »

Si au fil des soirs le spectacle se rode, la salle, elle, ne suit pas vraiment. Les silences entre les répliques, les jeux de mots qui tombent à plat et les maigres applaudissements entre les sketches sont souvent couverts par les déchaînements hispaniques qui passent au travers du faible plafond, en provenance du rez-de-chaussée.

« *Guajara Guantanamera*
Yo soy un hombre sincero
De donde crece la palma... »

« C'est là, plaisante Christian, qu'on a attrapé ce sens inné du rythme. Parce qu'on bourrait comme des bêtes notre texte pour empêcher nos spectacteurs de reprendre en chœur *Guantanamera* ! »

Pris de pitié, Vincent Kaldor tente de les réconforter. « Ne vous en faites pas, les gars, je vais vous rabattre l'arrière-ban », assure-t-il en alertant les quelques journalistes qu'il connaît. Ses efforts sont couronnés de succès, et les premiers articles paraissent enfin. Delfeil de Ton, qui fait une colonne très lue dans *Hara-Kiri*, la bible de ces années-là, est un des tout premiers à conseiller à ses lecteurs de « courir séance tenante » rue Monsieur-le-Prince. Un certain Thomas Quinn Curtiss, qui officie à... l'*Herald Tribune*, les couvre – en anglais – d'éloges en écorchant le nom de Gérard en « Gugnot », alors que Christian perd son « i » et devient Claver. Qu'importe, personne ne lui en tient rigueur, et pour cause : « Vous pourrez percevoir la fine subtilité de cet art de cabaret... », proclame le critique. Il va même jusqu'à faire un parallèle entre nos Splendid et... Brecht (la sangria était effectivement très tassée!) et termine son papier par une apologie de... *Proverbe*. *L'Aurore*, l'un des grands quotidiens d'alors, y va lui aussi d'une très élogieuse critique. « Plus qu'une belle réussite dans le domaine du rire, c'est un exemple et un véritable défi lancé à l'indigence qui sévit actuellement sur bien des scènes similaires », écrit Jean-Pierre Barbe en avril 1973. Quant au journal *L'Humanité*, il politise leur démarche, relevant une défense des travailleurs immigrés dans le sketch du prof de géo et se demandant si ce spectacle ne sonne pas la « fin des (vieux) chansonniers dits de Montmartre ». Du baume au cœur pour notre troupe, qui, dès lors et pour une bonne année, voit sa salle se remplir au rythme du bouche à oreille. « Il nous arrivait même de refuser du monde le vendredi et le samedi », se souvient Gérard.

Mais, sur la dure route qu'ils ont empruntée, ils ne peuvent se charger de fardeaux... Ils décident, d'un commun accord, de se séparer de Fabienne. « Pas assez bonne, pas assez pro, pas assez sérieuse. » Et puis, entre Gérard qui porte sur les femmes un regard très ambigu, Christian et Marie-Anne qui roucoulent... à l'image de

Thierry et de sa copine Valérie, Fabienne a comme un coup de blues. Elle ne se sent pas bien dans cette troupe, où elle n'a aucune légitimité et se trouve peu d'atomes crochus avec les autres. Elle part donc... Les raisons de cette éviction sont nombreuses et dénotent surtout la volonté du groupe de ne pas mettre en péril ses objectifs. La décision est dure. Une véritable excommunication, très mal ressentie par Valérie qui pourtant profite au premier chef de ce départ. Elle qui partage son temps entre la régie et... l'admiration amoureuse qu'elle voue à Thierry va entrer officiellement dans la troupe – pas tout à fait, cependant, pour tenir le rôle dont elle rêvait... Car Marie-Anne Chazel a une priorité qui vient non seulement de son homme, mais aussi de Neuilly, de l'époque Pasteur. Elle en profite. Elle assurait jusqu'alors la régie, elle monte sur scène, laissant ses manettes à... Valérie.

Malgré l'horaire ingrat, malgré l'inconfort de l'endroit, *Je vais craquer* est en cette année 1973 l'un des spectacles qui comptent à Paris dans la galaxie du café-théâtre. Un coup de maître qui les place en quelques mois à la hauteur de leur modèle : Le Café de la Gare. Dur pour Bouteille, qui regarde ces nouveaux venus d'un œil aussi narquois qu'inquiet. C'est leur véritable entrée dans le monde des saltimbanques. Plus de doute – si tant est qu'ils en aient eu – sur la justesse de leur choix.

Et la troupe va s'étoffer. Le départ de Fabienne a fait monter Marie-Anne sur scène. Valérie a récupéré la régie, mais sans perdre pour autant de vue son objectif : devenir comédienne. De temps en temps, d'ailleurs, elle abandonne les manettes pour enfin jouer. A commencer par « la fille qui se fait draguer sur la plage », un rôle sur mesure... tous ayant vite compris l'intérêt de la mettre en bikini sur scène. Valérie confie les commandes à des copains de passage – dont Michel Blanc, qui ne cesse de « tourner » autour du groupe.

« Je ne savais pas comment faire pour jouer avec eux. Je n'osais pas leur demander, je me sentais péteux, c'est moi qui les avais laissés tomber. J'attendais qu'ils me proposent de revenir, pour sauver la face... »

14

Michel, enfin ! En cette fin d'année, à bout d'atermoiements, las de son chemin en zigzag, il se rapproche d'eux et devient très vite indispensable, à tel point que les autres lui proposent finalement d'intégrer la troupe. L'honneur est sauf : Michel Blanc, le solitaire, l'individualiste forcené, le roi du solo, n'a pas eu à solliciter lui-même ce qu'il appelait de toute son âme...

Reste néanmoins à expliquer à Jeanne et à Marcel Blanc, pourtant très compréhensifs, ce nouveau revirement. Ils ont suivi d'un œil discret les différentes étapes scolaires et extrascolaires de leur fiston : Cochet, Blanche et Tsilla... et se rassurent comme ils peuvent en se raccrochant aux moments que Michel passe en fac de lettres. Jusqu'au soir où leur dernier espoir s'envole. « Je quitte la fac pour rentrer dans la troupe de Christian et Thierry. » Ils n'ont pas le choix. Michel, pour se déculpabiliser, leur explique dans un raisonnement frappé au coin du bon sens que, si ça foire, il pourra toujours revenir en arrière... Peut-être en est-il d'ailleurs convaincu ? « J'ai un DEUG de lettres modernes ; si je veux faire une licence, je n'aurai qu'à retourner une année en fac et le tour sera joué. Je deviendrai prof, il n'y a pas de honte à ça. » Contrairement aux parents de Gérard qui sont des angoissés-nés, ceux de Michel sont ouverts à tout. « Ils m'ont fait confiance. Je leur dois beaucoup et, surtout, j'ai toujours mené ma vie comme je le voulais sans jamais être obligé de me battre pour me justifier. » Effectivement, ça aide, surtout lorsqu'on se lance dans une telle carrière.

Regonflé par cette arrivée espérée, par ce sang nouveau, le spectacle aussi subit des modifications et, l'été suivant, plus question de tournée en Bretagne... mais d'un festival à Gigondas qui va donner à Marie-Anne l'occasion de prendre les commandes d'un sketch tout neuf dont elle partage la vedette avec Michel : une parodie d'un bon goût extrême du tournage de *Portier de nuit*, le film de Liliana Cavani. On y voit Michel en officier nazi très « woody-allénien », torturant la pauvre Marie-Anne en pantalon à bretelles!

« Michel jouait un véritable rat d'égout, tout petit, maigrichon et méchant comme une teigne, explique Marie-Anne. Il était à la fois l'acteur et le réalisateur du film. C'était surtout pour se foutre de la gueule des metteurs en scène style Cinémathèque. Michel me disait des horreurs qui pouvaient être interprétées à plusieurs niveaux, du genre : " Tu la sens, dis, tu la sens bien? ", suivies naturellement de scènes de torture et autres trucs du même tonneau. »

En vacances dans la région – les Chazel ont un pied-à-terre dans le Gard, où vit le frère éleveur – Mme Chazel, curieuse des débuts de sa fille, pousse jusqu'à Gigondas et assiste, impuissante et étonnée, à ses premiers pas sur les planches... en victime d'un bourreau nazi, chauve et vicieux! Ce n'est pas le Français, et encore moins le TNP, mais Marie-Anne semble si heureuse que madame mère met son mouchoir sur ses espoirs et repart pour la maison de vacances faire un rapport des plus enjolivés au papa pasteur resté dans la verdure.

« Je ne sais absolument pas ce que je valais, je me trouvais pas bonne du tout et j'ai l'impression que les garçons pensaient la même chose... Mais qu'est-ce que je me régalais! J'adorais jouer, malgré le fait que j'étais morte de trouille. »

L'expérience de Gigondas leur laissera un goût amer. Celui d'être encore le jouet d'événements qui ne sont pas complètement de leur fait. Ce festival, après une année à La Candelaria, leur fait prendre conscience de leur besoin d'indépendance. S'ils ne s'assument pas rapidement, ils seront toujours à quémander un endroit où jouer, une saison à faire, l'été dans les campings et les festivals, l'hiver à la neige pour égayer les skieurs fatigués. Leur identité de groupe ne doit pas seulement passer par leurs textes et leur nom. Il leur faut une raison sociale à apposer sur un fronton. Leur boutique, leur commerce. Au Café de la Gare, ils ont compris depuis longtemps; et c'est leur exemple, une nouvelle fois, qui va inconsciemment être à l'origine de la quête d'identité menée par les futurs Splendid. Ils pensent avec raison que seul un lieu à eux peut les souder et les motiver encore plus. Ils ne peuvent plus retourner à La Candelaria, et n'en ont d'ailleurs pas envie. Ils ont l'impatience de leur âge, et cette rentrée ne s'annonce pas sous de très bons auspices.

Des dissensions apparaissent. Gérard, Christian, Marie-Anne, Michel ont une conscience aiguë du temps qui passe. Thierry et Valérie, plus fatalistes, jouent la carte de l'affectif plus que celle de la réussite sociale. Tous, sans oser se l'avouer, sont prêts à partir si une opportunité se présente. Bien que chacun se sente investi d'un droit moral envers les autres, aucun lien ne les unit, sinon l'amitié. Mais que pèse-t-elle face au besoin vital de réussir ? Même s'ils ne remettront jamais en question les sentiments profonds qui les lient, au-delà des histoires de sous, de réussite, d'image, et des conflits internes, ces individualistes savent depuis toujours que le groupe n'est qu'un moyen...

C'est Thierry qui, le premier, décide de réagir : le groupe, la troupe, les heures passées dans la cave humide du Poteau et de La Candelaria leur ont fait vivre des moments inoubliables. On ne va pas foutre tout ça en l'air. « C'est simple : il nous faut un vrai lieu à nous, démerdons-nous pour le trouver ! »

Le chant du Départ

15

Depuis l'adolescence, ils ne se sont jamais quittés ; les choses ne vont pas changer. « La troupe était devenue notre famille », résume Christian. Pas un matin sans coup de fil, pas un déjeuner sans rencard, pas un après-midi sans discussions à n'en plus finir, sans rêves échafaudés dans le brouhaha du bistrot La Pinte, qui jouxte La Candelaria. Ils vivent leur époque, à l'aise dans ce début des seventies au calme social revenu... Si jamais on se plante, aiment-ils à penser, on pourra toujours trouver du boulot. La France prospère, et le pompidolisme triomphant leur assurera une « porte de sortie ». Mais ils ne se voient pas faire autre chose. L'insouciance de leurs vingt ans, la conscience d'appartenir à un monde différent de celui de leurs parents suffisent pour rassembler toute l'énergie dont ils vont avoir besoin. Ils décident pourtant de s'abriter encore quelques soirées à La Candelaria, le temps de dénicher un local convenable. Mais Miguel Oroccna, le patron, ne leur laisse pas ce répit. Il les informe de son désir de changer l'orientation des spectacles. Pris d'une envie de respectabilité, il veut faire jouer Lorca et Sartre, plutôt que de continuer à abriter leurs délires. Ils se retrouvent à la rue plus rapidement que prévu ! Une minitournée en Belgique va leur permettre de faire le point. Un certain Philippe Van Kessel (aujourd'hui directeur du Théâtre belge) s'est tellement bidonné lors d'une soirée à La Candelaria qu'il leur propose de jouer chez lui. « Il trouvait ça aussi beau que du Brecht », affirme Gérard Jugnot.

Van Kessel met à leur disposition l'Atelier Sainte-Anne, un complexe « boîte-resto-théâtre » qu'il anime à Bruxelles... Ils font contre mauvaise fortune bon cœur et acceptent. Ce n'est que reculer pour mieux sauter : deux mois de délires plus tard, les revoilà sur le pavé parisien, avec, en poche, une pièce, une vraie : *Ma tête est malade* – écrite dans le petit appartement où ils logeaient, à Bruxelles –, mais toujours sans lieu où la monter.

Sotha – la compagne de Bouteille et l'autre « tête pensante » du Café de la Gare – et Miou-Miou, alors sociétaire du même théâtre, croisées un soir dans un troquet, sont formelles :

« Pourquoi vous ne montez pas un café-théâtre comme nous? C'est vachement bien ce que vous faites, vous allez faire un malheur... » Sotha, en égérie de Bouteille, leur assène d'une voix de Pasionaria l'argument définitif : « Et puis, il faut arrêter d'engraisser les directeurs de salles qui nous exploitent. » Ce dernier mot frappe plus particulièrement Clavier et Jugnot. Elle leur parle alors d'un local, face au leur, dans un passage appelé à être démoli avant deux ans, juste à côté de la gare Montparnasse : le passage du Départ. Un nom prédestiné...

Dès le lendemain, ils sont à pied-d'œuvre dans ce minuscule boyau qui relie la rue d'Odessa au boulevard Edgar-Quinet. Le quartier est en pleine transformation. La gare va bientôt être rasée pour laisser place à la plus grande tour de bureaux de Paris. Ce n'est plus le Quartier latin, mais plutôt un « no man's land » atypique entre un quartier résidentiel et un quartier de passage. Les immeubles promis à démolition sont des endroits rêvés pour squatters et artistes en mal d'atelier. C'est là que Le Café de la Gare s'est installé dès mai 1969, tout comme Le Lucernaire, un autre lieu historique à proximité de deux autres « salles », Le Café d'Edgar et La Cour des Miracles. Tous ont élu domicile dans d'anciens commerces retapés, loués sans baux ni contrat par un certain Kesslasky, couramment appelé Claude ben Saoud. Un nom qui évoque de funestes souvenirs pour tous les animateurs de café-théâtre à l'époque... Originaire d'Europe de l'Est, il a fait des affaires – et une petite fortune – en Afrique du Nord et, en hommage au pays qui lui a permis de tricoter son joli magot, il a abandonné son patronyme ashkenaze pour le seyant et pittoresque « Ben Saoud ». Tour à tour qualifié de profiteur, de magouilleur, d'affameur... il semble faire l'unanimité sous le doux sobriquet d'« escroc ». De retour en France, il comprend vite la manne que représente le café-théâtre. Il cherche dans Paris un quartier promis à la rénovation, achète pour une bouchée de pain des pâtés de maisons voués à la pelle des démolisseurs, sachant qu'il sera indemnisé. En attendant, il loue ces locaux au meilleur prix. D'anciennes usines – Le Café de la Gare a hérité d'une ex-fabrique de... ventilateurs! –, des ateliers abandonnés et même une pizzeria en faillite devraient satisfaire les nombreuses troupes de théâtre à la recherche d'un local. En guise de loyer, Ben Saoud exige la moitié des recettes, qu'il passe ramasser chaque soir! Du liquide, ni vu ni déclaré...

Coluche et Bouteille, les premiers, ont investi le passage. Avec tout juste deux mille francs en poche, Le Café de la Gare s'est installé. Dans un endroit peu reluisant qui, une fois retapé, repeint, équipé de bancs et d'une scène minuscule, sera au café-théâtre ce que les tréteaux de Molière sont au Français. Comme l'écrit si joliment Philippe Boggio [1] dans son livre consacré à Coluche, « l'air respiré chez Bouteille devait au début des années 70 contenir un curieux oxygène. Tous sont un peu redevables au Café de la Gare, à la folie inspirée et raisonnable de Romain Bouteille, et à son talent de comédien ».

Par chance, en face du Café de la Gare, une pizzeria est libre, l'ancien locataire abandonnant l'endroit en l'état. Une opportunité que notre troupe ne peut laisser passer. Le loueur-escroc a, en fait de contrat, toujours la même parole : « C'est fifty-fifty! la moitié des recettes pour moi, et vous vous démerdez avec le reste. » Le passage est rentable pour Ben Saoud... D'autant que tous ses « locataires » ont du talent et du public.

Sitôt trouvé, le lieu est investi dans l'euphorie. Personne dans la troupe n'a alors la moindre idée des tracasseries, contrôles, réglementations et autres lois concernant les locaux recevant du public. Bas de plafond, sans aucune commodité, l'endroit leur paraît pourtant aussi beau que La Michodière. C'est leur lieu! A eux! Priorité : l'enseigne. Ils vont faire sobre : Le Petit Théâtre, mais après quelques jours de discussion ils réalisent qu'ils sont loin de l'estampille « café-théâtre ». En hommage aux Rialto et autres Majestic

1. *Coluche*, Flammarion, 1991.

de leur enfance, ils cherchent un nom qui claquerait bien sur une enseigne. Un nom un peu nostalgique, kitsch, comme ceux qui apparaissent aux frontons en stuc des cinoches de banlieue... Fantasia, Folies, Triomphe, Splendid...? Splendid! Oui! Sans « e », comme une marque déposée, un peu américain aussi. Paillettes et espoir, clin d'œil et dérision. Adopté! Personne n'en revendique vraiment la paternité, mais tous l'acceptent comme leur nouveau nom.

La première euphorie passée, ils vont peu à peu réaliser ce qui les attend... Le Café de la Gare, en face, leur semble gentiment bricolé. Sans chichis. Facile. « Un coup de peinture, des parpaings pour faire les sièges et ce sera suffisant! » assure Ben Saoud. Seul Gérard joue les oiseaux de mauvais augure. Parenté oblige, il sait mieux que les autres ce qu'est un chantier.

Première étape : trouver de l'argent. Ben Saoud leur a donné un délai pour aménager leur local. Le temps de se retourner. Ils commencent par taper parents et amis. Parmi ceux d'en face, seuls Miou-Miou et Coluche mettront la main au portefeuille. Ils seront intégralement remboursés.

Mais les estimations de Ben Saoud et les leurs sont loin d'être réalistes : il faudra six mois, à raison de... dix heures par jour, pour transformer cette ancienne pizzeria en salle de spectacle. Six mois, pas un de moins, en mettant tous la main au plâtre! La salle est trop basse de plafond? Ils creusent le sol! Il n'y a ni entrée ni coulisses? Ils montent deux murs : un qui sépare la minuscule entrée-caisse de la salle; et un autre qui ferme la scène à moins d'un mètre du mur du fond, pour servir de coulisses et de régie. Le tout est peint de couleurs criardes, à l'image du mauvais goût psychédélique de l'époque. Le réduit-coulisses n'étant accessible que de la salle, ils sont obligés de s'y entasser avant l'arrivée des premiers spectateurs. Et ils attendent là – portes fermées, serrés debout comme des sardines ou assis sur les deux seuls tabourets qu'on peut y caser – que les quatre-vingts spectateurs aient pris place.

Les candidats au rire ne sont pas mieux lotis. Pas de bancs, et encore moins de fauteuils. Il faut venir avec son coussin ou passer deux heures assis sur des parpaings « chinés » sur un des nombreux chantiers voisins et recouverts de planches de... Siporex (!). Un matériau très poreux, une sorte de mousse solidifiée que les spectateurs grattent, trouent et déchiquettent si bien qu'il faudra changer les « sièges » tous les deux mois, se souvient encore Jugnot.

Mais le pire est à venir. Ils ont tout fait eux-mêmes : plâtre, menuiserie, électricité, plomberie. Ils ont scié, cloué, plâtré, percé, colmaté, peint, quand arrivent enfin les services de sécurité. Deux inspecteurs qui regardent d'un œil mi-amusé, mi-sévère cette bande de comédiens crottés qui ne comprend rien aux notions d'évacuation et de « blocs sécu ». La tragédie du 5/7 a marqué les mentalités et les règlements : en octobre 1970, cent quarante-sept personnes ont trouvé la mort dans l'incendie d'un club, à Saint-Laurent-du-Pont, en Isère. Tout ça pour un tourniquet d'entrée à sens unique et une absence de signalisation d'évacuation. Depuis, on ne rigole plus.

Les Splendid obtiennent pourtant enfin le droit d'ouvrir, et quand le grand jour arrive tout le passage est là. La troupe du Café de la Gare, déjà, avec au premier rang Miou-Miou et Coluche. Ces deux-là ont été, avec Patrick Dewaere, de ceux qui les ont le plus soutenus, financièrement et... moralement. Ils n'ont pas laissé s'écouler un jour sans venir les encourager sur « leur » chantier avant d'aller jouer; ils reviendront ensuite souvent les chercher pour faire une bouffe après leur spectacle...

Ce soir d'automne 1974, enfin, ce sont eux les rois. Le passage leur fait la fête. Ils reprennent à 20 heures *Je vais craquer*, leur spectacle de La Candelaria, et y ajoutent à 22 heures *Ma tête est malade*, la première vraie pièce du Splendid. Le délire... Enfin, presque. Dès les premières minutes, le trac laisse place au plaisir, quasi charnel, de jouer, d'être vu, d'entendre rire, d'être applaudi. Le succès devient très vite une drogue. Eux sont accros dès le premier soir. Chez eux, dans leur théâtre. Même Bouteille, un peu paternaliste, vient les saluer. La réussite de cette première représentation inaugure de beaux jours au passage du Départ. Tous le savent et, tard dans la nuit, dans la salle vidée de ses spectateurs, mais pleine de comédiens et de copains, on fête autant le café-théâtre que l'émergence d'une nouvelle troupe. A se serrer ainsi les coudes, à agrandir la famille, on se sécurise aussi. Malgré des divergences de fond entre les deux troupes, un courant passe, d'où naîtront des amitiés indéfectibles et des échanges fructueux. Un sacré vivier, d'où sortiront beaucoup de stars actuelles...

Heureusement, leurs besoins sont minimes. Ils ont l'âge d'autres plaisirs : l'amour; une bouffe simple, mais autour d'une table de copains; une bonne blague; un blouson ou un jeans achetés aux Puces suffisent. Jouer le soir laisse du temps, beaucoup de temps. Mais si le plaisir de la vie est ailleurs que dans l'argent, ils n'en sont pas détachés pour autant, et leur crainte de l'avenir est toujours là. Heureusement, leurs deux pièces, bon jour, mauvais jour... une fois les royalties de Ben Saoud prélevées, leur permettent de vivre, d'autant qu'à cette époque ils commencent sérieusement à courir les castings, à s'inscrire sur des listes pour des panouilles, à faire des voix dans des spots radiophoniques. Par fétichisme, par superstition ou simplement en souvenir nostalgique de ses débuts, Christian aujourd'hui encore prête sa voix à Volkswagen...

Ils ont un théâtre, ils jouent, ils sont heureux. Demain? Plus tard? Le succès? On verra bien! Le trac des premiers jours cède vite la place à des farces mémorables dont Jugnot est, la plupart du temps, la cible. Ils ont aussi inventé un jeu qui les ravit, lorsque, planqués derrière leur mur-rideau de scène, ils attendent que la salle se remplisse. Ce mur est percé de minuscules trous, à l'instar de ceux pratiqués dans les rideaux des théâtres qui servent avant tout à surveiller le public, à repérer un invité de marque ou un critique. Qui le premier a eu l'idée d'utiliser ces trous pour souffler avec le corps d'un stylo à bille des grains de riz sur les spectateurs? Qu'importe, ce jeu devient très vite leur passe-temps favori, le brouhaha de la salle couvrant leurs fous rires. Combien d'heures passées là, serrés les uns contre les autres, à regarder vivre leur théâtre... Ils prennent de l'assurance, et le spectacle s'en ressent joyeusement. L'un oublie d'entrer en scène, laissant son partenaire suspendu à sa réplique; l'autre se pointe côté jardin quand on l'attend côté cour; le troisième modifie sa réplique, en rajoute, s'égare dans une autre histoire. L'imagination est au pouvoir. Au café-théâtre, le public est prêt à tout encaisser et à tout pardonner. Mais qui peut se douter qu'ils sont morts de trac et que leur spectacle en apparence improvisé a été écrit et répété à la virgule près?

« C'est vrai qu'on pouvait se permettre beaucoup de choses, que les gens étaient prêts à rire de n'importe quoi, et même à devenir complices », se souvient Thierry Lhermitte – un des rares de la bande, avec Michel Blanc, à jouer quelquefois chez « les autres » en face, au Café de la Gare. « Un soir où l'on n'avait pas eu le temps de jouer la première pièce, on a joué en contrepartie les deux pièces ensemble! Il y avait donc sur scène des comédiens qui disaient leurs répliques des deux pièces. Personne n'y comprenait rien. L'expérience a été renouvelée par la suite avec les gens qui ne disaient que la moitié de leurs répliques, ou une réplique sur deux! Et ça marchait, tout le monde était mort de rire. C'était ça, la folie du café-théâtre... Un soir, un certain François Dyrek, qui jouait avec nous, nous a prévenus qu'il serait en retard et nous a demandé de l'attendre. Naturellement, on n'en a rien fait. Avant le spectacle, j'ai dit au public : " On va commencer bien qu'il y ait un acteur en retard. S'il vous plaît, lorsqu'il arrivera – vous verrez, c'est un gros type frisé –, levez-vous et dites-lui : " Salaud, Dyrek, tu es en retard! " Et quand il s'est pointé, toute la salle a obéi! » Thierry laissera vite tomber ses incursions en face, mais en gardera une amitié profonde avec Coluche.

Un jour, Bouteille et sa troupe émigrent. Ils quittent le passage du Départ, poussés par l'envie d'avoir une salle plus grande... et aussi par le bruit des bulldozers, de plus en plus présents. La tour qui monte, qui monte, le quartier qui se transforme, c'est à court terme la mort du passage. De plus, les rapports entre Romain et son « propriétaire » sont de plus en plus tendus, le comédien retient de moins en moins son envie de « foutre son poing dans la gueule » de Ben Saoud.

Pour certains, ce déménagement est une trahison. Le Café de la Gare quitte la rive gauche, le site naturel de la contestation et de l'imagination, pour traverser la Seine! Bouteille et Sotha ont simplement sauté sur une opportunité : un ancien relais de poste dans le Marais, rue du Temple, au fond d'une immense cour. Ils y sont toujours, près de vingt ans plus tard, fidèles au poste comme deux monolithes indestructibles... Comme une stèle commémorant la belle époque.

Un soir, Coluche s'engueule à son habitude avec Bouteille. Papy Mougeot vole trop la vedette au créateur du Café de la Gare, qui ne supporte pas d'être le second. Mais cette fois, à l'issue d'une soirée donnée en l'honneur d'*Hara-Kiri*, Coluche frappe Bouteille. Consternation. Le meurtre du père! La séparation est consommée presque sur-le-champ. « Coluche, dira Michel Blanc parlant des rapports entre le génial clown et sa cour, avait des générosités de dictateur. » Bouteille aussi un peu, sans doute. Le pouvoir s'exerce seul... La brouille sera à l'image de Coluche, violente... mais passagère. Il a trop besoin qu'on l'aime, et son premier fils, né en 1972, se prénommera... Romain. En attendant, cet orphelin de maître, mais aussi de salle, promène dans tous les lieux qui veulent bien l'accueillir son spectacle *Thérèse est triste*. Le départ de Bouteille va donner un lieu à Coluche : plus exactement, comme le dit joliment Philippe Boggio, « ils abandonnent leurs souvenirs à Coluche », qui investit l'endroit sous le regard complice des Splendid. Eux vont s'émerveiller devant Coluche et son théâtre, qu'il baptise Le Vrai Chic parisien. « Une grande claque que j'ai reçue, raconte Thierry. Il y avait devant nous en formation une bête de scène, un monstre du music-hall! Là, dans son théâtre, il nous a filé une sacrée leçon. » Et, pour lui, le Splendid sort de sa réserve, de sa logique de troupe. Ils seront de certains spectacles, venant faire le bœuf simplement pour le plaisir de se retrouver sur scène, face à lui.

16

« La rue Gazan, se souvient avec tristesse Christian Spillmacker, à l'époque secrétaire et homme à tout faire de Coluche, était la boîte la plus drôle, la plus folle, la plus courue de Paris. » La rue Gazan, c'est là qu'habite Coluche, une minuscule rue du 14e arrondissement, appuyée aux contreforts du parc Montsouris, à deux pas de Montrouge, qui l'a vu naître. Une maison de ville, rebricolée, agrandie à la Facteur Cheval, dont le rez-de-chaussée et le sous-sol, prolongés sur le terrain en pente par une salle de jeux, une piscine et une immense salle à manger, sont dédiés aux copains, voués à la fête.

« Tout a été pensé pour les amis, raconte Philippe Boggio. Pour que les autres aient envie d'y venir, et surtout d'y rester... Dès qu'un proche est à la rue, malheureux ou simplement entre deux appartements, il est sommé de venir s'installer chez Coluche. » Après sa séparation d'avec Valérie, Thierry s'y réfugiera quelques mois. Las des boîtes, qui ne l'amusent plus, des restaurants et des bistrots, qui en ont marre de ses frasques, Coluche se referme, dans ces années-là, sur ses amis, ses copains et sa maison. On le voit souvent aux fourneaux, en particulier le dimanche, lors de la soirée réservée au... café-théâtre, où Le Splendid a table ouverte.

Si le rez-de-chaussée a été transformé en cantine, salle de jeux, studio d'enregistrement et même... rôtisserie, le premier étage en revanche est le royaume des enfants et de Véronique, l'épouse de Coluche. Pas question d'y monter. Là, dans l'euphorie, vont se croiser, en quelques années, tout ce que Paris compte de gens célèbres et influents. Le Splendid est de ceux-là. Le Splendid? Christian, Thierry, Marie-Anne et surtout Josiane, la grande amie de Coluche. Michel

Blanc, Gérard Jugnot sont plus réservés, plus méfiants aussi à son égard. Tout comme Gérard Depardieu, d'ailleurs, dont Coluche recherchera sans cesse l'amitié... un peu en vain.

« J'avais une admiration sans bornes pour lui d'un point de vue artistique, explique Michel Blanc, mais humainement je ne comprenais pas ce mec qui passait son temps à se foutre de la gueule des gens. On ne peut pas m'inviter... et me lancer des saloperies à la tête. Il se comportait comme cela avec tout le monde, avec sa cour et sa bande de parasites. J'y allais rarement, beaucoup moins que Thierry par exemple, qui était très ami avec lui. Un jour, pourtant, sa femme Véronique m'a téléphoné en me demandant pourquoi je ne venais pas plus souvent. J'étais très étonné, d'autant que je ne la connaissais pas très bien. J'ai appris plus tard qu'elle avait fait cela à sa demande. Il voulait être sûr qu'on l'aimait. Mais, cela dit, il était très généreux, de la générosité des dictateurs. Et puis, bizarrement, nos rapports ont changé, parce que lui aussi avait changé. Il s'était séparé de Véronique, c'était l'époque des Restos du cœur, et il y a eu comme une sorte de normalisation entre nous : il était plus sincère, peut-être parce qu'il avait moins besoin qu'on l'aime – et on en était là d'ailleurs quand il est mort. La dernière fois que je l'ai vu, c'est chez moi, rue de Verneuil, pour mon anniversaire, que je fêtais avec celui de Josiane – nous avons un jour de différence. Je crois qu'à cette époque il y a une grosse couche de saloperies qui lui est tombée sur la gueule et qui l'a changé. Il était devenu touchant. »

Coluche est aussi le premier à voir d'un bon œil l'installation des Splendid passage du Départ. Ils sont plus proches de lui et de son humour que Romain. Pourtant, c'est au Café de la Gare que Coluche appartient historiquement... même si ses empoignades avec Bouteille sont légendaires. Coluche n'aura de cesse d'aider ses voisins, de leur prêter du fric ou de les réconforter. Lorsque le Splendid essuiera des coups durs, le « gros » sera toujours là. Il sent que les Splendid ont tous un réel talent et que, à l'opposé des habitués de la rue Gazan, ils sont amicaux... mais toujours sur la réserve. Ça l'agace, ça l'intrigue aussi.

Josiane Balasko, qui fut avec Thierry la plus liée avec lui, se souvient de mémorables prises de bec. « Ce qui l'énervait, lui qui avait une bande, c'est que je sois une bande à moi toute seule! Lorsqu'il a remonté *Ginette Lacaze* à l'Élysée-Montmartre, il m'a confié le rôle de Monique... mais n'a pas supporté du tout que les gens " bissent " la seule chanson que je chantais. Soudainement, je me retrouvais à égalité avec lui. On s'est engueulés et on ne s'est pas parlé pendant un an! Et puis, comme j'en avais marre qu'on m'appelle toujours la " petite sœur de Coluche ", je me suis fait refaire le nez... Peut-être pas vraiment à cause de cela, mais ça a dû jouer tout de même. Quelque temps après, en me croisant, il m'a lancé : " Tu cherches à être belle... – Non, je lui ai répondu, c'est pour ne pas être ta petite sœur! " Et nous sommes retombés dans les bras l'un de l'autre... pour nous engueuler de nouveau sur *Le Maître d'école* de Berri! Juste avant sa mort, il m'avait appelée pour me parler d'un scénario qu'il avait écrit et qu'il voulait que je joue avec lui. L'histoire d'un couple de " beaufs " en banlieue qui tire sur les gamins en Mobylette. Je n'avais pas envie de faire ça et j'ai refusé... et on s'est engueulés. On n'a pas eu le temps de se réconcilier... Mais ces engueulades n'ont jamais entamé l'amitié et le respect qu'on avait l'un pour l'autre. »

« C'était quelqu'un de très ambigu, se rappelle Marie-Anne, un vrai despote, un type sûrement invivable... mais quelle générosité et quel génie! » « C'est vrai, renchérit Christian. Il était capable des plus somptueux cadeaux. Il payait des bagnoles, des motos, des fringues simplement parce qu'il voulait qu'on l'aime. Il était très virulent et acide. S'il blessait quelqu'un, il était capable le lendemain, pour se faire pardonner, de le couvrir de cadeaux. Pas pour l'acheter, mais pour se racheter lui. »

« Il parlait par cadeaux interposés », résume Philippe Boggio. Mais plus que le personnage, incernable, c'est le comédien qui les bluffe. Marie-Anne continue : « Il avait un instinct incroyable, il savait tout faire, de la lumière aux costumes. Nous voyant nous démerder tout seuls, il nous avait fait des avances... que nous avons toujours refusées, sachant que, si nous l'introduisions au Splendid, c'en serait fini de notre troupe. C'était un ogre, très directif et très autoritaire, mais capable de gestes d'une grande noblesse. Lorsqu'il recrutait des comédiennes pour remonter *Ginette Lacaze*, sa comédie musicale rock, sur la scène de l'Élysée-Montmartre, il m'avait laissé entendre que j'aurais un rôle, d'autant qu'il y avait Thierry, Christian et Josiane. Finalement, il a choisi quelqu'un d'autre. J'ai été très déçue, et surtout je me suis remise en question : C'est parce que je suis mauvaise, je ferais mieux de changer de métier, etc. Cinq jours plus tard, on sonne à la porte du petit studio que j'habitais avec Christian, j'ouvre et je trouve cent roses posées sur le paillasson avec un petit mot de Coluche me disant que j'étais la meilleure ! Une façon pudique, mais touchante, de me dire qu'il regrettait son choix. »

L'unité, la cohésion des Splendid, Coluche les jalousera toujours un peu, allant même, lui qui remplit les salles, jusqu'à quémander un petit rôle, un remplacement d'un soir, simplement pour se frotter à leur troupe. « Je me suis inventé des grippes diplomatiques, reconnaît Bruno Moynot, afin de permettre à Coluche de faire une apparition sur notre scène ! » Une surprise de taille pour les spectateurs, qui découvraient le grand « Coluche » dans une panouille pour débutants !

17

Si à 22 h 30 leur spectacle reprend les sketches rodés à La Candelaria, la première partie, en revanche, est bien plus ambitieuse. C'est une création, une pièce, une vraie et en trois actes, *Ma tête est malade* : une histoire parodique entre boulevard, roman-photo, BD et feuilleton popu. Eux, ils résument tout ça sous le qualificatif de « pièce pute », qui apparaît sur les affichettes collées au-dehors, et sur tous les arbres et palissades alentour. D'un adorable rose – on dirait une annonce pour un livre de Barbara Cartland –, ces affichettes reprennent le principe des romans-photos. On y voit les protagonistes figés dans des poses pour gazette du cœur, surmontés de bulles dans le genre : « L'important, c'est que nous nous aimions. »

Une pièce qui va, au fil des soirs, être légèrement modifiée, adaptée, rallongée ou raccourcie, mais surtout devenir un laboratoire d'écriture et d'observation.

Ma tête est malade a pour cadre une agence immobilière aux mains d'un escroc notoire qui tente de se faire de l'argent en magouillant. « C'est nos tribulations pour trouver un local qui avaient dû nous en donner l'idée », explique Christian. Le scénario est très confus dans leur mémoire, sans doute à cause des nombreux aménagements qu'a subis la pièce au fur et à mesure des représentations. En gros : Pierre-Henry, un agent immobilier un peu dandy (Christian), est manipulé dans l'ombre par Loufiat (Gérard), son employé, un escroc - marchand de sommeil qui exploite des émigrés. S'ajoutent à ce duo Bob (Thierry), le frère de Pierre-Henry, hippie et ami de cœur (comme à la ville...) d'Hélène (Valérie), et un autre escroc, joué par Michel, dont le rôle dans la pièce reste flou... Un jour, Hélène, à la recherche d'un logement, pousse la porte de l'agence immobilière. On apprend qu'elle a été autrefois amoureuse du bon promoteur, qu'un différend les a séparés et que Loufiat, dans le dos de son patron, loge « au noir » cent cinquante travailleurs immigrés africains sur des lits superposés dans une cave humide (réminiscence de La Candelaria ?). Hélène et Bob vont ouvrir les yeux de Pierre-Henry et punir le méchant. Voilà. Gags et jeux de mots, sur une mise en scène – « cocasse et trépidante, avec un côté ravageur qui m'a fait sauter de mon tabouret », écrira l'envoyé spécial du *Soir* de Bruxelles ! – de Michel Blanc, et une musique et quelques chansons de Jacques Delaporte. Alors compagnon de route de la troupe, ce dernier fait la musique de leurs spectacles en essayant de mettre sur pied, avec son complice Xavier Thibault, ce qui deviendra le Grand Orchestre du Splendid. Quant aux décors, compte tenu de la minuscule scène, ce ne sont que des cartons plats, peints, représentant une armoire, un bureau, un classeur. On frise le théâtre d'avant-garde ! A la régie : Marie-Anne, planquée derrière un affreux tissu rouge antifeu, se dépêtre comme elle peut de la bande-son et des éclairages. La machine, bien huilée, roule... hormis quelques incidents techniques qui, la plupart du temps, ajoutent au comique du spectacle.

« Il y avait naturellement des portes partout, se souvient Gérard qui a toujours été, par atavisme, l'ingénieur " bâtiment " du groupe. Mais, comme nous n'avions pas eu le droit de les faire en bois à cause de la sécurité incendie, elles étaient en carreaux de plâtre très minces. Moi, je faisais très attention en les claquant, mais pas les autres... Et un soir, tout s'est effondré sur scène ! Le public était mort de rire. »

Un public qui n'a pas besoin des pancartes « Applaudissez », surgissant en haut de la scène aux moments censés être les plus drôles, pour applaudir. La gaucherie, l'amateurisme, les mimiques de la troupe suffisent à faire hurler le parterre. Mais c'est surtout avec les chansons qu'ils beuglent comme dans un « musical » que les Splendid se taillent leurs plus francs succès. De vrais morceaux de bravoure ! Eux qui n'ont aucun don pour cela...

« Au début, je refusais de chanter, avoue Thierry, mais comme les gens aimaient, je m'y suis mis. J'étais très mal à l'aise. Je crois surtout qu'ils aimaient se foutre de nous ; ça les faisait tellement rire qu'on les a gardées. » C'est ainsi que furent maintenues « au programme » la chanson de la grenouille, ou encore celle du grutier fou amoureux de sa... grue! C'est Jugnot, un casque de chantier sur la tête, qui s'y collait.

« Avec tes petites poulies, tu m'affoles, tu m'affoles,
Avec tes petites poulies, je t'aime à la folie... »

Après l'euphorie des premiers soirs, il leur faut vite se rendre à l'évidence, c'est le bide complet. Angoisse. Le peu d'argent restant passe dans la confection de quelques nouvelles affiches, placardées de nuit sur les arbres du Quartier latin. Ce dernier sursaut semble porter ses fruits, puisqu'ils voient apparaître un soir Delfeil de Ton, le chroniqueur de *Charlie*, ex-*Hara-Kiri*, le critique le plus important dans le Landerneau du café-théâtre. Ils se souviennent du « papier » dithyrambique qu'il avait écrit sur *Je vais craquer*... DDT, c'est l'espoir de soirs meilleurs... C'est « ceux » d'en face qui les ont prévenus : « DDT est chez vous... Foutez le paquet! » Les choses se passent au mieux, ils se défoncent comme jamais, de vrais JO de l'espoir, jouant leur va-tout sur ces quelques minutes. Deux jours plus tard paraît l'hebdo de la rue des Trois-Portes. Dans son « Petit coin de la culture », DDT va au-delà de leurs rêves les plus fous : « On vous avait dit d'aller voir *Je vais craquer*... Allez, foncez voir *Ma tête est malade*, c'est cent fois mieux... C'est incroyable l'assurance qu'ils ont prise en un an. Des sketches, ils sont passés à une vraie pièce... et quelle pièce! Du comique féroce qui ne se dément pas d'un bout à l'autre. Ils sont cinq, bourrés de talent, à l'aise chacun dans son emploi... » DDT s'est emballé, le reste de l'article est si élogieux qu'il pourrait éveiller quelques doutes, si *Charlie* n'était plutôt réputé pour allumer que pour encenser. Mais, dénonçant les magouilles dans l'univers des agences immobilières et les « marchands de sommeil » exploiteurs d'émigrés, la pièce ne pouvait que brosser les lecteurs de l'hebdo dans le sens du poil gauchiste.

Loufiat : « Autrefois, les gens tuaient leurs bêtes eux-mêmes. Maintenant, on passe par une boucherie : les agences immobilières. C'est le même principe... »

Salve d'applaudissements.

« Les toilettes ? Au fond à gauche.
Pinochet ? Au fond à droite ! »
Délire sur les parpaings...

Eux, ce qu'ils veulent avant tout, c'est faire rire. Naturellement, ils se sont largement inspirés des histoires de petits épargnants malchanceux, de propriétaires de chalandonettes escroqués par des promoteurs véreux. Ils épluchent la presse, toujours d'un grand secours pour la pêche aux idées, et nourrissent leur spectacle des scandales. Eux-mêmes ne se sont-ils pas heurtés à l'intransigeance et à la condescendance des officines, lors de la recherche d'un studio ou d'une simple chambre ? Ils vomissent le « proprio affameur », l'exploiteur de la misère et les profiteurs de tous bords... pour en faire un pur divertissement. Rien d'autre. DDT, lui, se devait de porter la chose sur la scène politico-idéologique. La pièce lui tend toutes les perches possibles. C'est à ce tournant qu'on attend *Charlie* chaque semaine. DDT y va donc de son couplet sur cette réjouissante mascarade pourfendant les magouilles. « Et puis, ça nous parle de choses de maintenant, de gens de maintenant, dans une action de maintenant... Résolument un spectacle anti-salauds, anticons. » DDT poursuit, revenant à son fonds de commerce : « AU TNP, avec son ou ses milliards de subventions, on vous pompe quarante-deux balles pour *Tartuffe*. Là, pour seize ou vingt balles, on te donne à boire en plus de la pièce... » La culture pompidolienne opposée à celle de la rue. Sympathie, pertinence, démerde et irrespect. Un bon cocktail. Le Splendid rêvait de « boulevard », on allait le classer « chansonniers »... tendance Bouteille ! Un comble ! Mais la forme cacha un peu le fond. Suivant la voie tracée par Delfeil, la presse s'intéressa naturellement à ces « petits nouveaux ». Et toute la critique abonda dans le même sens : on s'y marrait beaucoup... « Si votre petit(e) ami(e) est triste, conseillait Bernard Chapuis dans *Le Canard enchaîné* sous le titre " Pas de bide au Splendid ", emmenez-le (la) voir *Je vais craquer*... Ne les ratez pas : ça vous manquerait. »

En novembre 1974, André Halimi, alors très écouté, leur tresse carrément dans *Pariscope* des couronnes de lauriers dignes d'une entrée à Rome. « Le salut dans le spectacle comme ailleurs viendra des jeunes... C'est joué divinement par Christian Clavier, Thierry Lhermitte et Gérard Jugnot! » Le dernier couplet est plus spécialement réservé à Valérie Mairesse, une véritable déclaration d'amour à la Bunny de service par un Halimi que la bougresse n'a apparemment pas laissé de marbre. Affirmant être allé « dans sa loge après le spectacle » (d'autant plus étonnant que le théâtre n'en avait pas!), il avoue trouver Valérie « belle, très belle, coquine à souhait, et encourage tous ceux qui sont fatigués des vieilles peaux et des drames soporifiques usés jusqu'au cou à aller au Splendid »! « Je serais un producteur, ajoute-t-il, je lui signerais de suite un contrat pour cinq films. »

« Il veut te sauter », lâche perfidement Gérard à Valérie en faisant de l'hebdo une boulette. Qu'importe, tous les moyens sont bons; et si la « prestance » de Valérie peut rameuter les foules, pourquoi pas? Christian, Thierry, Gérard et Michel l'ont bien compris et en useront pour pimenter leur entreprise. Valérie sera celle que l'on drague, la nunuche de service, la nana-appât un peu naïve, mais brave fille; et lorsque Josiane la prendra à son tour, un peu plus tard, dans *Bunny's Bar*, son personnage ne sera pas très différent.

Gérard, encore, dans un accès de sexisme clairvoyant, lui aurait déclaré un jour : « Tais-toi, tu ne sais pas parler, tu ne sais pas réfléchir, mais par contre tu excites les mecs quand t'es sur scène... » Le B A BA du marketing. Agnès Varda n'étant pas encore passée par là, Valérie sur son petit nuage ne réagit pas. Elle nage dans le bonheur : « J'étais dans une troupe, j'étais persuadée de jouer dans le meilleur spectacle de Paris sous l'œil de l'homme que j'aimais! »

Bouteille est un peu agacé de leur cohésion. Rien à voir avec les soubresauts et les contestations qui agitent son Café de la Gare. Il y a chez Bouteille des accents à la Breton, son « groupe surréaliste » à lui ne craint pas les exclusions... mais ça gueule, souvent. Alors qu'en face il y a, comme le sent bien Walter Lewino dans *Le Point*, « une communauté à l'échelle du spectacle ». Le mot a un double sens. Un premier qui laisse sous-entendre une harmonie parfaite; et un autre, souvent le plus évident, dans ces années-là où l'on se mélange à douze dans un trois-pièces. C'est ce front commun qui va donner d'entrée aux Splendid une identité de groupe plus forte que leur identité personnelle. Un journaliste du *Soir* de Bruxelles écrira après les avoir vus au Festival de Stavelot, pendant l'été 1974, qu'il s'agit là d'une troupe « quintocéphale »! Ils creusent leur différence en se distinguant, dès leurs premiers spectacles, des autres troupes de café-théâtre... Mais chaque médaille, fût-elle aussi brillante que la leur, a son revers : ils mettront longtemps avant de se dégager individuellement de la gangue « Splendid ». Ils seront les « Splendid », puis les « Bronzés » et même la troupe... « du Père Noël », avant que chacun d'eux puisse enfin s'extraire du moule commun. Eux qui ne rêvaient que de « lâchers en solo »!

« L'imagination au pouvoir » : ce slogan qui avait fleuri sur les barricades de mai, les Splendid l'associent très vite à leur sens inné des relations publiques. Comment amener du monde à s'intéresser à eux plutôt qu'aux autres? Ils sauront dès leur première installation faire venir des journalistes qui comptent, leur faire les yeux doux, avoir des « papiers » affichés sur leur devanture à l'égal des « grandes » salles officielles. Côté public, ils multiplient les initiatives qui font rire et rendent convivial ce lieu bricolé sinon dans la hâte, du moins avec peu de moyens. Ils enchaînent deux spectacles, ne sont pas chiens si un spectateur de 20 h 30 reste vissé à son siège pour voir le suivant. Exonèrent tous les soirs un type de spectateur : « Ce soir, les porteurs de bretelles rentrent à l'œil » – quand ce ne sont pas les porteurs de chaussettes de tennis, les vrais roux ou celles... qui portent des jarretelles! Tout cela ajouté au caractère attirant des sujets. Ils mixent les grands thèmes porteurs très mode avec des plaisanteries de fin de banquet. Dès que leur nom commencera à être connu, il sera synonyme de bonne soirée garantie. Passage du Départ, ils font leurs classes en grandeur nature et apprennent leur métier : celui de la gestion et de la bonne marche de leur entreprise autant que celui du théâtre, qu'ils possèdent déjà tous avec un étonnant professionnalisme. Ils « déconneront » là, avec leurs deux spectacles dont le succès ne se démentira jamais, jusqu'à l'automne 1975, jusqu'à ce que les bulldozers couvrent les rires des spectateurs, jusqu'à ce que cette salle trop petite demande qu'on pousse les murs, jusqu'à ce qu'ils... trouvent une nouvelle salle. Tout simplement.

TOUT PETITS DÉJÀ...

◄ Le 2 décembre 1953, promenade sur les boulevards pour la petite Josiane Balaskovic. *(D. R.)*

Avec vue sur les voies de la gare de l'Est, l'heure de la communion... avant de retrouver le troquet de la Poste. *(D. R.)* ▼

la mère était persuadée que j'étais douée en tout... » Le dessin et la peinture la poursui-
nt longtemps. *(D. R.)*

◀ 1952 à Gap. Le révérend Chazel a appc
té son appareil pour fixer les premiers p
de Marie-Anne. *(D. R.)*

Le camp des jeannettes en 1965. « Mc
clan ». D'une écriture encore enfantin
Marie-Anne *(deuxième debout en partant de
gauche)* a inscrit au dos le nom de ses amies
(D. R.) ▼

1960. En vacances à la campagne dans l'arrière-pays niçois. *(D. R.)*

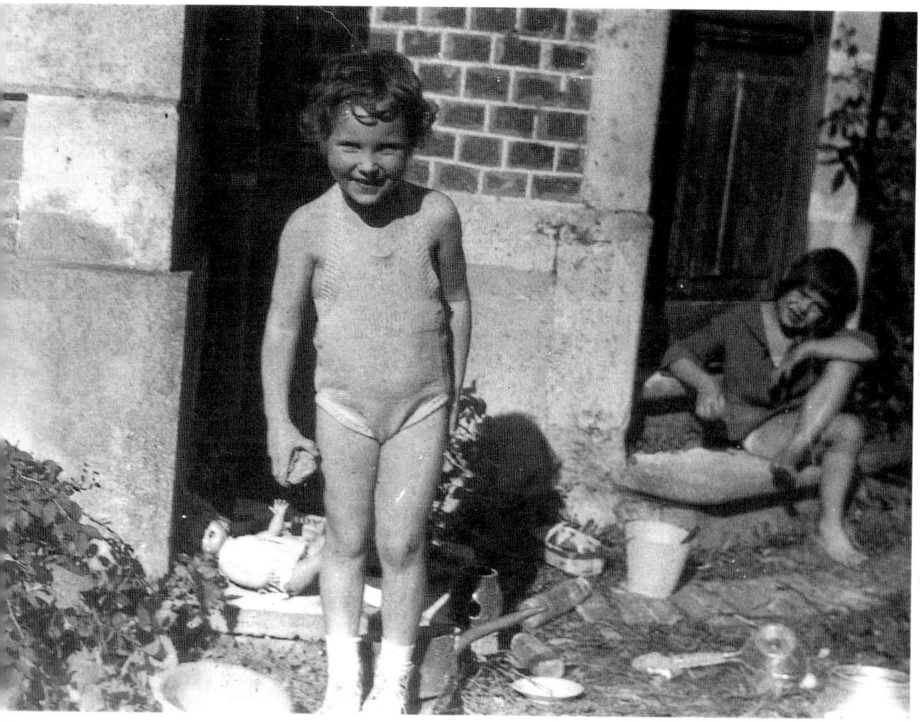

59. L'adorable Valérie Mairesse. Déjà des tenues... seyantes. *(D. R.)*

▲ Un an plus tard... déjà l'instinct maternel. *(D. R.)*

◄ Valérie (la plus grande...) : le goût du déguisement, du costume. *(D. R.)*

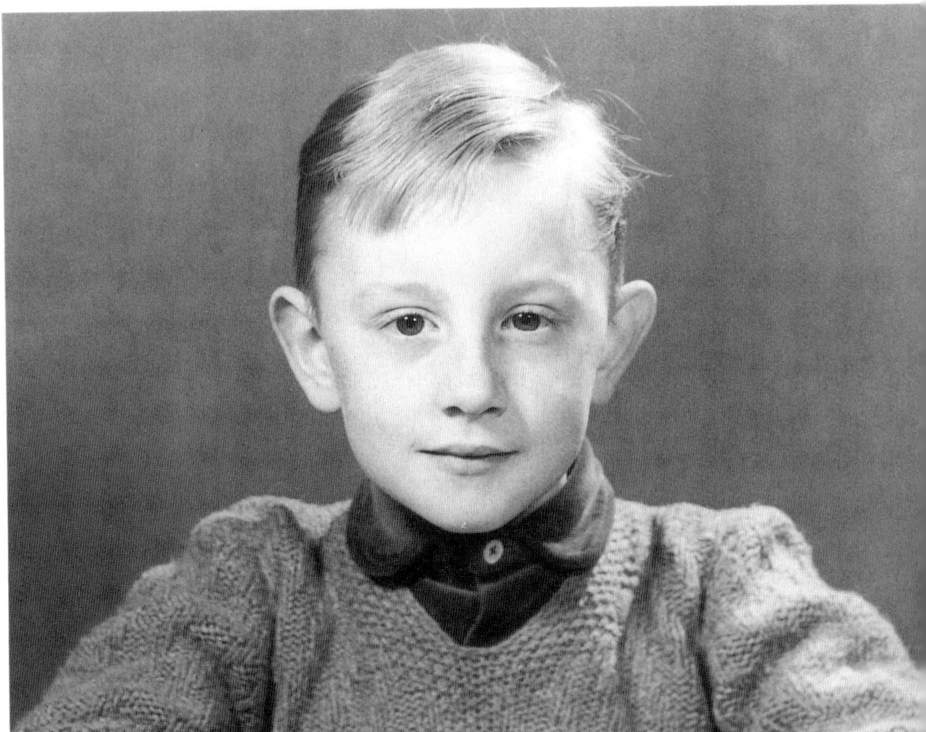

▲ Le bon élève Michel Blanc. « n'avais pas une tête à déconner... pourtant. Grâce à ça, c'était toujo les autres qu'on punissait. » *(D. R.)*

◀ 1967. Premiers pas sur scène gr aux cours d'art dramatique du ly Pasteur. *(D. R.)*

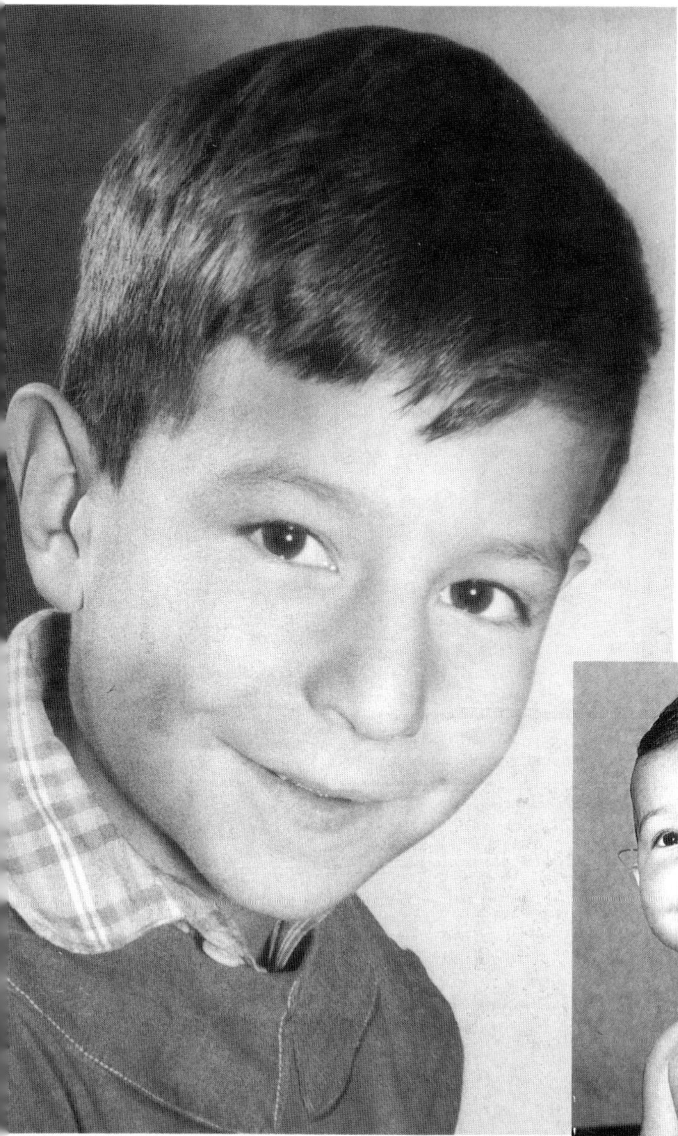

◀ A sept ans, Christian Clavier a déjà dans l'œil la malice de Jacquouille.
(D. R.)

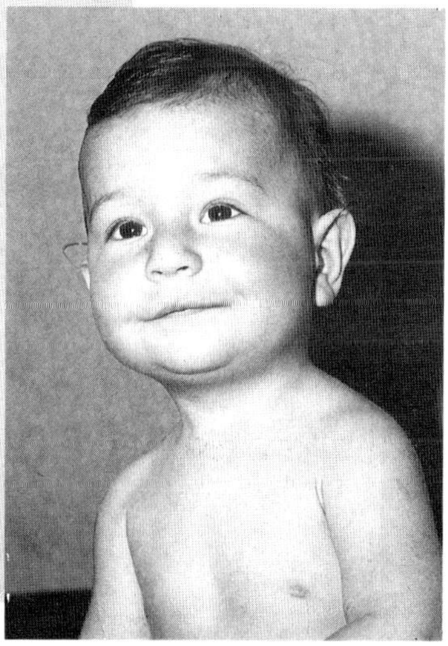

▲ Un beau produit du baby boom... Christian à trois ans.
(D. R.)

◀ La star et le... député! Sur les épaules du tonton Rousset-Rouard, un Christian très à l'aise.
(D. R.)

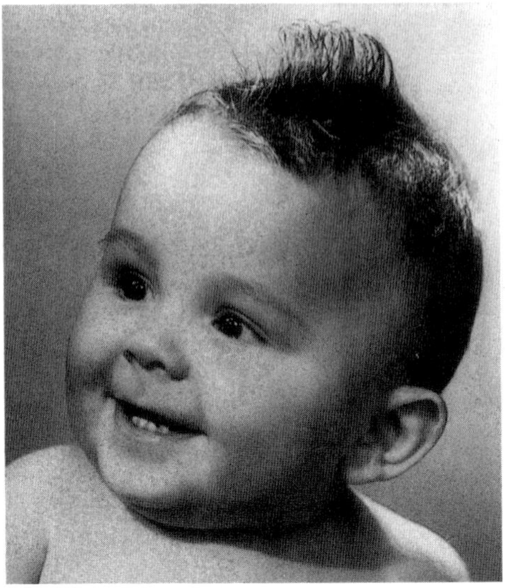

▲ Même tout gamin, Gérard Jugnot n'avait pas de grand problème de boucles. *(D. R.)*

Gérard avec sa sœur et ses grands-parents. La tendresse avant tout. *(D. R.)* ▶

Mme Jugnot mère et ses enfants. Une famille heureuse. *(D. R.)*

On peut être farceur et avoir de la religion *(D. R.)*

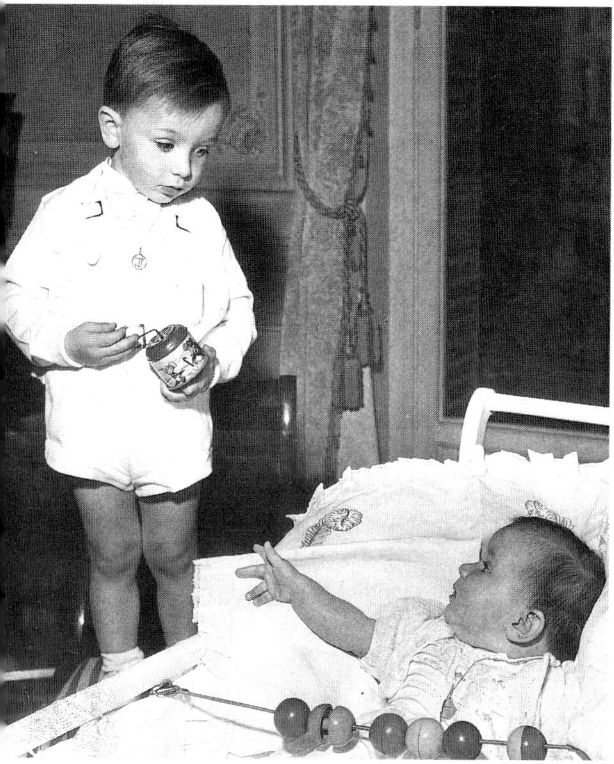

◀ Incroyable, même à quatre ans Thierry Lhermitte était craquant. Avec « Camille Claudel », sa sœur, encore au berceau. *(D. R.)*

Mettez-vous à la place des jeunes filles qui croisaient ce « Jésus » dans les années 60... *(D. R.)* ▼

▲ Brunot Moynot, le futu
comique de la bande... n'e
pas celui qui sourit. C'est
sombre romantique à gauch
(D. R.)

◀ En 1964 à Asnières, ur
(toute) petite partie de la trib
Moynot. Bruno est au premi
plan. *(D. R.)*

LA SCÈNE, ENFIN!

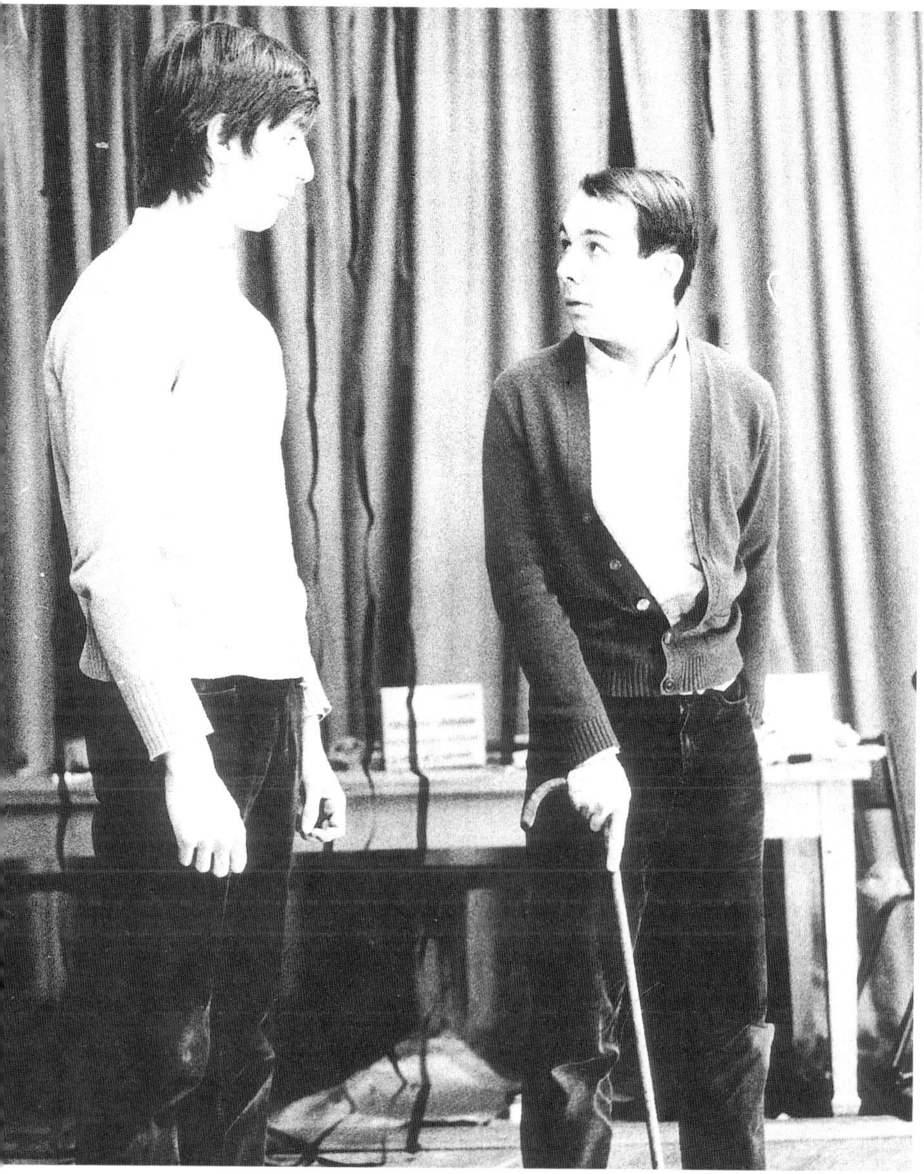

▲ Document historique : en février 1970, sur la scène du lycée Pasteur, Thierry et Gérard pendant les répétitions de *La concierge est tombée dans l'escalier. (D. R. Splendid.)*

◀ Un clap et une caméra super-8... Gérard, le Truffaut de Pasteur, pendant le tournage de *Les Quatre sans cou. (D. R.)*

▲ Leur première scène « pro » : au Potea
dans *Non Georges pas ici...* Thierry, Christia
Gérard, avec – sur le poteau – Isabelle
Botton. *(D. R.)*

L'été à la campagne pendant un court métrage de Nemès... *(D. R. Splendid.)*

Le Bol d'air ou Un pique-nique merdeux, le
première apparition en troupe devant u
caméra. Au clap : Gérard et sa fascinati
pour le cinéma. *(D. R.)* ▼

ILS CRAQUENT... À LA CANDELARIA

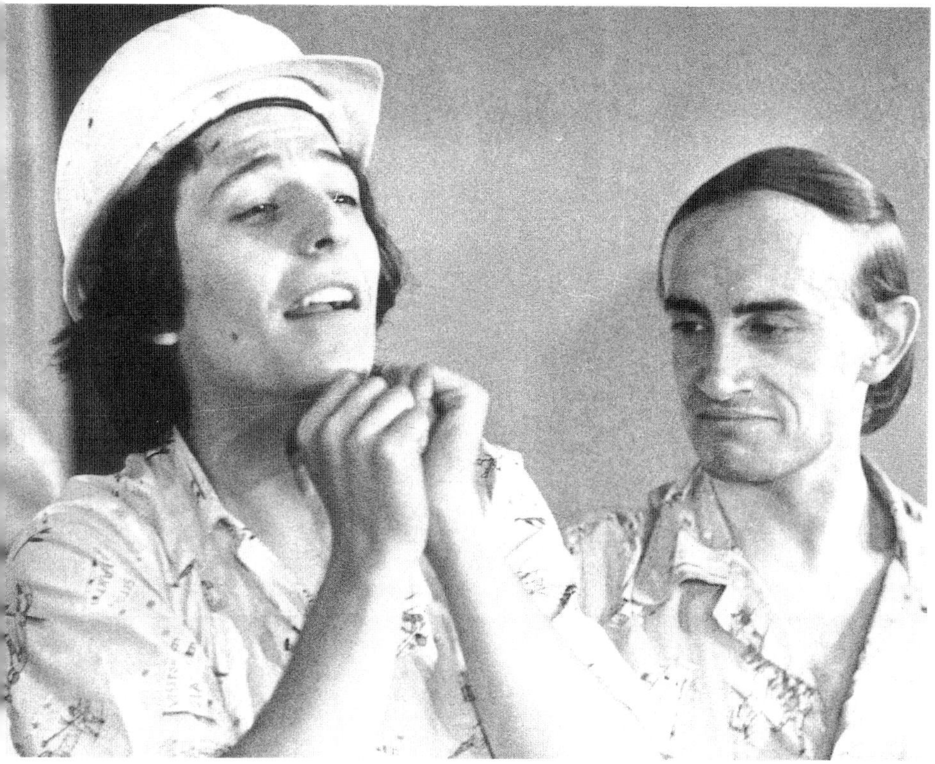

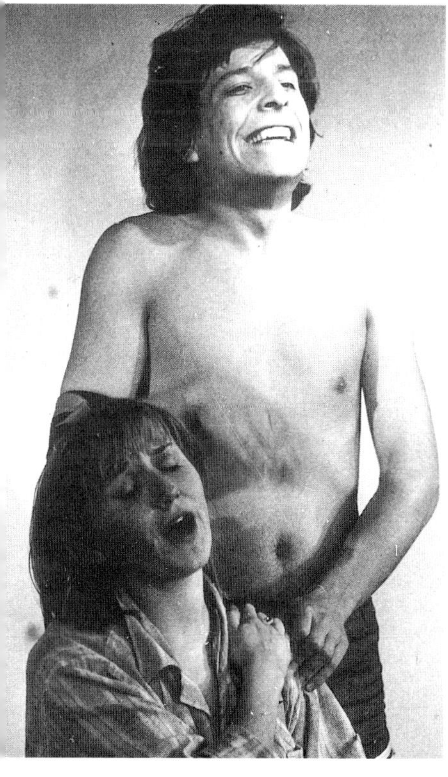

▲ Une succession de sketches qui tiennent souvent de la blague de fin de banquet... *(D.R. Splendid.)*

◄ Marie-Anne et Christian en plein effort. Convaincre et être drôle... devant trois pelés et deux tondus! *(D. R. Splendid.)*

Oui... Elles continuaient à craquer, car en plus il a du talent! *(D. R.)* ▼

« LEUR » TÊTE EST MALADE...

▲ Dans leur premier théâtre Montparnasse, une vraie pièce *Ma tête est malade*, une charg contre les exploiteurs... *(D. R. Splendid.)*

◄ ... qui était plus une grôôôss farce qu'un pamphlet politic social! *(D. R. Splendid.)*

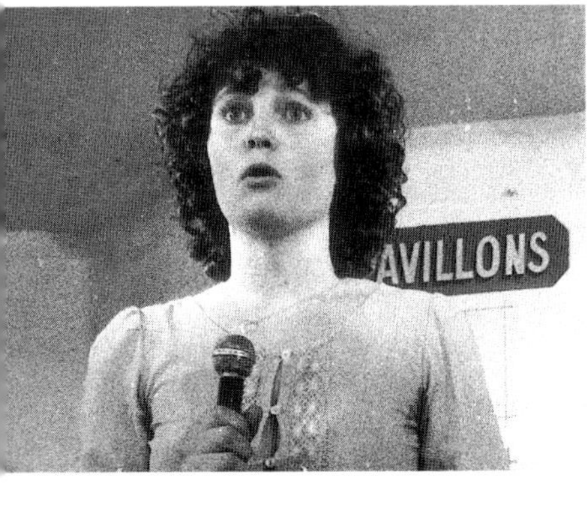

Ils sont chez eux, passage du Départ, face au Café de la Gare, et peu à peu le théâtre se remplit. Ils apprennent là, en l'espace de deux ans, leur métier et ses ficelles. Ils ont à peine vingt ans et sont déjà des pros expérimentés... *(D. R. Splendid.)*

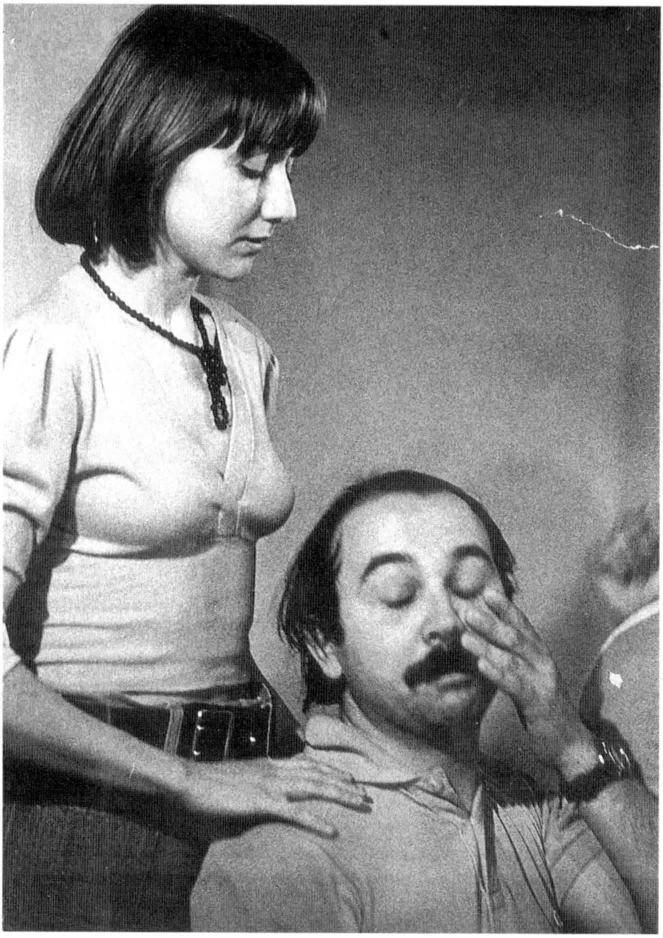

◀ Marie-Anne – ici ave
Gérard – a enfin abar
donné la régie pou
monter sur scène. « J
me trouvais mauva
se... » *(D. R. Splendid.)*

Une sombre histoire d
magouille sur fond d'a
gent immobilier véreux
Le tout en costume-cra
vate! *(D. R. Splendid.)* ▼

Le sketch du train. Une farce de collégiens qui vaut plus dans la manière que dans le fond. « Certains soirs, le sketch n'en finissait plus... » *(D. R. Splendid.)*

De temps en temps, l'un d'eux allait en face chez Bouteille pour un remplacement. Michel Blanc dans *Plantons sous la suie* au Café de la Gare. *(Photo Bernand.)* ▼

DE L'AUTRE CÔTÉ DU PASSAGE

▲ La référence : Le Café de la Gare. Patrick Dewaere, Miou-Miou, Jean-Michel Haas, Henri Guybet, Romain Bouteille, Aufrel, Coluche et Sotha. *(Photo Bernand.)*

◀ Toujours d'accord pour prêter la main au « gros », « un véritable monstre de scène! ». Dans *Ginette Lacaze*, Thierry et Christian accompagnent le rock de Coluche. *(Photo Bernand.)*

osiane Balasko, l'amie de toujours, dans *Ginette Lacaze* à l'Élysée-Montmartre en 1976. *(Photo Bernand.)*

hristian, Martin Lamotte, Coluche, Gérard Lanvin et Thierry. Coluche pouvait tout leur emander... *(Photo Bernand.)*

ENFIN CHEZ EUX!

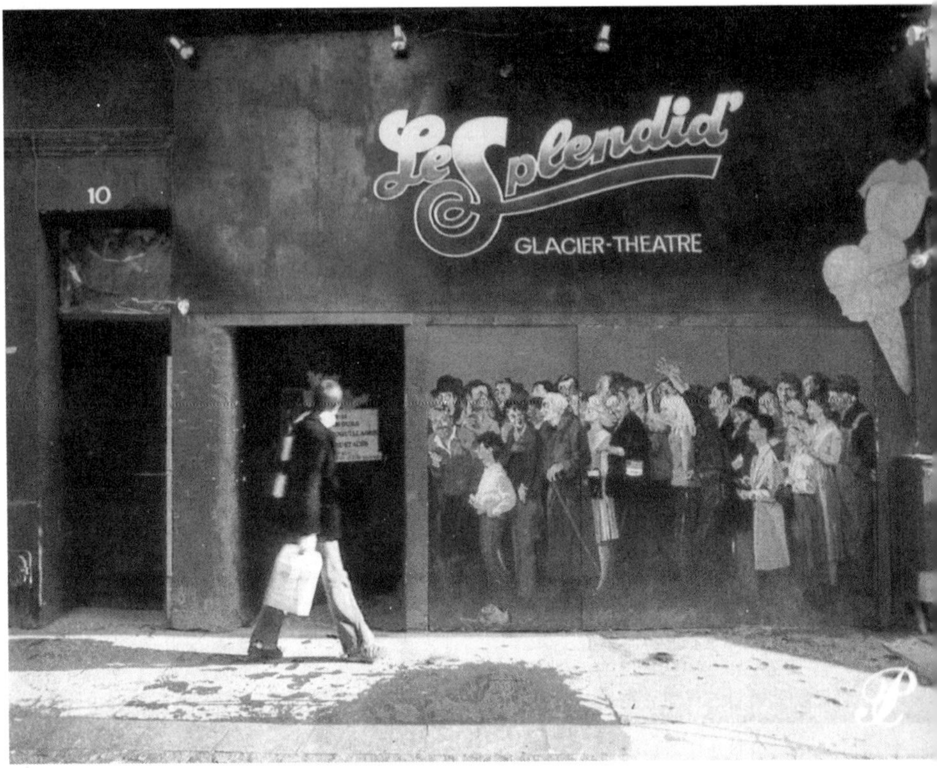

▲ La devanture du Café-Glacier Le Splendid' au 10 rue des Lombards, avec sa fresqu représentant une queue comme pour attire la grâce des dieux... *(D. R. Splendid.)*

◀ Djerba 1974, Gérard en « repérage » a Club Méditerranée. *(D. R. Splendid.)*

Christian et Marie-Anne (si, si... cher chez bien!) animateurs au Club en 1974 *(D. R. Splendid.)* ▼

La troupe au grand complet devant la fresque dans la salle : Christian, Marie-Anne, Michel, Gérard, Thierry et Josiane. *(D. R. Splendid.)*

Pendant les travaux : Christian est celui qui a le plus souffert. *(D. R. Splendid.)*

À droite, la loge et son échelle d'accès. *(D. R. Splendid.)*

AU REVOIR VALÉRIE… BONJOUR JOSY!

▲ Valérie part rejoindre Agnès Varda pou
L'une chante, l'autre pas, une fable féministe
(D. R.)

◀ Josiane et Bruno. Ils vont trouver a
Splendid des amis et un tremplin. *(D. R.)*

LE DÉLIRE À L'AFFICHE

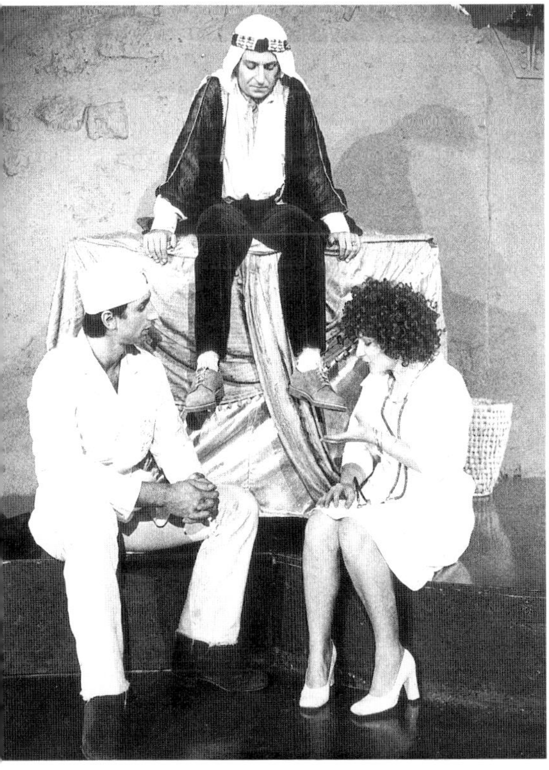

La pièce d'ouverture du Théâtre des Lombards est une succession de délires qui se terminent en apothéose par Gérard et Thierry effectuant un numéro acrobatique en string pour s'attirer les faveurs d'émirs arabes (Michel et Christian)! *(D. R. Splendid.)*

Sur la scène en demi-cercle, la troupe au grand complet... *(D. R. Splendid.)*

... fait de ce premier échec qu'est *Le pot de terre contre le pot de vin* un grand succès! *(D. R. Splendid.)*

▲ Un été de retour du Club avec Guy Laporte *(au centre)*, un véritable chef de village qui jouera quelque temps avec eux. *(D. R.)*

◀ Michel et Marie-Anne dans une (très) lointaine et parodique adaptation de *Portier de nuit. (D. R. Splendid.)*

Christian l'émir... *(D. R. Splendid.)* ▼

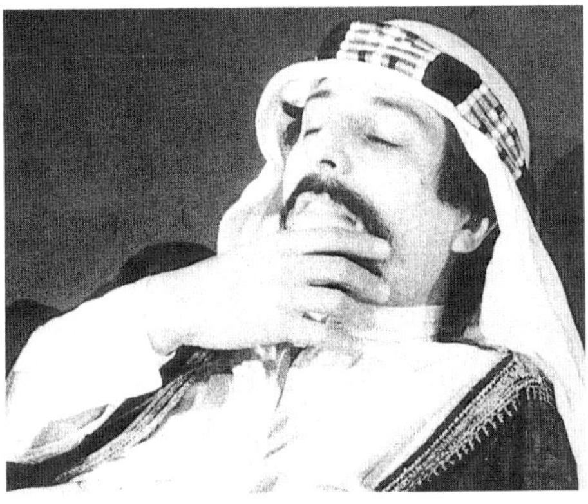

AMOUR, COQUILLAGES...

▲ *Amour, coquillages et crustacés,* le premier grand succès de la troupe : Dominique Lavanant, Christian, Marie-Anne, Michel et Josiane. *(D. R. Splendid.)*

◀ Les soirées animation du Club... Quand on manque de filles, Gérard s'y colle! *(D. R. Splendid.)*

...ET TRIOMPHE!

Christian et Josiane... Rien ne manque, même pas les colliers de paiement. Une parodie étudiée dans ses moindres détails.
(D. R. Splendid.) ▶

Ils sont arrivés à caser sur leur scène une paillote, une plage, un départ en ski nautique, un village africain, une visite de grotte, et même des soirées jeux dont l'exquise « Danse des slips »! *(D. R. Splendid.)*

◀ Passer deux heures tous les soirs presque nu médusait les spectateurs qui se pressaient autour de la scène. En moins d'une semaine, la pièce est un triomphe.
(D. R. Splendid.)

Rien ne sera épargné à Jean-Claude Dusse (Michel Blanc), qui trouve là son personnage de râleur hypocondriaque.
(D. R. Splendid.) ▼

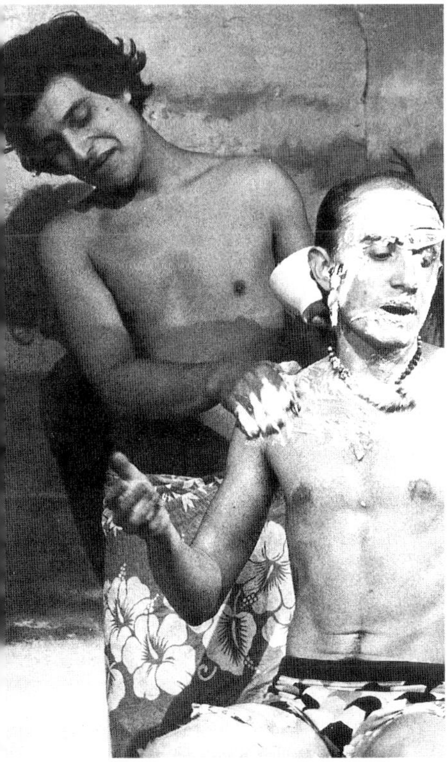

AU SOLEIL... AU VRAI!

▲ L'homme au slip noir (Bruno Moynot) pendant la séance de body-painting. *(D. R.)*

◀ Patrice Leconte. Imposé par la troupe, il jouait gros... *(D. R.)*

Christian campe un extraordinaire médecin fat et imbu de lui-même. *(D. R.)* ▼

Une bande de cons sympathiques brossés avec un réalisme et un naturel qui enthousiasmèrent plus de deux millions de spectateurs. Le film est aujourd'hui un classique! *(D. R.)*

LES MÊMES... À LA NEIGE!

Yves Rousset-Rouard venu sur place faire quelques descentes et surveiller l'avancement des travaux. *À droite*, frigorifié : Patrice Leconte. *(D. R.)*

Les mêmes se retrouvent... mais ils sont devenus des caricatures d'eux-mêmes. *(D. R.)*

Marie-Anne et Christian, le couple dure... à la neige comme à la ville! *(D. R.)*

Entre deux prises, Michel étudie son « planté de bâton »... *(D. R.)*

ET AUSSI CES ANNÉES-LÀ...

Pendant un moment de repos sur le tournage de *Clara et les Chics Types* : Josiane, Christian Thierry, Marianne Sergent, Christophe Bourseiller et Daniel Auteuil. *(D. R.)*

◀ Thierry et Isabelle Adjani... Le couple magique. *Dessous*, Christian et Anémone dans *Je vais craquer. (D. R.)*

Josiane dans *Les hommes préfèrent les grosses*. *(D. R.)* ▼

18

En janvier 1973, une poignée de « maos » rescapés des barricades décident de lancer un journal. Leur journal. Pas complètement le leur, mais celui du « peuple ». L'information vient du peuple et doit retourner au peuple, écrivent de concert Sartre, July et Gavi dans le manifeste qui accompagne la naissance de *Libération*. Hamon et Rotman ont raison : les « années de poudre » font suite aux « années de rêve ». Les années *Libération* vont faire suite aux années *Hara-Kiri*. Le rêve de mai va se diluer dans une crise qui, vingt ans plus tard, est toujours d'actualité. Avons-nous encore idée de la vie d'« avant la crise »? Pouvons-nous imaginer aujourd'hui ce qu'était une France où seule semblait compter la gestion du quotidien? L'avenir? D'autres s'en chargeaient. Nous en déchargeaient. Comme les années *Libé* poussent les années *Hara-Kiri*, les années Splendid vont pousser celles du Café de la Gare, où les utopies politico-militantes prenaient trop souvent le pas sur le rire. Le Splendid garde de l'« ancien régime » un esprit – ils s'en défendent pourtant... – formé à l'ombre des barricades, nourri autant au lait de la réaction qu'à celui de la contestation; et la conscience profonde que, quoi qu'il advienne, la voie qu'ils ont choisie est la meilleure : celle du rire franc et... gras quelquefois.

Si les anciens ont bien voulu changer le monde, eux s'y trouvent ma foi fort bien... mais ils portent sur lui un regard lucide. Leurs aînés le rejetaient; eux vont s'y vautrer, faisant leurs choux gras des moindres aspérités que tente d'offrir ce monde soudain très policé par la torpeur dans laquelle replonge la France de l'après-68. Du Club Méd aux organisations caritatives, sans oublier la Résistance, les régimes totalitaires ou les idées dites généreuses, le Splendid va passer l'époque à la moulinette. Cette période qui s'annonce sera la leur. Ils deviendront vite synonymes de rire, d'absurde et de loufoquerie. Les « militants » du Splendid ont regardé 68 comme un spectacle, et accepté ses idées comme des aphorismes de Pierre Dac. Le retour à l'ordre les a enchantés... mais sans plus. Ils sont profondément des fouteurs de zizanie, mais dans un certain état d'esprit. Il s'agit maintenant de faire bouger une société redevenue « civile », dans laquelle leur esprit ne peut que s'épanouir. Nouvel espace de liberté qui va puiser matière à rire... dans les travers du quotidien... Le Splendid sera le digne rejeton de Feydeau et de Coluche. Mais personne aujourd'hui n'oserait contester à Romain Bouteille le rôle qui a été le sien.

« S'il en est un à qui on doit tous mettre une grande barbe blanche, reconnaît Patrice Leconte, c'est bien Romain Bouteille. Tous plus ou moins lui doivent quelque chose. »

Leur succès grandissant leur permet d'envisager l'avenir proche avec sérénité. Mais ce que l'on veut voir comme une troupe soudée, rigolant sur scène le soir et autour d'une table la nuit, est et ne reste qu'une belle association d'individualistes forcenés. Ils le savent, le revendiquent même et, tels des ours qui se pelotonnent l'un contre l'autre l'hiver pour se réchauffer et se rassurer, chacun attend le premier rayon de soleil pour se désolidariser des autres et partir vers de nouvelles aventures.

Quelques années plus tard, sur le tournage des *Bronzés*, en Côte-d'Ivoire, le réalisateur Patrice Leconte qui signait là son deuxième film reçoit le cofondateur de *Première*, Marc Esposito. Un soir, après un copieux repas, ils digèrent ensemble, allongés sur le sable. Un peu plus loin, sur le ciel bleu marine, se découpent les silhouettes des Splendid autour de la table. Marc demande au réalisateur : « Tu les vois, ils sont tous très bons, fantastiques... Mais lesquels d'entre eux, plus tard, deviendront des vedettes ? – Je ne sais pas », répond Patrice. Et ils se mettent à épiloguer sur les carrières possibles des uns et des autres. Relevant leurs qualités et leurs défauts. Trouvant pour tous autant de raisons de devenir stars que de rester parmi le troupeau des seconds rôles. « Et aujourd'hui, ils sont tous au sommet, se réjouit Patrice Leconte. C'est ahurissant, sans précédent dans toute l'histoire du spectacle ! »

C'est à ce devenir individuel en gestation que les Splendid vont travailler dans les années 70. Chacun va commencer à battre des ailes pour tenter de s'envoler du nid... Seul Lhermitte avoue encore aujourd'hui, avec une touchante naïveté : « Je pensais que nous étions ensemble pour toujours. Je ne me posais même pas la question. »

Les autres se la posent et tentent d'exister au-delà du cocon rassurant de la troupe. Certains vont les aider, comme Gébé, journaliste à *Hara-Kiri*, et le réalisateur Bertrand Tavernier. C'est naturellement par les gens du Café de la Gare – dont les « journalistes » de la rue des Trois-Portes sont très proches – que le Splendid entre en contact avec ceux d'*Hara-Kiri* : Gébé, Choron, Reiser et compagnie. Chose courante alors, le futur gratin des acteurs de l'époque passera devant l'objectif de Chenz pour des photos-romans délirants qui sont l'un des sujets favoris du journal. Coluche sera même un très fidèle compagnon de route, se prêtant à toute une série d'interviews-farces et de séances-photos.

Gérard a été le premier à collaborer à *Hara-Kiri*, puisqu'il s'était fait virer de sa place de pion au... lycée Pasteur pour avoir prêté sa silhouette à un roman-photo ! Il fallait choisir : être saltimbanque ou dans l'enseignement ! C'était sans appel... et Gérard perdit par la même occasion quelques centaines de francs de revenu par mois.

Gébé s'est attaché à cette nouvelle famille. C'est dans ce vivier qu'il va puiser lorsqu'il écrira ce morceau de bravoure utopique et cinématographique qu'est *L'An 01*, mis en scène par Jacques Doillon, Alain Resnais et Jean Rouch, le cinéaste anthropologue. Un grand moment d'avant-garde qui ravale Godard au rang de réalisateur de péplums. L'idée, très généreuse et didactique, tient en une phrase : « On arrête tout – entendez par là les usines, le travail, la société, etc. – et on réfléchit afin de trouver un moyen de mettre en place une nouvelle façon de vivre. » Pourquoi pas ? Au final, dans cette bouillie existentialiste faite d'interventions alambiquées et de propositions ubuesques, on a peine à retrouver la première prestation du Splendid... De plus, au générique, ils sont répertoriés dans la catégorie « acteurs non professionnels » ! Mais on ne peut, à l'époque, rien refuser à la bande d'*Hara-Kiri* !

C'est encore celle-ci qui les branche sur une production

assez floue. Le Café, Romain Bouteille en tête, n'en voulait pas... Ils auraient dû se méfier. « Il y a deux cents sacs à gagner au noir, est-ce que ça vous tente ? » Autant demander à un sourd s'il veut entendre. Et voilà les Splendid dans un obscur bureau derrière les Champs-Élysées, engagés pour un film curieusement titré *Si vous n'aimez pas ça, n'en dégoûtez pas les autres*. Le titre a tout pour leur plaire, c'est « café-théâtre » en diable. Et puis, « deux cents sacs, on ne crache pas dessus », philosophe Gérard. Finalement, ils se retrouvent dans un film mi-socio mi-porno, tourné en une journée, qui met en scène des spectateurs d'un film de cul dont on est censé filmer la réaction. Un bien piètre alibi pour présenter avant tout le film X et échapper ainsi aux taxes énormes qui frappent l'industrie du sexe sur grand écran. Jugnot s'emporte avec raison : « Ils ont même ressorti il y a pas longtemps le film avec nos noms en gros et on n'a pas pu les attaquer... Naturellement, nous n'avions pas de contrat. »

Plus sérieuse et inespérée est l'arrivée de Bertrand Tavernier dans la vie de la troupe. Alors attaché de presse de cinéma, écrivain, historien et journaliste, il attendait de faire son premier long métrage en baladant dans le tout-Paris sa curiosité insatiable. Ses pas ne peuvent évidemment que le conduire passage du Départ. Tatave, un soir, amené là par son ami Jean Rochefort, s'assoit sur les parpaings branlants du Splendid.

« J'ai eu un grand choc en les voyant. Je me souviens surtout de deux choses qui m'avaient beaucoup marqué : la soirée diapos de *Je vais craquer*, que j'ai incluse dans mon film *Des enfants gâtés*, et le sketch *Proverbe* de Jugnot. J'étais dans un état second. Il n'y avait pas comme chez Bouteille un sens de l'absurde, mais un sens de l'observation qui amenait un comique précis, poussé très loin, jusqu'à la dérision, et tout cela avec une vraie justesse. On était très loin du boulevard et de ses grosses ficelles, mais aussi très loin des cibles sur lesquelles le café-théâtre avait l'habitude de tirer. C'est pour cela que je me suis juré de les prendre dans mon premier film, *Que la fête commence*. J'avais besoin de beaucoup de petits rôles, pourquoi ne pas faire appel à eux ? Je n'aime pas les clans et les familles, les réalisateurs qui puisent toujours autour d'eux. C'est Jean Renoir qui m'avait dit un jour : Moi, les acteurs, je vais les chercher sur les théâtres de boulevard, dans le vaudeville aussi bien que dans le music-hall. »

L'affaire se conclut un soir, passage du Départ, à la sortie du spectacle. « J'ai pris leur adresse et je les ai convoqués dans mon bureau. Je ne pouvais pas les séparer, déjà, ils me paraissaient très soudés ; et c'eût été offensant pour les autres de n'en prendre qu'un ou deux, d'autant plus que je les trouvais tous excellents ! Et je les sentais capables de jouer n'importe quel rôle... Ce qui n'était pas le cas, pensais-je alors, de ceux du Café de la Gare... même si je me mords un peu les doigts, aujourd'hui, de ne pas avoir engagé Dewaere. »

Tavernier cherche dans son script les rôles qu'il pourrait bien leur attribuer. Il se fie à sa première impression : « Tout de suite, la prestance de Thierry m'a paru celle d'un noble. Pour Clavier, j'ai longtemps hésité, et son personnage est de loin le moins réussi, surtout dans la scène qu'il a avec Lhermitte. Il m'a avoué, longtemps après, qu'il était mort de trouille. Quant à Jugnot et Blanc, je leur trouvais un côté très valets de comédie comme les croquait Molière. Je me suis même dit de Blanc qu'il avait beau être très moderne, il serait sûrement sublime dans du Marivaux. Gérard, lui, je le voyais et je le vois encore avec la force d'un Bernard Blier jeune, et du reste je l'ai repris dans *Des Enfants gâtés* en pensant à Blier. Il a la même justesse de jeu, qui est encore aujourd'hui très mal employée... même par lui-même ! » Dans la bouche d'un tel connaisseur, c'est un grand compliment qui le dédouane un peu aussi d'avoir coupé la prestation de Gérard, au montage final... après l'avoir obligé à raser sa moustache ! Impensable à l'époque pour lui, qui cachait un physique qu'il n'aimait pas et une immense timidité derrière ce bel ornement pileux. Quand Patrice Leconte exigera, bien des années plus tard, le même sacrifice pour *Tandem*, Gérard acceptera, pour donner une autre image de lui-même. Et voilà donc notre Gérard glabre pour affronter, perruque sur la tête, les personnages ancillaires du XVIIIe. Bluffé par son talent et ses dons, Bertrand Tavernier lui a même offert deux scènes « intelligentes » dans lesquelles Jugnot a des dialogues à dire. Dans l'une, il annonce : « Monsieur l'Évêque » quand Jean-Roger Caussimon entre dans une pièce; et dans l'autre, face à Desarthe, il plonge dans le feu pour récupérer l'argent que ce dernier y jette afin de prouver le peu d'intérêt qu'il porte aux choses de ce monde. Une scène taillée sur mesure pour Gérard, qui a toujours eu dans la troupe la réputation d'être... économe. Sur le tournage, le scénario est suivi au pied de la lettre, et Gérard plonge dans le feu comme si Desarthe y avait balancé son propre cachet. Si la première scène – dans laquelle du reste on a peine à le reconnaître! – fut conservée au montage final, la seconde, faute de place, disparut. Combien de débuts de star ont ainsi fini dans la poubelle des salles de montage? Des kilomètres! Jugnot en resta meurtri à tel point que, lorsque Tavernier réalisera *Le Juge et l'Assassin*, il donnera sa revanche à Gérard et en fera un photographe face à Galabru. « Non seulement je lui devais cela, reconnaît encore aujourd'hui le réalisateur, mais – je ne sais pourquoi – je pensais souvent à lui. »

Bertrand Tavernier reprend toute la troupe dans *Des enfants gâtés*, et là c'est Michel Blanc qui tire les marrons du feu. Michel date de sa prestation dans ce film un début de reconnaissance de ses pairs. Il faut dire qu'il y a d'entrée une hallucinante scène de comédie face à Piccoli. Dans le même film, Jugnot aussi se distingue en reprenant avec ses amis la scène de la « soirée diapos » doublée d'une tirade avec Christine Pascal. Lhermitte, lui, est remarqué en président d'une assemblée de locataires; quant à Christian, au physique moins évident, il se contente d'une rapide prestation.

Petit à petit, de minirôles en brèves apparitions, leurs visages, leurs silhouettes vont devenir familiers. Au public, déjà, mais surtout aux directeurs de castings et aux producteurs. Une sorte de statut de vedettes groupées, collectives, comme le dit Tavernier. Quelques courtes prestations clôturent cette collaboration avec lui : un film de pub pour les PTT dans lequel Christian, qui livre du courrier en 4L, est arrêté sur sa route par le camion de Thierry, employé des téléphones en train de réparer une ligne. Leur dialogue étant censé valoriser les deux mamelles de ce service « que le monde entier nous envie », comme disait Michel Audiard. Grâce à ce petit film, Christian et Thierry gagneront les seules récompenses de leur carrière : la Minerve d'argent, un César de la pub. Toujours pour La Poste, Josiane croisera le chemin de Tavernier et tournera avec lui un film qu'on ne verra jamais... Jugé trop vulgaire et bourré de sous-entendus graveleux, il sera mis au rancart par cette institution à la recherche de respectabilité. « Dommage, c'était génial », affirme le réalisateur ! Quant à Marie-Anne et à sa bouille marrante, bien dans son époque, qui évoque irrésistiblement la jeune femme qui va de l'avant dans sa vie, elle sera, pour Pulmoll, une conductrice dans sa petite auto qui se fait emboutir l'arrière (merci pour le symbole...) par un grincheux. Naturellement, une femme au volant ! Les vieux griefs sexistes remontent dare-dare à la surface... Pourtant, Marie-Anne, avec ce sourire à désarmer une horde de Huns, ne dit rien mais offre une Pulmoll au teigneux, et hop ! tout rentre dans l'ordre. Dans le même registre et malgré le fait qu'il n'était pas alors de bon ton de cantonner les femmes dans les travaux ménagers, on la retrouve dans sa cuisine proprette en train de laver la vaisselle en laissant tomber des assiettes (on ne peut pas faire correctement la révolution et la vaisselle...). Heureusement, c'était de la vaisselle Corelle, celle qui ne casse pas. « Ce client-là, se souvient Marie-Anne en riant, c'était le pompon. Pendant le tournage, il m'avait recommandé de " laisser aller mon moi profond quand j'essuyais la vaisselle ". »

Cette pub et les autres permettent de mettre un peu de Ketchup dans les nouilles de la troupe. Au grand dam naturellement de « ceux d'en face », qui voient là une trahison. Les Splendid ne vendent-ils pas leur âme au diable ? Ne trahissent-ils pas l'esprit de la grande famille du café-théâtre ?

« C'était très mal vu à l'époque, mais cela nous permettait de gagner notre vie. On était payés deux mille francs par jour de tournage, plus les royalties... Une pub nous rapportait autant qu'un mois passage du Départ ! »

Plus difficilement utilisable, Thierry aura davantage de mal à s'imposer dans ces « petits boulots » de comédien. Une performance tout de même à marquer d'une pierre blanche dans sa filmo : une pub pour le riz Lustucru, noix d'honneur dans le journal *Le Monde* comme étant la pub « la plus phallo » cette année-là. Et pour cause : il fallait être gonflé, à l'époque, pour mettre en scène une fille – Valérie Mairesse, le film fut tourné juste au moment de leur séparation – qui sert à son « mec » une blanquette à l'ancienne en lui demandant avec la plus soumise des candeurs : « Il est bon ton riz, mon minou ? » Bien sûr, le type ne répond rien, mais s'empiffre, et la fille en gros plan de conclure par un « Il aime » des plus serviles. Un brûlot !

Thierry, donc, peu employé, déprimait. Trop belle gueule, pas assez de particularités. Pour contrecarrer le manque d'intérêt des publicitaires, il fera mille boulots, dont celui de « machino » au Théâtre Marigny, espérant peut-être décrocher ainsi une figuration. Peine perdue... et pis encore ! Jean-Claude Brialy, qui jouait là une pièce, trouvait le « petit jeune » à son goût. Valérie se souvient qu'elle était devenue une concurrente du chantre de la nouvelle vague : « Thierry rentrait tous les soirs très malheureux, dépressif. " J'en ai vraiment marre de ce mec qui me court après sans cesse. " A l'époque, se souvient Valérie, il était très mal, très angoissé. Il répétait toujours : " Je suis très mauvais... " » Mais heureusement, tous les soirs, dans le petit studio de la rue Olivier-de-Serres, il retrouvait une femme aimante. « Avec le cachet du riz Lustucru, on s'était même acheté une Fiat 850 rouge. » Le paradis.

19

« Qu'est-ce qu'on a pu rigoler avec ça ! » déclare Michel en évoquant cette émission de radio régulière, faite de sketches et de blagues, diffusée le dimanche matin en Belgique. Un producteur de la RTBF s'était un jour égaré du côté du passage du Départ et avait tellement ri qu'il leur avait proposé ce créneau horaire voué, sur la radio d'outre-Quiévrain, au rire et à la bonne humeur. L'émission était « mise en boîte » en semaine, rue Daru à Paris, sur la table de la salle à manger du nouvel appartement des parents de Michel.

« Nous faisions des sketches, des impros, et surtout n'importe quoi... » Ce n'importe quoi leur vaut une invitation par les mêmes gens de la RTBF à venir sur leur stand, à la Foire de Namur, l'équivalent belge de notre Foire de Paris. A charge pour eux d'animer une tranche horaire et de faire du « micro-trottoir » dans la foire, en s'y faisant passer pour des bonimenteurs. Michel se retrouve très vite en technicien-conseil d'une marque d'isolant pour habitat, recommandant à un couple de braves Belges d'essayer l'huître vivante, collée à la colle forte sous la charpente, pour isoler leur pavillon ! Les auditeurs sont aux anges. L'expérience ne va pas durer ; comme Coluche, entré tel un agneau à RMC et remercié très vite pour des propos un peu lourds envers les Grimaldi, on avait prévenu nos Splendid dès leur arrivée : « On peut plaisanter sur tout ici, sauf sur... le roi, la morale et la religion ! » Ils ne passeront que trois jours derrière le micro. Un pauvre auditeur leur ayant avoué « être handicapé à nonante pour cent » et dans une chaise roulante ajoute qu'il a fait... « des pieds et des mains » pour trouver un certain produit, et ils ne peuvent se retenir. Chassez le naturel, il se repointe aussi vite. Rires, jeux de mots déplacés, et les voilà sur le chemin du retour...

Dans ces années d'émergence, Jugnot sera le plus verni. Il prétend avoir joué « vingt-cinq garçons de café » dans des pubs insipides, aidé par un physique exceptionnel. Il intéresse très vite les « casting directors » – surtout son ami Charles Nemès, qui l'a si souvent fait rêver sur les bancs de Pasteur et qui avance, cahin-caha, dans sa carrière de réalisateur. Pas vraiment comme il voudrait, mais il bricole et va du même coup apporter quelques cachets à la bande.

Charles, d'assistanat en coups de main, se retrouve un jour à recruter des figurants pour « Dim Dam Dom », une émission de télévision très prisée à l'époque. Couturiers, chanteurs, acteurs, peintres y font l'objet de courtes séquences, filmées souvent dans de grands cyclos blancs ou dans des décors inattendus. L'INA conserve précieusement les premiers pas devant une caméra de beaucoup de stars actuelles – dont ceux de Thierry, Michel et Gérard, sur les marches du Trocadéro pour un sujet sur la... mode! Charles Nemès les ramène de nouveau quelques mois plus tard, accompagnés d'André Dussollier, de Béatrice Agenin, auxquels s'est même joint Romain Bouteille pour un *Smulbluck*, parodie – bien antérieure à celle du célèbre *Schmilblick*, de Coluche – du jeu présenté par Guy Lux, qui arrête alors toute la France à l'heure de sa diffusion...

Charles Nemès, par Jugnot interposé, est toujours resté en contact avec la bande. Il leur donne un coup de main pour poser du Placoplâtre passage du Départ et leur bricole même une bande-son pour *Ma tête est malade*.

« Dans *Ma tête est malade*, raconte-t-il, Thierry prenait un coup sur la tête et avait une sorte de flash halluciné sur la guerre d'Algérie. Je devais en faire l'illustration sonore. » L'effet est strident, déphasé et ahurissant, tandis que Marie-Anne, derrière son rideau rouge, tente d'en rajouter avec des jeux de lumière pas très bien contrôlés. Peu importe, dans la salle, on se marre. Charles, lui, voit un peu plus loin. Il aimerait bien, puisqu'il tient des comédiens... pas très exigeants côté salaire, leur faire tourner un court métrage, marchepied de tout cinéaste à la recherche d'une reconnaissance. A la va-vite, il réussit à monter une première œuvre qui les réunit tous. Un court métrage en noir et blanc, très vaguement inspiré d'*Une partie de campagne* de Renoir et sobrement intitulé : *Bol d'air ou Un pique-nique merdeux*, et prétendument adapté d'une nouvelle d'une certaine Mme Mince. Quatre garçons partent en pique-nique et tombent sur deux jeunes filles qui se prélassent dans l'herbe. On se doute de la suite.

Ce hors-d'œuvre confirme à Nemès le potentiel de la bande. Un jour, dans un bistrot de Montparnasse, il parle à Jugnot d'un certain Paul Claudon, un producteur ami de son père qui a déjà à son actif quelques films de Pierre Étaix. C'est lui qui, deux ans plus tard, produira *Les Valseuses* et aidera le jeune Bertrand Blier à se faire un prénom.

Dans les nouveaux bureaux du producteur, rue de Constantine, il y a... une étonnante et très kitsch salle de bains! « Si tu me trouves quelque chose à tourner là-dedans, déclare Claudon à Charles, je te finance! » Celui-ci ne se le fait pas dire deux fois. Il a l'argent, les acteurs... Reste à écrire le sujet.

« Il faut trouver un truc, explique Charles Nemès à Gérard, qui se passe dans une... salle de bains! » L'idée n'est pas pour déplaire à Jugnot. Ils s'y mettent et pondent rapidement l'histoire très surréaliste d'un type qui, n'ayant pas assez d'argent pour louer un appartement, loue simplement une salle de bains et décide d'y habiter. Quand Paul Claudon lit le sujet, il n'en croit pas ses yeux : « Le même sujet, titré *Bain à coucher*, vient d'être primé au Festival de Berlin! » Retour à la case départ...

Charles Nemès, en mouche du coche, aiguillonne toujours Paul Claudon pour maintenir son crédit. « Si, si, assure-t-il jour après jour à un Jugnot de plus en plus incrédule, il veut bien produire mon court métrage. »

Il leur faudra attendre 1973 et... les chutes vierges du tournage des *Valseuses* pour que le rêve se réalise enfin. Le scénario est adapté d'un sketch de *Je vais craquer* laissé pour compte dans un cahier. Une idée simple, mais un véritable exercice de style. Intitulé *Dégradation*, le sketch met en scène un type qui postule un emploi. Dans une salle d'attente surchauffée, il est seul et, peu à peu, à cause de la chaleur, d'un cendrier qui se renverse, de ses chaussettes qui le grattent, il va se déshabiller jusqu'à se retrouver nu, alors qu'à chaque instant la porte risque de s'ouvrir. Une histoire en or qui emballe Charles Nemès et Paul Claudon.

Gérard et Charles prennent la chose très à cœur. Ils écrivent, réécrivent, miment les scènes entre eux, décident que le film sera muet et que seuls une musique et des bruitages l'accompagneront. Puis, toujours très pros, ils préparent un plan de tournage qui, loin d'être celui de *Ben-Hur*, n'en est pas moins d'un grand sérieux. Un week-end de Pâques, les bureaux du père de Charles, administrateur d'une société vinicole, sont réquisitionnés ainsi que quelques copains. Paul Claudon tient le rôle du patron qui va recevoir le candidat. Le plombier qui fait monter la température n'est autre que Christian Clavier, et lorsque à la fin Jugnot sort dans la rue il croise un nouveau postulant en la personne de Michel Blanc. Six techniciens complètent l'équipe.

Jugnot semble jouer son va-tout dans ces douze minutes d'une étonnante maîtrise. La mécanique est bien huilée, et la « dégradation » de ce personnage est un moment grandiose. Gérard arrive donc en costume-cravate des plus corrects au moment où un plombier est en train de « pousser » à fond le chauffage. Il perd d'abord un bouton, tombe la veste, renverse un cendrier, tente de s'essuyer, retire chemise et pantalon, et, pour cela, ôte ses chaussures afin de délasser ses pieds douloureux et, en essayant de se rechausser, craque ses chaussettes...

« Il était hallucinant, reconnaît encore aujourd'hui Charles Nemès. Un vrai talent. C'était magnifique et, quoi que laisse supposer sa silhouette, Gérard est un des acteurs les plus à l'aise avec son corps que je connaisse. »

Pourtant, ce n'est pas ce qu'exprime Gérard à l'époque. « Nous sommes tous prisonniers de notre physique... autant Delon que moi », explique-t-il à *Paris-Match*. Seulement, cette allure de bonhomme proche du « beauf » cher à Cabu va bougrement le servir, Gérard. Il sera le premier des Splendid à travailler confortablement avec son physique de bougnat, de serveur ou de concierge, les utilités indispensables à la crédibilité d'une scène. Et si, entre 1970 et 1975, Thierry et Christian n'apparaissent que dans deux films, Jugnot et Blanc, les « vilains petits canards », tournent respectivement dans six films pour le premier et dans douze pour le second!

20

« Je me souviens que la première fois où le réalisateur Georges Lautner est venu nous voir, raconte Blanc, il a dit, parlant de Jugnot : “ Il faut tout de suite engager ce type, il est à mourir de rire ! ” » Ce qu'il fit à deux reprises dans ces années-là. Dans *Pas de problème*, il est le serrurier de SOS Dépannage ; et dans *On aura tout vu*, il joue un scénariste peu scrupuleux, à la botte de son producteur, l'extraordinaire Jean-Pierre Marielle. Il compose un personnage juste et d'un grand comique, avec un sourire à la fois pervers et cynique au coin de la moustache.

« J'ai compris rapidement qu'il n'y avait pas de critères, mais un emploi pour chacun, explique Michel Blanc. Je n'ai jamais eu d'angoisses par rapport au métier. Plus par rapport à mon physique. On ne monte pas sur scène en disant : Aimez-moi, regardez comme je suis beau. On a simplement envie de séduire son public avec nos armes. La preuve, c'est que Thierry, qui est loin d'être moche, avait les mêmes angoisses par rapport au métier. Je me suis débarrassé des complexes liés à mon physique il y a quelques années seulement ; alors que ceux que je pouvais avoir sur mon métier de comédien, c'est Tsilla Chelton qui les a gommés tout de suite. “ Toi, tu n'auras jamais de problèmes pour trouver du travail ”, me disait-elle souvent ! Et elle avait raison. J'avais simplement besoin de me restructurer. » Tout comme Jugnot qui, une fois son puzzle en place, devient sur scène le boute-en-train de la bande. « C'est lui qui faisait rire, affirme Michel Blanc. Moi, pas du tout ! » Ce qui le navre un peu. Car c'est un marrant, Blanc. Si son problème semble le même que celui de Gérard, il ne le vit pas de la même manière.

« Quand vous comprenez à seize ans que vous allez être

chauve à dix-huit, vous en faites quelques complexes. Et moi, j'ai un souvenir bien précis de la période du passage du Départ, l'époque où j'ai rejoint réellement le groupe. Si je ne faisais pas rire sur scène, c'est tout simplement parce que je n'avais pas compris qu'il fallait trouver son rôle. Je ne dis pas son personnage, car c'est trop restrictif, mais son rôle. Quand on jouait *Amours, coquillages et crustacés* (qui allait devenir *Les Bronzés*), je faisais hurler de rire avec mon personnage de Dusse... mais pas toujours. Tout comme Jugnot avec *Proverbe*, il y avait des soirs où ça marchait mieux que d'autres. Simplement parce qu'on changeait ces petits riens qui font que soudainement on est en adéquation avec ce qui fait rire chez chacun. On comprend soudain comment ça fonctionne. Quand on le met en pratique, ça marche à tous les coups! Bien avant de l'avoir compris, je voulais faire rire comme Jugnot... et par conséquent je composais un personnage inquiétant, baroque, pas drôle, car j'ai un physique pas rassurant. J'avais à vingt-deux ans un physique de trente ans... et depuis j'ai toujours le même. C'est un truc très malsain. Et puis, j'ai compris un jour que je pouvais faire rire avec les mots... plutôt qu'avec mon physique. Je m'en suis aperçu lorsque l'on a fait le sketch sur les photos de vacances. Là, mes remarques portaient autant que celles des autres. »

Mais c'est la découverte de Woody Allen dans *Prends l'oseille et tire-toi* qui va être déterminante pour Michel. Non seulement Woody le fait rire, mais, plus que cela, son humour, son physique, sa manière semblent établir un lien fraternel. « J'ai découvert comment se servir d'un certain physique et d'une certaine tournure d'esprit, cet humour basé sur la névrose et le verbe. Je me suis alors senti très proche de lui. C'est quelque chose qu'on a en commun, un rapport physique avec le monde, qui est celui d'êtres petits, plutôt fragiles. Et, d'un seul coup, je me suis dit : " Mais c'est cela que j'ai envie de faire, c'est exactement cela qui me fait rire. " Je me suis alors jeté sur tout ce qu'il écrivait, et inconsciemment cela a joué énormément. Le personnage de Dusse, dans *Amour, coquillages et crustacés*, je l'ai construit dans cet esprit, en me disant : " Quel est le comble pour un mec qui aurait ce physique-là, au Club Méd, un endroit où on va pour draguer? " Donc, quand ce mec drague, non seulement ça ne marche pas, mais en plus les filles ne le voient même pas! Voilà l'idée de base et puis, d'un seul coup, lorsque je suis monté sur scène, j'ai vu que je faisais rire autant que mes camarades. J'avais trouvé mon truc, je n'effaçais pas mon physique; au contraire, je l'utilisais le plus naturellement possible. »

A l'inverse de Gérard, les réalisateurs exploitent tout de suite son côté inquiétant. Polanski l'utilise dans son étrange *Locataire*, adapté d'un texte non moins étrange de Roland Topor; il est le mono ambigu en butte aux tracasseries du macho Dewaere dans la colonie de vacances de *La Meilleure Façon de marcher* de Claude Miller; ou l'un des collègues de bureau de Rochefort dans *Le Diable dans la boîte*, un pamphlet antitechnocrate (dans lequel Christian Clavier a d'ailleurs un petit rôle)...

Il faut dire qu'à cette époque la grande Margot Capelier, imprésario, « casting directrice » et dénicheuse de talents hors pair, s'est entichée des Splendid.

Chaque fois qu'elle peut en caser un ou plusieurs, elle ne s'en prive pas. « J'ai une pépinière de nouveaux visages, il faut absolument que tu m'en prennes un, ils sont épatants! » Il est rare qu'on lui refuse quelque chose. Ainsi, en plus de Michel, il y a dans *Le Locataire* de Polanski Josiane Balasko en copine de bureau! C'est grâce à Margot Capelier encore que Christian décrochera son premier grand rôle au cinéma : le cadre moyen, copain de Depardieu dans *Dites-lui que je l'aime* de Claude Miller.

Cette tête de cadre moyen, de carabin, d'enfant sage, c'est en partie le problème de Clavier, à l'époque. Il regretterait presque de ne pas avoir la « tronche » de Gérard ou de Michel. Il aime trop passionnément de Funès, ou des « gueules » comme Fernandel ou Bourvil. « Mon physique est en fait très quelconque. Je ne me voyais pas comme un jeune premier, je n'avais pas une gueule intéressante, ni une belle gueule comme Thierry. En fait, je ne me trouvais aucun atout! »

Chacun aurait voulu être l'autre. Classique. « J'étais moyen, ce qui me permettait aussi de représenter tout le monde; je pouvais être médecin, employé de bureau, cadre moyen... On cherchait tous nos emplois... mais moi j'étais un de ceux qui avaient le plus de mal à trouver! C'est une fois qu'on a eu trouvé notre emploi intérieur en adéquation avec notre physique que les choses ont marché. »

Clavier, lui, aura très vite ce mélange subtil, si proche des personnages de monsieur tout-le-monde de Feydeau et de pince-sans-rire chers à Courteline. De ceux qui cachent des trésors de rire et de subtilité comique sous un physique passe-partout. Les choses les plus banales, dites par lui le plus sérieusement du monde, deviennent irrésistibles. Un exercice difficile, périlleux, sur lequel il bâtira son personnage d'acteur. Empêtré dans le Taupin de *Papy...*, le médecin fat des *Bronzés* ou la Katia du *Père Noël...*, il trompe son monde d'entrée. Le maillon idéal entre un Lhermitte sobre, sans réel don comique mais avec un grand talent dramatique, et les irrésistibles Balasko, Blanc, Jugnot. Il est le pendant masculin de Chazel, elle aussi drôle à mourir... sous une apparence passe-partout. Un physique qu'elle n'accepte pas vraiment. Dur d'être... Splendid. Mais il y a l'envie. « Je n'ai jamais eu aucun doute quant à mes ambitions de comédienne. Et lorsque j'ai été obligée de faire des petits boulots comme secrétaire, vendeuse de sandwichs, aide soignante pour vieilles dames et même femme de ménage, je n'ai jamais perdu de vue que mon métier c'était comédienne. A partir de quinze ans, j'ai toujours subvenu à mes besoins, sans jamais chercher à apprendre un autre métier, car je savais confusément qu'au bout du tunnel c'était ça qui m'attendait : la scène. Mais cela me posait un vrai problème, tant psychologique que familial. Alors, comme je savais que ma vie était là, je n'envisageais rien d'autre. » Marie-Anne n'est pas une passive, elle guette simplement l'opportunité, la seule proposition qui l'intéresse.

« Je suis rentrée par la petite porte; ils m'ont demandé de les dépanner, de m'occuper de la régie... Je pouvais pas refuser. »

C'est en voyant Christine Dejoux sur scène dans la première mouture de *Ginette Lacaze*, de Coluche, que Marie-Anne sent qu'elle devra un jour ou l'autre en passer par là. « Je ne pouvais pas m'en sortir autrement. C'était vital. J'étais mal dans ma peau, je trimbalais ma tronche et mon corps comme un boulet. J'étais très introvertie, et si peu femme dans une époque qui, de plus, ne poussait pas à la féminité! La mode était aux Clarks, aux jeans mille-raies beiges ou marron et au shetland! Va repérer la jeune femme là-dessous! Et le fait d'aborder la scène par la comédie m'a permis de ne pas être obligée de jouer la jeune première. Faire du comique me permettait d'occulter tout ce que je n'aimais pas en moi. Je me disais : " Fais rire, ma vieille. Je ne sais pas si tu y arriveras, mais au moins on ne te parlera pas de ta séduction. " Je ne me positionnais pas sur le créneau Adjani. De plus, à moins d'être hypersexy, comment vouliez-vous exister face à trois types drôles, talentueux et soudés comme les doigts de la main? »

Les années Lombards

21

« Vous pouvez chercher dans tout le quartier, l'affaire ne se fera pas sans moi. » Le ton est péremptoire et condescendant. Monsieur Jo les toise d'un air amusé. Quoi, des hippies au pays des « hommes »! Michel, Thierry et Gérard sont un peu estomaqués. « Où a-t-on foutu les pieds? »

Au coin de la rue Nicolas-Flamel et de la rue des Lombards se trouve le bistrot d'un Auvergnat plus vrai que nature. Une véritable publicité pour la région du Cantal à lui seul. Son patronyme s'affiche en lettres peintes sur la porte : Taraire. Il règne là, sur sa moitié vissée derrière la caisse, ses casiers de pinard et son perco en inox. Ses clients? Surtout des putes, et de moins en moins de maraîchers et de bouchers depuis que les Halles ont émigré à Rungis. Ces habitants traditionnels du quartier n'ont pas encore été remplacés par la faune de touristes, de mangeurs de burgers ou de marchands de fringues qui peuplent l'endroit aujourd'hui. Le « Forum » n'cst qu'un trou sablonneux dans lequel Marco Fcrrcri a tourné son western *Touche pas à la femme blanche*, les voitures ont déserté le plateau Beaubourg, et sur l'ancien emplacement du plus grand parking public et gratuit de Paris commence à s'élever une drôle de cathédrale faite de tubes, de poutrelles et de Plexi. Aux alentours, tout est en piteux état. Des entrepôts laissés vacants par le départ des Halles, des boutiques murées, un quartier en pleine mutation qui se dépouille peu à peu de ses habitudes séculaires. Les troupes de café-théâtre vont y trouver refuge... comme elles l'ont fait quelques années auparavant à Montparnasse. Mais elles ne sont pas les seules à flairer l'aubaine, d'autres envahissent l'endroit : les punks aussi débarquent! Leurs cadets – tout juste une demi-génération d'écart –, comme eux furent les petits frères des contestataires de Mai. Le café-théâtre les ignore... mais partage son territoire. Les Halles vont donc, ces années-là, draguer l'avant-garde dans tous les domaines. Comme les troupes du café-théâtre fréquentent Taraire, un autre Auvergnat qui tient comptoir au Royal Mondétour va devenir le quartier général de la punkitude parisiennc. Là, à deux pas de chez eux! Chez Taraire, on refait le monde; au Royal Mondétour, il est conspué par une tribu vêtue de Skaï noir, coiffée de crêtes multicolores et qui combat la société à coups d'épingle de nourrice...

Le Splendid est bien entouré : librairies parallèles, magasins de disques alternatifs et boutiques de fringues pour la « no generation ». La musique est soudain aux mains de groupes confusément braillards qui ont fait glisser un rock policé vers des sons déchirants révélateurs d'une époque d'errance. La crise a généré un autre état d'esprit : « Ils sont les pionniers d'un autre âge d'or », écrit un critique de l'époque. Parmi ces « pionniers », un groupe : Les Frenchie's – pâle réplique des outrageux New York Dolls –, dont le chanteur, un certain Martin Dune, reprendra vite son véritable patronyme pour se lancer dans le cinéma : Jean-Marie Poiré! Hormis cette passerelle inattendue, les deux mondes s'ignorent, et jamais le café-théâtre ne sera touché par la vague punk. « A des années d'expansion, d'ouverture, d'espoir, à des aspirations révolutionnaires qui se sont heurtées à l'impossibilité de changement radical de la société succède une période de reflux. Des années froides, qui se referment sur des valeurs plus traditionnelles, immuables donc sécurisantes. Loin de toute utopie », écrivent avec justesse Alexis Bernier et François Buot [1]. La punkitude veut voir le présent en noir; le café-théâtre, en rire et dérision...

Monsieur Jo, un brin proxo, un tantinet magouilleur, a été clair : rien ne se fera sans lui... Ils vont donc faire avec lui. Quand on a tout juste vingt ans, de l'enthousiasme et de la bonne volonté à revendre, ce n'est pas ça qui vous arrête.

Après le déménagement du Café de la Gare, qui a précédé celui du Vrai Chic et du Lucernaire, les Splendid se sont mis dare-dare en quête d'un nouveau local. Avec l'inconscience de la jeunesse, ils partent en chasse avec une très vague idée

1. *L'Esprit des seventies*, Grasset, 1994.

de ce que sont les emprunts, garanties, hypothèques et autres tracasseries dressés sur le chemin des candidats aux baux commerciaux. Ce local, ils l'imaginent au cours d'interminables discussions. Plus grand, avec une caisse à l'entrée, des chiottes aussi, des loges, des vraies, tout comme un local pour la régie... « Pourquoi pas un balcon? » Michel Blanc, le moins enthousiaste, freine un peu leur ardeur.

Le quartier des anciennes Halles s'impose naturellement. Peut-être aussi pour se rapprocher un peu de leur famille germaine du Café de la Gare, pour se sentir moins seul à l'aube de cette nouvelle aventure.

Monsieur Jo prend donc les choses en main. Il leur recommande deux « cafés » : l'un rue Nicolas-Flamel, proche du sien; l'autre, Le Pied de Biche, derrière Le Café de la Gare, avec une première salle donnant sur la rue et une autre derrière, immense, très haute de plafond. Presque l'idéal. Mais Jo se fait tirer l'oreille : « Attendez, il faut que je voie, que je demande à ma femme... » Les choses traînent.

« Ça sentait de plus en plus mauvais, explique Michel. On se demandait s'il prenait sa commission au passage, ou bien s'il blanchissait de l'argent, ou encore s'il investissait le fric de ses putes. Finalement, il nous a annoncé que ça ne l'intéressait pas de nous louer ce local, mais qu'il en avait un autre au 10 rue des Lombards, juste en face du troquet des Taraire! »

Un beau matin de septembre 1975, ils pénètrent pour la première fois dans ce qui va devenir leur théâtre pour les cinq années à venir : une mûrisserie de bananes abandonnée depuis des lustres.

« C'était un local tout en longueur, complètement pourri, avec une verrière cassée. Il pleuvait à l'intérieur, il n'y avait ni eau ni électricité... J'ai trouvé cela formidable! » se souvient Marie-Anne.

Leur hésitation sera de courte durée : ils en rêvent tellement, de leur théâtre à eux, que l'affaire se conclut carrément sur le zinc de Taraire. Quand l'un d'eux pose la question vacharde : « Mais qui est le proprio du local? », Jo devient un peu blême, se perd en explications vaseuses avant de lâcher : « C'est une société d'épicerie fine, installée rue de Washington, dont le P-DG est un certain M. Papillon. »

« Le père de Gérard ! » s'écrient-ils en chœur. Gérard, l'ami de Pasteur, qui s'est tué bêtement à moto à dix-huit ans. L'ami toujours regretté qui resurgit brusquement dans leur vie. Ah, si Gérard était là... Son père, en revanche, l'est toujours. Vaillant. Enthousiasmé par le projet, le sérieux et l'entrain de la bande, il consent un bail avec un loyer si faible que l'affaire devient possible, viable.

Mais c'est aussi un long chemin de croix, qui commence par la création d'une SARL et la recherche de trois cent mille francs, un véritable pactole pour l'époque. Très vite, une fois les actes signés, ils se rendent compte du travail colossal qui les attend. Heureusement, l'inconscient Thierry a assez de force de persuasion pour entraîner les autres. Leur ardeur juvénile a tout du scoutisme, et Thierry s'étonne encore aujourd'hui qu'on trouve leur attitude courageuse. « Nous n'étions pas des fainéants... mais je m'en rends compte seulement maintenant, quand je vois le manque de vitalité des gens qui ont l'âge que nous avions à l'époque, c'est-à-dire à peine vingt ans ! Nous, nous avions une pêche énorme, et le local des Lombards aurait pu être encore plus délabré que ça n'aurait rien changé ! »

Michel hésite un peu. « Si je l'avais visité seul, je serais revenu voir les autres en leur disant de laisser tomber. Mais Thierry avait un don extraordinaire pour passer outre les problèmes, et c'est lui qui nous a poussés à le prendre. »

Une fois « chez eux », ils commencent à déchanter à la pensée du long chantier qui les attend. Neuf mois, très exactement ! Une véritable gestation, faite de fous rires, d'angoisses, d'amitié et de rêves, pendant laquelle ils vont vraiment prendre conscience de la valeur du lieu qu'ils sont en train de créer. Neuf mois avant de revenir à l'affiche... En attendant, ils cassent murs et cloisons. Dur, pour d'anciens élèves de français, philo et histoire de l'art. Les mains de concertiste de Michel et celles de Marie-Anne vont s'endurcir... Ce n'est plus du bricolage ! Jugnot, le moins dépaysé, sera d'un grand secours en apportant deux choses : son sens inné du travail manuel et l'aide de son père, enfin rallié à leur cause. Et il ne sera pas le seul...

Trois cent mille francs ! Après concertation et devis, il faut se rendre à l'évidence : c'est la somme dont ils ont besoin pour les travaux! Trois cent mille francs! Eux qui n'ont pas un sou! Qu'à cela ne tienne, les Splendid vont prendre leur bâton de pèlerin et aller frapper aux portes des banques – qui vont rire de leur audace – avant de faire le tour des familles et des copains. Comme « au bon vieux temps » du Départ. A la différence près que le succès de leur première entreprise leur a donné un sacré crédit. Coluche, Miou-Miou, Patrick Dewaere et Jean Rochefort (qui vient de tourner avec Coluche *Les vécés étaient fermés de l'intérieur*) répondront tous présents sans hésiter. Le rappel des troupes sera juteux. Ils trouveront sans peine des investisseurs, qui seront tous remboursés moins d'un an après l'ouverture... sauf Dewaere et Coluche, qui refuseront.

En remerciement, tous auront droit à leur portrait dans une gigantesque fresque peinte sur le mur du fond de la salle par un copain d'alors, Louis Durand. Une fresque qui répond à une autre, peinte sur la devanture et représentant une file d'attente.

Malgré leur incompétence, les travaux se font avec rigueur et bonne volonté. Ce qui aurait vite pu se transformer en une partie de fous rires et de rigolade devient, au fil des mois, une véritable entreprise qu'ils gèrent avec le plus grand sérieux. « Nous avons toujours été comme ça », clament Christian et Thierry. Et ce sérieux leur ouvrira des portes, viendra à bout des pires réticences... Les architectes consultés, les entreprises qui feront le gros œuvre, les parents et amis seront rapidement à leurs côtés. En particulier le père de Jugnot et ses plombiers. Quand il nous voyait dans ce merdier, les filles en sueur qui tapaient avec leur marteau, il ne pouvait s'empêcher de nous aider, explique Gérard, tout en nous répétant : " Vous êtes fous, ça ne marchera jamais. " Mais je ne m'en formalisais pas, il a toujours été pessimiste. »

Leurs journées au chantier se suivent et se ressemblent. Ils se retrouvent à 9 heures chez Taraire pour le café du matin. Arrêt à midi pour le déjeuner chez... Taraire! Puis reprise jusqu'à 18 heures, avant de se retrouver chez... Taraire. Le bistrot n'a rien d'extraordinaire, mais il est juste en face. Dans un reportage fait par la télévision pendant ces heures de gloire, on aperçoit M. Taraire trônant derrière son zinc, bedonnant et moustachu, avec sa voix de stentor qui roule les « r ».

Marie-Anne l'évoque encore avec un brin de terreur : « C'était l'archétype du Français d'avant-guerre. L'Auvergnat rapiat, mais aussi capable de chaleur et de bienveillance : " Allez, les jeunes, je vous paie le café. " » C'était un habile tenancier. Je me demande même s'il n'avait pas des chambres à putes au-dessus de son troquet. Moi, je ne m'en rendais pas compte. J'étais heureuse de faire les travaux, heureuse d'être dans une troupe avec mon mec. » Christian, plus concis, définit ainsi le personnage : « C'était un beauf, un vrai ! »

Difficile d'imaginer les rapports entre les bistrotiers auvergnats et l'épicurien Michel Blanc. Et pourtant... « On sentait bien qu'elle avait le cœur dans son tiroir-caisse. Lui était plus vieux qu'elle, plus fou aussi. Il avait deux plaisirs dans la vie : refiler du tabac à priser à ceux qui n'en avaient pas l'habitude, puis rire lorsqu'ils s'effondraient en hoquetant sur son comptoir ; et l'autre était de broyer les mains qu'on lui tendait. Il était énorme et avait une force monstrueuse. On lui hurlait : " Arrêtez, vous me faites mal ! " et lui répondait simplement : " Comment tou va che matin, petit ? " Et il se marrait. Un vrai con ! »

Une seule chose compte alors pour eux : les travaux. « Nous étions des vrais stakhanovistes, se souvient Michel. J'étais très malheureux, car, si Jugnot adore bricoler, moi je hais cela, je crois que c'est ce que je déteste le plus. » Pourtant, personne ne rechigne à l'ouvrage. Les filles font du marteau piqueur, les garçons de la maçonnerie et de la plomberie. Christian, de l'avis général, semble le moins doué : il n'a aucun sens pratique et ignore les lois les plus élémentaires de la physique. Un détail les fait rire encore aujourd'hui : cette trappe fixée avec une seule charnière qui s'obstinait à retomber de travers dès son ouverture et qu'on arrachait à la seconde manipulation. « J'étais nullissime... mais quels fous rires on a piqués. Quelles crises de nerfs, aussi ! Ces travaux ont été si pénibles et si angoissants pour moi que je me suis même collé une crise d'appendicite ! » Ce qu'aujourd'hui Gérard explique d'un perfide : « Je crois surtout que Christian avait pigé que lorsqu'on était malade on n'avait pas le devoir de se faire remplacer, ce qui n'était pas le cas lorsqu'on partait quelques jours pour un tournage ou une pub. » Quant à Thierry, enfin, véritable ordonnateur des « gros travaux », il n'hésite pas à se lancer dans les entreprises les plus audacieuses. « S'il y avait une montagne à déplacer, il trouvait le moyen de le faire, affirme Michel, et nous on suivait. Je me souviens du mur que l'on a tous joyeusement abattu sous sa direction alors qu'il suffisait de le contourner; ou encore de celui qui est tombé tout seul parce qu'on ignorait l'existence des étais! » Rien ne semble pouvoir les arrêter! Des poteaux qui servent à soutenir les étages de l'immeuble « encombrent » la salle? Aux yeux de Thierry, une seule solution : « Il faut les virer! » « Tout va s'écrouler », prévient affolé Jugnot père. Qu'importe, une entreprise consultée posera des fers IPN qui traversent la salle d'un mur à l'autre, et on se débarrassera des poteaux!

L'entreprise renforce le sentiment d'appartenance à la troupe. Ils s'habillent d'une manière identique, ne se quittent guère que pour aller se coucher. « Et quelquefois, il nous est arrivé de tout partager... même certaines fiancées, ajoute Michel, que nous nous refilions, Thierry, Gérard et moi. » La seule à ne pas apprécier les frasques de Thierry, c'est Valérie. Le couple « magique » ne fonctionne plus. Valérie supporte de moins en moins les infidélités d'un Thierry... jaloux par ailleurs dès qu'elle s'éloigne. Il y a de l'eau dans le gaz, due aussi au stress des travaux et à l'incertitude des lendemains. Voilà plusieurs longs mois qu'ils ne travaillent plus. A leur vrai métier, du moins. Ils passent par des moments de profond découragement alimentés par les escapades de ceux qui s'échappent quelques jours pour tourner des petits rôles dans des films ou des pubs.

« Lorsque l'un de nous partait tourner à l'extérieur, comme moi pour *La Meilleure Façon de marcher* ou *Je t'aime moi non plus*, explique Michel, il devait trouver un remplaçant et le payer sur son cachet. Je me souviens qu'à l'époque nous touchions plus de mille francs par jour, et nous en reversions trois cents à celui qui nous remplaçait. » Michel ne sera pas le seul dans ce cas : Christian s'absentera pour le film de Lauzier *Je vais craquer*. Dès que l'un part, le groupe se sent comme amputé.

C'est le moment où Thierry décide de se séparer de Valérie. Départ douloureux, bien que la troupe y gagne Josiane... et donc Bruno Moynot, son compagnon à l'époque, qui se révèle très vite un sacré plâtrier. Une de perdue... deux de gagnés.

La proposition faite à Josiane va de soi. Ils évoluent dans la même galaxie et l'ont repérée depuis longtemps. Même esprit, même ton; mais ce qu'ils ignorent, c'est que l'énergique Josiane a une certaine idée de la liberté. Se laisser enfermer dans la cage même dorée d'une troupe montante n'est pas son truc. Il leur faudra trouver une astuce pour convaincre la drôle Josy qui n'est pas née de la dernière pluie... Avant le Splendid, elle a vécu.

22

Ba-las-ko-vic! En croate, il y a un accent sur le « c » pour faire « Balaskovitch »! La dernière syllabe, Ivan Balaskovitch l'oublie à son arrivée en France. Pas par honte de ses origines mais par pragmatisme, pour éviter le « Balasko quoi? » toujours un peu vexant. Qu'importe, pour ses collègues de service il sera toujours soit Balasko, soit « le Yougo ». On dit le Yougo comme on dirait l'Auverpince ou le Parigot. Ivan est un beau gaillard originaire d'Osjek, ville quasiment inconnue de nos manuels de géo... Car, dans les années 30, la Yougoslavie, c'est parfaitement exotique, ça traîne encore des relents de balkanisme mâtinés d'aventures de Tintin... Presque l'Orient mystérieux, et sûrement pas l'Europe. On a, par là, assassiné l'archiduc, et il y a bien encore dans les montagnes mystérieuses des royaumes qui font rêver : Macédoine, Monténégro, Dalmatie... des hommes au spleen tout slave et des paysans en chéchia d'astrakan. « Épouser un Yougoslave dans les années 30, reconnaît Josiane, c'était, comme dans le sketch de Muriel Robin, présenter un Noir à ses parents aujourd'hui. »

Une qui va succomber au charme slave du bel Ivan, c'est Fernande Gattechaud, née à Nice de parents venus de Manosque. Fernande est la fille des propriétaires du restaurant où Ivan est employé comme homme à tout faire. La fille du patron! C'est de l'ascension sociale. Le bonheur et l'amour en plus. La timbale! La vie est belle, et très vite des rêves de midinette peuplent les longues soirées des jeunes époux Balaskovic. Son rêve à lui : devenir patron. Pas question de songer à la grande brasserie avec serveurs, trop tôt pour reprendre le fonds familial; mais un petit troquet, avec quelques tables, un zinc et des habitués, c'est déjà un début.

Paris semble tout indiqué. Les Balasko y débarquent, un mince pécule en poche. D'abord représentants en bijoux, ils ont une autre envie de bonheur. Et leur idée du bonheur est une minuscule salle à côté des usines Citroën, à Saint-Ouen, un petit troquet qui « fait le jus » de l'ouvrier endormi le matin aux aurores et l'apéro le midi. Fernande brique, Ivan sert et plaisante. Encastré dans la façade de plâtre d'un immeuble fatigué, le troquet du Yougo, si petit soit-il – quatre tables et un comptoir pour cinq clients –, a nécessité un endettement que le jeune couple éponge en ratissant les ouvriers du petit matin au soir tard. Très vite, les quatre tables « font » aussi restaurant. C'est là, dans ce décor à faire pleurer Piaf, qu'un premier enfant joue et qu'un second – une seconde, plus exactement – arrive. Le fonds de commerce ne suffit plus. Ivan et Fernande visent un autre débit, dans Paris cette fois-ci, un vrai bistrot situé entre les deux gares : celle du Nord et celle de l'Est. « Tu vas voir, il y a du passage », plaide Fernande. Ça suffit à briser les dernières réticences d'Ivan, qui se plaisait bien entre son usine et ses habitués.

A la gare de l'Est, il y a d'autres habitués. Finis le bleu et les mains noires de cambouis, ce sont des fonctionnaires. Socialement, le grade au-dessus. La rue d'Alsace longe les voies de la gare de l'Est et s'enorgueillit du tri postal dont les bureaux font face au bistrot. Une oasis. Forcément, le troquet s'appelle le Café de la Poste, comme pour mieux inviter les dignes héritiers des pionniers de l'Aéropostale à venir y dépenser quelques sous. C'est un vrai troquet, de ceux qui se font de plus en plus rares. On y déjeune d'un plat du jour et, le soir, les habitués ont leur table, leur rond de serviette et leur bouteille de rouge marquée à leur nom sur l'étiquette : Mimile, Paulo, M. Fernand. On y prend le jus du matin comme celui du soir. La Poste, ça ne s'arrête pas, les gares non plus. Trieurs, ambulants, chauffeurs, retraités et putes, le quartier est ouvert toute la nuit... Les Balasko tentent de suivre. Les journées font quinze heures et les nuits sont brèves. Fernande s'est endettée plus que de raison pour « avoir son affaire », et Ivan ne se révèle pas vraiment un foudre du perco. Il aime rigoler, taper un 4-21 et faire un petit tour...

Au 13, rue Bleue, dans le 9ᵉ, il y a un immeuble cossu que rien ne distingue des autres. Les étages du bas sont réservés aux bourgeois ; les combles, les « chambres de bonne », au lumpenproletariat. Les Balasko en occupent trois. L'une cumule les fonctions de cuisine-salle à manger-chambre des enfants. L'autre est celle des parents, et la dernière est le refuge des derniers jours de la grand-mère.

« A l'époque, il n'y avait pas de ghetto, explique Josiane, les gens pauvres habitaient au dernier étage sous les toits, les gens riches au deuxième, le commerçant et le tailleur au premier. Il y avait l'eau sur le palier, les gens se connaissaient. Aujourd'hui, je serais née à Vaulx-en-Velin ou aux " 4 000 ", et je ne pourrais pas m'en sortir. Dans un même immeuble vivaient des gens beaucoup plus riches que toi et tu les côtoyais. Ton rêve, c'était de descendre un jour de quelques étages... J'ai eu la chance de naître pauvre à une époque où l'on pouvait encore s'en sortir. »

La pauvreté alors n'était pas tout à fait une honte, c'était une position sociale.

Fernande a laissé les commandes à Ivan le temps de finir sa maternité. Tout juste le temps. Elle naît là le 15 avril 1952, petite fille boulotte et toute rouge. On la prénomme Josiane, c'est pas prétentieux et plutôt gai. Printanier et populaire. La vie reprend avec cette puce qui ouvre grands les yeux en écoutant les platitudes que débitent à longueur de cuite les habitués, les commentaires de l'actualité et les « Si c'était moi... » de ceux qui refont le monde au fond de leur " ballon de côtes ". Josiane, devenue très vite Josy, apprend la vie, la différence entre les hommes et les femmes, et voit son époque défiler à travers le filtre des consommateurs du Café de la Poste. Elle joue au baby-foot et traîne les pieds chaque jour que Dieu fait – sauf le jeudi et le dimanche – pour aller à la communale du quartier, puis à Lamartine. Mais la vraie joie, le monde qui réchauffe le cœur et la vie, c'est le bistrot, le baby, le flipper avec son marin qui porte sur ses bras tatoués des créatures en maillot de bain lumineux, et la faune de postiers pressés et d'esseulés sans but.

« Tout ça rentre dans les oreilles et forcément ressort un jour. Ma pièce *Bunny's Bar* s'est énormément nourrie de cette période. Un bistrot, c'est comme une scène. Des gens poussent la porte, en faisant de vraies entrées de théâtre saluées d'un " Salut Marcel ! " attendu. C'est le moment où ils vont vivre, exister, raconter ce qui leur est arrivé, et trouver là une oreille, un public. Finalement, chaque client est un acteur. »

Si le baby, les copines et les affreux du bistrot suffisent à faire le bonheur de Josiane, il est un autre bonheur qu'elle doit à son père : la découverte du cinéma. Ivan adore les westerns et les péplums. Il y entraîne ses enfants, Josiane surtout – le garçon est déjà grand, de dix-sept ans l'aîné de sa sœur –, laissant aux « femmes » les *Sissi impératrice* et les romances au goût de violette. C'est une vraie révélation, et Josy attend toujours avec impatience ces sorties sur les grands boulevards ou à Barbès tout proche... Un jour, le rideau retombe. En 1966, le « crabe », le cancer du fumeur, emporte Ivan. Le petit appartement qu'ils occupent alors au-dessus du bistrot est soudainement bien grand...

La vie reprend son cours. Le grand frère parti, le lambeau de famille émigre en 1967 dans l'Oise, près de Chantilly, où Fernande et sa mère ont repris une « auberge ». Le mot est un brin prétentieux : un café-restaurant, tout au plus. La mère débordée laisse vagabonder une Josiane un peu ronde, rêveuse, nulle en presque tout dès qu'il s'agit des études – « sauf le français », déclare-t-elle fièrement –, mais dont l'esprit carbure à tout-va. Josiane ne se plaît pas du tout dans cette nouvelle vie. L'animation du quartier des deux gares, les postiers, les boutiques ouvertes tard le soir lui manquent. Paris commençait justement à l'intéresser, à cet âge où l'on pousse les frontières de son enfance... Ma rue a un au-delà... Et puis, ils font chier, les petits fafs du lycée de Chantilly qui lui font remarquer, avec la prétention des gosses qui n'ont que leur origine pour fortune : « Encore une qui porte un nom bien français ! » Elle est plus agacée que malheureuse. Elle décide à son tour de laisser tomber la dernière syllabe. « J'avais l'impression de porter un nom de footballeur yougoslave ! » Elle se réfugie dans ses rêves, qu'elle transcrit sur des feuilles. Il s'en passe des choses, sous sa tignasse auburn. Le dessin la tente. Fernande regarde d'un œil énamouré les essais graphiques de sa fille. « Elle a toujours été persuadée que mon frère et moi étions des génies, que nous n'étions pas comme les autres... »

Puisqu'elle semble douée pour le crayon et qu'elle sait que la fac ne sera jamais pour elle, Josiane arrive à persuader sa mère que le bac, ma foi, on peut faire sans et qu'un bon métier vaut mieux que des études ratées. 68 aidant, elle quitte sans remords et sans culpabilité la voie qui mène aux grandes écoles, et s'inscrit au cours Péninghen, à Paris, dans une classe de prépa aux Arts-Déco. Quatre heures de train par jour pour un enseignement qui l'excite un peu plus que les matières classiques.

« Je pensais pas, comme ma mère, que j'étais assez douée pour faire une grande carrière de peintre au sens noble du terme; j'avais un bon coup de crayon, mais pas assez pour sortir du lot. Je m'en suis très vite rendu compte. En revanche, je pensais m'orienter vers la décoration. Ce cours devait permettre de me dégrossir pour entrer ensuite sans problème aux Arts-Déco... Mais je n'ai pu passer l'examen parce que je n'avais pas mon bac. » Retour à la case départ? Pas tout à fait. Josiane a toujours mis en application la sage maxime « Aide-toi, le ciel t'aidera ». Rien ne la résume mieux. Un caractère qui la pousse à se prendre toujours en main, à refuser les structures établies, les cadres rigides et les assistanats. On ne va sûrement pas venir la chercher... C'est à elle d'aller au charbon!

Son trajet quotidien a au moins le mérite de lui laisser du temps pour la lecture. L'omnibus Chantilly-Paris devient un rendez-vous attendu où elle dévore les bouquins de science-fiction. Elle part le matin pour s'embarquer à bord de l'astronef du capitaine Zandorf et rentre le soir chez Fernande avec Elric le Nécromancien. Josiane oublie sa banlieue en lisant, en gribouillant aussi des paysages intergalactiques et en griffonnant des histoires bizarres qui se passent à des années-lumière de l'« auberge » maternelle.

Cette fin des années 70 est la grande époque des fanzines sur la SF. Lovecraft, Asimov, Van Vogt ou leur précurseur Wells correspondent bien au goût du temps. La BD alors triomphante et le cinéma remettent le genre à l'honneur. On redécouvre tout un art trop longtemps considéré comme mineur et célébré par une horde de chevelus rêveurs qui fréquentent Le Champo ou La Boîte à Films. *Planète interdite, Le jour où la Terre s'arrêta, Des monstres attaquent la ville* et *La Guerre des mondes* placardent le graphisme racoleur de leurs affiches au fronton de minuscules salles surpeuplées. Côté kiosques, *Alerte, Anticipation, Fiction* et surtout *Galaxie* reflètent eux aussi l'engouement pour le bizarroïde. « Allons-y, on verra bien ! » Avec la force et la détermination que donne l'inconscience, Josiane, son carton à dessins sous le bras, va frapper à la rédaction de *Fiction*. La revue arrive tout juste à survivre ; une minuscule structure, qui se contente surtout de traduire des nouvelles américaines et fait chichement vivre un micro-aréopage d'écrivains. Josiane y rencontre d'abord un certain Daniel Riche puis François Landon – aujourd'hui grand reporter à *L'Événement du jeudi* –, un type à peine plus âgé qu'elle, qui la reçoit sérieux comme un androïde papal. Il y a là aussi Joël Houssin, qui deviendra (beaucoup) plus tard son coscénariste. D'emblée, ils sont sur la même orbite, mais le travail un peu amateur de Josiane ne semble pas encore à la portée de la « grande presse », et l'équipe la dirige gentiment sur un « zine » mystérieusement baptisé *Nyarlathotep*, une vingtaine de pages ronéotypées qui a emprunté son nom au dieu du néant de Lovecraft. On est entre spécialistes. La franc-maçonnerie de l'astéroïde. La signature « Balaskovic » apparaît bientôt à la fin de certains textes et en bas des dessins un peu naïfs de cette très confidentielle publication.

Le tournant, la chance, voire le signe du destin vont se manifester en la personne d'une copine de lycée que Josiane croise un jour entre « rédaction » et troquet. « Comment ça va ? Qu'est-ce que tu deviens ? – Moi rien, et toi ? – Je prends des cours d'art dramatique chez Balachova, passe un jour nous voir... » L'idée fait son petit bonhomme de chemin. De la déco au décor de théâtre, il n'y a qu'un minuscule pas, et Josiane se dit qu'elle pourrait peut-être le franchir en allant y traîner. « Sans me douter de rien, je me suis donc pointée au cours, avec toujours mon carton à dessins sous le bras. »

23

« Chérîîî, la façon dont tu joues, on dirait une mouche sur un compôôôtier de Saxe! »

La voix à l'accent russe un peu traînant, le visage émacié sous une abondante chevelure d'un magnifique blanc argenté, l'œil vif et perçant... et une allure de reine, « la » Balachova mène son cours à la baguette. Une baguette magique qui forme des comédiens hors pair. Tania Balachova n'aime pas qu'on la contredise, et elle ne supporte même pas de voir les premiers essais de ses « futurs » élèves. Cette partie de son enseignement est le domaine de Véra Gregh – son assistante, mais aussi et surtout la confidente, la sœur, la mère, la nounou –, qui fait le tampon entre les novices qu'elle a charge de dégrossir et « la » Balachova. C'est donc dans cette ambiance très studieuse qu'apparaît, un beau jour, un carton à dessins suivi de rondeurs surmontées de lunettes... Josiane!

Ce carton lui donne, en plus d'un air bohème, une contenance qui la distingue aussitôt. Alors que tout le monde vient là les mains dans les poches, ou avec, à la rigueur, un petit classique Larousse pour se remettre en bouche un texte, Josy détonne...

« Qu'est-ce que vous faîîîtes là, ma fîîîlle? hurle Balachova.

– Je veux faire des décors de théâtre...

– C'est un côôôurs, ici, pour devenir comédîîîenne! » La grande dame est agacée.

« Est-ce que je peux rester quand même?

– Voyez Vérâââ! »

Josiane paie les deux premiers mois et observe. Elle n'a pas grand-chose d'autre à faire. Jouer? Elle n'y a jamais songé. Elle sent qu'elle pourrait tenir un rôle de serveuse, jouer les utilités tout au plus. Les amoureuses? Un peu exclu. Elle n'y pense pas vraiment, du reste. Elle découvre, les yeux ronds d'étonnement, ce monde nouveau. Devenue très vite une habituée, elle donne de temps en temps la réplique. Pour dépanner plus que pour apprendre. Balachova comprend rapidement que la petite banlieusarde n'a pas un sou en poche, et Josiane est admise à « regarder » sans payer. Balachova a des gestes de reine... Pendant six mois, elle se laisse doucement bercer en observant ceux qui se préparent au dur métier des planches. Venir là tous les jours devient un but, presque un statut, le reste passe dans de vagues cours de dessin qui lui assurent un semblant de protection sociale via le CROUS. C'est du reste cet organisme qui lui a déniché une chambre chez des gens assez chics, en échange d'un vague baby-sitting. Les cent francs hebdomadaires qu'elle reçoit de Fernande et du bistrot de Chantilly servent tout juste à boucler son maigre budget.

Les cours de Balachova ont cela de bon, aussi : ils donnent une certaine idée de la fraternité. Sans but réel, sans véritable intention de devenir comédienne, Josiane découvre là une vraie chaleur, des copains que l'on retrouve, des gens qui font une place dans leur vie à la boulotte marrante qui se sort toujours des situations embarrassantes par un bon mot, une pirouette, une désinvolture à la fois crâne et touchante. Josiane sait qu'en société elle peut briller autrement. Sa gentillesse, faite à part égale de naïveté et d'un besoin maladif de plaire et d'être acceptée, la rend attachante. Elle est rapidement du paysage. Indispensable au troquet, recherchée pour donner la réplique, incontournable dans toute soirée digne de ce nom. Elle se fait des potes, dont Martin Lamotte, lui aussi chez Balachova avec Christine Dejoux, sa copine de cœur rencontrée là. Déjà un début de famille, pour elle la solitaire.

Ça colle tout de suite entre Josy et Martin. Martin est un drôle, malgré un caractère un peu difficile; et ses magnifiques bacchantes à la Dali ravissent Josiane. « C'était un type marrant comme tout, totalement fou, qui habitait encore chez ses parents dans le 16ᵉ et qui avait comme moi une autre idée du théâtre... Pas vraiment celle qu'on apprenait chez Balachova. » Martin et Josiane ont également en commun le dessin. Martin, lui aussi, après le bac se destinait à la déco et avait pensé se spécialiser dans le décor de théâtre. A la différence de Josiane, il est presque un pro puisqu'il a déjà eu des ateliers – dont celui, souvenons-nous, où la Troupe de la Turlutte a fait sa connaissance.

Entêté, Martin a décidé de laisser tomber la déco pour le théâtre. Il a une première fois, en 68, essayé de forcer la porte de Balachova. La Russe l'a sèchement remercié. Il n'a pas désarmé, et a fini par être accepté peu de temps avant l'arrivée de Josiane.

« Le même humour nous a rapprochés, explique Martin. Ce petit bout de femme me touchait, elle était – elle l'est toujours, s'empresse-t-il d'ajouter – irrésistible. »

L'un comme l'autre ne sont guère emballés par les auteurs étudiés chez la Russe, tout comme une autre élève : Dominique Lavanant. A eux trois, ils forment un premier noyau qui ne demande qu'à grossir. Josiane se rappelle les crises de rire dans le fond, la place des cancres... « On improvisait sur *Ruy Blas* : " Ôôôô ministres intègres... " ça nous faisait mourir de rire. » Mais le pire, ce sont les auteurs russes qui, on le comprend, ont toutes les faveurs de la grande comédienne. Et lorsque Tania Balachova leur refile une friandise, elle ne descend jamais en dessous de Molière, le seul auteur « comique » qui semble trouver grâce à ses yeux. Il y a aussi les cours annexes, leur préféré étant le cours d'expression corporelle, dans lequel ils travaillent leur respiration allongés sur le sol.

« Très souvent, se souvient Martin, Josy et moi nous endormions comme des masses, les autres nous réveillaient en partant... »

Issu d'une famille de petits-bourgeois – très courtelinesque : M. Lamotte père est employé au ministère des Anciens Combattants –, Martin habite rue Duret, dans le 16e arrondissement. Un appartement dans un immeuble qui appartient depuis plusieurs générations aux Lamotte. Martin occupe près des combles un studio dans lequel le virus du théâtre lui a fait construire une... scène! Une vraie, en bois... faite avec des couvercles de cercueil! Un copain tout aussi accro que lui, fils du conservateur du cimetière de Passy, s'était fait fort, un jour, de lui bricoler cette scène à moindres frais. « T'en fais pas, je sais où trouver du bois. » Là, comme une répétition des années à venir, tout le futur Splendid défilera en improvisant le plus sérieusement du monde des saynètes, en martyrisant les classiques, en assassinant les auteurs du boulevard. « Une époque formidable », reconnaît Josiane aujourd'hui.

Un jour, chez Balachova, on répète *Le Cosmonaute agricole* de René de Obaldia. Un titre digne du café-théâtre. Josiane, en l'absence d'une élève, est invitée à donner la réplique. Panique, elle tente de faire le mieux possible... pour voir aussitôt le parterre écroulé de rire, au grand dam de Tania. « J'ai compris alors que je pouvais faire rire les gens. Je ne le savais pas, avant. » Ce soir-là, Josiane rentre rue Rémusat, dans sa chambrette de « fille au pair », toute retournée. Un ange hilare lui est apparu, cette vision va changer le cours de sa vie...

Balachova aussi l'a compris. Ainsi, cette fille presque anodine, rondelette, ficelée dans d'incroyables jupes plissées, pas jolie mais charmante et touchante, cache une nature que seuls laissent deviner son esprit rapide et cette hardiesse des timides à renvoyer les balles avant qu'elles ne frappent trop fort. On va donc la faire travailler dans ce sens. Josiane se laisse convaincre qu'il faut gravir ces quelques marches qui séparent celui qui regarde de celui qu'on regarde. Être sur scène, c'est comme une reconnaissance de sa présence dans les lieux. Et de voir les gens rire commence à lui plaire, elle qui ne fait jamais le pitre. Elle a un esprit vif, très vif... pour se défendre, souvent. Une vanne par-ci, un bon mot par-là, la dernière blague entendue, mais sans plus, histoire aussi de cacher sa timidité, de se planquer. Mais là, elle comprend que c'est sa vraie nature qui provoque le rire des autres. Balachova lui fait travailler des textes de comédies, des attitudes, des impros... « Chérie, tu rentres, il est avec une ôôôtre femme, que fais-tu ? » La salle, acquise, en redemande. Josiane devient ce qu'on appelle une vedette de cours, bissée, recherchée pour donner la réplique. Adulée, presque.

En cette fin d'année 1971, sa cote de popularité chez Balachova est à son comble. Ce rendez-vous quotidien avec sa nouvelle famille lui donne des ailes. Elle y a ses amis, son travail. Un but. Et puis, il y a l'autre versant, entre l'avenue Foch et celle de la Grande-Armée, chez Martin où les copains se retrouvent pour improviser. Naturellement, Josiane y est chez elle, flanquée de l'inséparable Maryse Franckel, sa meilleure amie, rencontrée elle aussi chez Balachova. Maryse, ce n'est pas la même pointure; les deux filles sont différentes, donc complémentaires. Elles rient des mêmes choses, rêvent les mêmes rêves et tentent les mêmes chances. Et si on écrivait un spectacle ensemble? Tous les apprentis comédiens le font, comme les élèves littéraires griffonnent des brouillons de roman. Un spectacle de sketches? Oui, c'est plus facile. Elles s'enthousiasment, échafaudent. Et c'est Josiane qui s'y colle, sur la machine à écrire empruntée à la directrice du Théâtre de Poche à Montparnasse, là où Tania Balachova donne ses cours. Dans la salle désertée, l'après-midi, Josiane officie comme caissière et prend les réservations en échange de quelques francs et du droit de rester là. Clic, clic, clic... Deux doigts empressés, qui frappent les touches moins vite que l'esprit qui les commande. Même les plus grands ont tiré la langue. Clic, clic, clic... Nos deux compagnes bricolent quelques saynètes qu'elles intitulent avec esprit *Quand je serai grande, je serai paranoïque*. Un titre pareil, ça devrait intriguer. Reste à trouver un lieu. Toujours le même problème!

Pour elles aussi, Le Café de la Gare est un modèle. Josiane et Maryse, leur piécette sous le bras, se mettent donc en quête d'un toit. Pas évident pour deux nanas. Échec. Josiane en attendant fait un peu de théâtre pour mioches braillards dans une tournée avec la troupe de La Pomme verte, de Catherine Dasté.

« Il fallait se lever aux aurores, pour jouer à 9 heures devant des gamins qui s'endormaient ou hurlaient comme des forcenés. Pas vraiment de quoi se taper le cul par terre. » Mais une tournée, un théâtre, un rôle et des décors, c'est déjà travailler.

Retour à Paris, retrouvailles avec la bande, ceux de la rue Duret qui se prennent souvent pour Cyrano dans le deux-pièces de Martin Lamotte.

Un soir, Martin annonce à Josiane: « Si t'es libre, je t'emmène à La Candelaria, un resto qui fait café-théâtre au

Quartier latin. J'ai des copains que tu as vus chez moi et qui jouent des trucs à mourir... »

Regonflées à bloc par ce qu'elles voient ce soir-là, Maryse et Josiane comprennent que, si elles ne jouent pas, elles ne sont rien. Elles peuvent répondre « comédienne » chaque fois qu'on leur demande ce qu'elles font... Tant qu'elles n'ajoutent pas : « On passe en ce moment à... », elles n'existent pas vraiment.

24

Même si 68 a fait évoluer les choses, être femme et comique, ce n'est pas encore gagné ! Certes, on se libère, on aime sans entraves, on semble même s'apercevoir que les femmes, nos sœurs, existent – comme à Trente, autrefois, on leur avait soudainement trouvé une âme ! « Un homme sur deux est une femme », proclame-t-on sur les barricades ; ou, citant Mao : « La moitié du ciel appartient aux femmes. »

Le café-théâtre, né lui aussi de la contestation, se doit, à son tour, d'ouvrir largement ses caves aux candidates à la scène. Il accueille donc nos « sœurs » avec un enthousiasme qui frise souvent, et avec raison, le délire. De Zouc à Isabelle Huppert, en passant par Sylvie Joly ou Miou-Miou, le « off » ne fait pas d'ostracisme sexuel. Cependant, malgré cette sympathique ouverture, Josiane sait qu'en plus de sa condition de femme elle trimbale un autre handicap : son physique. Ingrat frise la litote. Attention, elle n'est pas vilaine, loin de là... mais ce n'est pas non plus un canon. Elle est... passe-partout. Un plus, en fait, qui, tout comme Jugnot, lui permettra de trouver rapidement des rôles au cinéma ; mais en attendant elle bat le pavé...

Un soir de février 1973, au sortir du Théâtre de Poche où elle vient de finir son boulot de caissière, Martin l'entraîne donc, sans lui demander son avis, vers la rue Monsieur-le-Prince où la Compagnie de la Louche reprend *Je vais craquer*. Ce soir-là, Josiane est officiellement présentée à la troupe. Les comédiens jouent alors à 22 h 30, après avoir quelque temps végété à minuit. L'horaire leur convient même mieux que celui de 20 h 30, pourtant libre. Josiane, qui a toujours en poche ses sketches, propose au patron du lieu de remplir le créneau libre avec sa copine Maryse

Franckel. Cette dernière, elle aussi en rupture de Balachova, a décidé de suivre Josiane.

Leur spectacle *Quand je serai grande, je serai paranoïque* est ainsi affiché à 20 h 30, comme l'indiquent les placards que Josiane s'est chargée elle-même de crayonner, une réminiscence de son époque carton à dessins. C'est déjà tout un programme! On y voit une bonne sœur perverse, en cornette, qui se suicide avec un revolver. « Normal, on y parlait de gens zinzins, bien allumés... »

C'est une suite de sketches, un genre qui a longtemps été la forme la plus usitée au café-théâtre. De blagues mimées dont la chute doit, au choix, faire plier de rire le spectateur, le choquer ou délivrer un message. Josiane, elle, a choisi le rire pur, assaisonné d'une certaine violence. Quant à son « handicap » physique, elle en a vite fait un atout.

Pour cela, elle a un truc : elle crève d'entrée la baudruche de gêne qui saisit tout spectateur dès qu'elle apparaît sur scène. « A partir du moment où j'ai décidé d'être comédienne, je me suis dit : “ Ce que je suis, vous l'accepterez. ” Il ne s'agissait pas de m'accepter moi, mais de me faire accepter par les autres, de poser le problème pour l'évacuer au plus vite. »

Tout de suite, elle rend le spectateur complice du regard qu'elle porte sur elle-même, lui ôtant par la même occasion toute culpabilité d'oser rire de son physique un peu ingrat. Cette recette magique, de *Bunny's Bar* (sous-titré perfidement, au cas où vous n'auriez pas pigé aussitôt, *Les hommes préfèrent les grosses*) à *Ma vie est un enfer*, sera l'une de ses constantes. Et la guêpe de conclure : « N'importe comment, je me démerde toujours pour me taper le beau mec à la fin. » On n'est jamais si bien servi que...

Dans *La pipelette ne pipa plus*, son second spectacle qu'elle joue au trop éphémère café-théâtre Campagne Première, elle réglera une fois pour toutes son « problème ». Une lourde malle en main, elle déboule sur scène vêtue d'une minijupe plissée qui dissimule à peine une exquise culotte Petit Bateau. Elle pose la malle à terre, dos au public, et se penche afin de fouiller à l'intérieur, dévoilant ainsi ses rondeurs callipyges que contient à grand-peine le triangle de coton. Puis, tournant la tête sur le côté, sans se relever, elle apostrophe les gens hilares ou... médusés d'un : « Le premier qui dit : “ Baisse le capot, on voit le moteur ”, je le sors. » Et d'expliquer aussitôt, avec une logique toute candide : « Qu'est-ce qu'il y a ? J'ai oublié ma culotte de scène, j'ai dû garder ma culotte de ville, j' suis désolée, je m'escusse... Y' a un problème ? »

Et ça marche. Un vrai délire. Ce qui devrait prêter à sourire, elle le transforme en rire. En dérangeant, en choquant. Soudain, on peut se moquer de cette fille drôle, sympa et rondouillarde, sans scrupules et sans retenue.

Mais, à l'inverse des Jeannes, de Marianne Sergent ou de Dominique Lavanant, qui jouent seulement la carte du comique, Josiane, elle, accompagnée de l'inséparable Maryse, fonce tous azimuts. Dans ce premier spectacle, plusieurs sketches sidèrent l'auditoire : une sombre histoire de bérets-suicide vendus dans le métro qui font sauter la tête de ceux qui les portent ; deux loubardes aveugles qui s'entretuent ; un strip-tease de bonnes sœurs complètement défoncées ; et d'autres choses du même acabit. Tout l'esprit d'*Hara-Kiri* et de *Charlie*, en lorgnant de plus du côté du Café de la Gare.

« On rêvait tous de jouer pour Le Café de la Gare, d'y entrer, surtout ! Quand on était en cours, on y allait tout le temps. Un jour, j'ai même rencontré Romain Bouteille, venu faire un tour chez Balachova en curieux. Je lui ai montré un sketch que j'avais écrit, et il m'a répondu : “ Je n'ai pas besoin de lire tes trucs, fais-les. ” J'étais médusée. C'est donc ce que nous avons cherché à faire, avec Maryse. Mais, au contraire du Café de la Gare qui jouait l'impro à fond, nos spectacles étaient écrits, fixés, et bougeaient rarement au cours des représentations. Je pense que ça nous rassurait sûrement. On se permettait quelques arrangements ; des choses que l'on trouvait un soir et qui fonctionnaient bien sur le public, on les gardait ; mais c'était tout. »

Ce premier spectacle ne fait pas la salle comble. Même si quarante places, c'est peu. Il arrive très souvent – surtout en semaine – que Josiane et Maryse jouent devant trois spectateurs. Les vraies « stars » du lieu sont Christian, Thierry, Gérard et compagnie avec leur *Je vais craquer*. Josy et Maryse, elles, font l'ouverture. La recette ne suffit pas toujours pour le taxi du retour; peu à peu, grâce au bouche à oreille, la salle se remplit... mais pas le porte-monnaie des deux comédiennes. Entre les maigres soirées à cinquante francs de recette (à partager en deux) et celles, royales, à deux cents balles, il faut vivre! Dans café-théâtre, il y a le mot café, et les comédiens sont rétribués au pourcentage sur les consommations par le pingre proprio des lieux... A deux francs le demi, il faut bourrer une salle (dans les deux sens du terme) pour commencer à parler revenu.

L'été 1973 arrive et s'annonce plein de promesses... A tel point que nos deux amies, soutenues par l'élan de sympathie de certains spectateurs et les éloges et encouragements de quelques babs en délire, décident de « descendre » en Avignon! Là où le théâtre se fait et se défait tous les ans. Puisque Jean Vilar, Gérard Philipe, Jeanne Moreau et quelques autres ont ouvert la voie, ce festival est aussi le leur. Le stop à l'époque, s'il est un moyen de voyager à l'œil, est également un art de vivre, et nos deux comédiennes mettent à peine dix heures pour se retrouver devant le mythique palais des Papes et sa cour carrée.

Foin des répétitions à l'ombre séculaire des remparts. Josiane et Maryse arrivent à « vendre » leur spectacle à la sympathique tenancière de La Casa d'Irène, qui leur offre royalement vingt francs par soir pour dérouiller le zygomatique des festivaliers en quête de sensations pas seulement classiques. Ils sont servis... et le spectacle marche très fort. On en parle, on s'y précipite, ça change les idées, après les « pompeuseries » de la cour papale.

Avignon, c'est aussi pour elles la possibilité d'établir des contacts, de se montrer. Ah, exister aux yeux de ceux qui sont arrivés, qui font la pluie et le beau temps dans les coulisses et les studios! Ce n'est pas tout à fait ce qui se passe. Avignon les applaudit, mais ne les reconnaît guère... Josiane et Maryse, le décor replié, remontent, déprimées, vers Paris, sans réelles promesses de rendez-vous. « On s'est bien marrées, on était en Avignon », ça fait toujours bien, glissé dans une conversation à La Pinte, leur bistrot habituel.

La Pinte jouxte, on l'a dit, La Candelaria à Odéon. C'est un bar à bière qui existe toujours, au début de la rue Monsieur-le-Prince. En ces années 1972-1973, l'endroit a abreuvé (presque) tout le gratin du cinéma d'aujourd'hui. La salle du sous-sol est l'endroit de prédilection de Josiane et de tous les échappés de chez Balachova. Il y a un piano sur lequel ahane un certain Jacques Delaporte qui, un peu plus tard, cofondera Le Grand Orchestre du... Splendid... Elles s'y retrouvent, tristes, d'autant que les comédiens de La Louche ne sont plus là : ils ont émigré à Montparnasse, passage du Départ. Josiane et Maryse continuent ensemble leur spectacle... en suivant de près les aventures des autres groupes, Le Café de la Gare et Le Splendid, naturellement, mais aussi La Pizza du Marais – qui deviendra rapidement Les Blancs-Manteaux, du nom de la rue où siège l'établissement, à deux pas de l'Hôtel de Ville. Un endroit d'importance, qui sera – indirectement – à l'origine de l'entrée de Josiane au Splendid.

En attendant, à l'issue de leur premier spectacle, Miguel Orocena, le propriétaire hispanique de La Candelaria, leur donne congé comme aux autres. Plus question de saynètes cocasses déglinguées, d'à-peu-près vaseux et de bricoleurs anars ; place au théâtre... au vrai. Cette décision ne les affecte pas outre mesure. Leur passage à La Candelaria leur a donné des ailes. Elles se mettent à écrire de nouveaux sketches. Pires encore que les précédents, surprenants de la part de « frêles » jeunes filles. En battant le rappel des connaissances, Josy et Maryse trouvent à s'abriter au Campagne Première, situé dans la rue du même nom à Montparnasse, une rue dans laquelle Godard avait tourné la scène finale d'*A bout de souffle*. Prémonition ? La rue leur porte chance, puisque ce deuxième spectacle – finement nommé *La pipelette ne pipa plus* – se taille un certain succès... Et pour cause : après l'épisode, tout en finesse, de la malle d'osier et de la culotte Petit Bateau, Josiane et Maryse reviennent habillées en hôtesses de l'air. Suivent des annonces très suaves, dans un français exquis, aux supposés passagers d'un avion de grande ligne. « Le commandant Machin et son équipage sont ravis de... », mais les deux employées modèles retrouvent leur vraie nature une fois le micro fermé : « Hier soir, ma chérie, je suis allée à un dîner épouvantable, on a mangé un de ces couscous qui m'a foutu le trou du cul en chapeau de clown... » Rire garanti... un peu gras, peut-être. Deux filles, qui plus est! Et plus elles avancent dans le sketch, plus elles se trompent, parlant délicieusement entre elles et balançant des horreurs aux VIP du Paris - New York. Dans une autre saynète tout aussi délicate, elles apportent sur scène une immense caisse dans laquelle Josy s'enferme. Les spectateurs ne saisissent pas tout de suite... mais aux bruits de pets, aux « Han » d'effort et autres « Non, c'est pas libre », ils imaginent rapidement de quoi il retourne...

Très vite, la salle pleine commence à leur donner raison de leur persévérance. Et, comme un bonheur n'arrive pas seul, débarque dans la vie de Josy Bruno Moynot, rencontré à La Pizza du Marais où il faisait la régie, et revu par hasard lors d'une escapade dans une... MJC, ces maisons de tolérance instituées par Malraux pour abriter les artistes.

Bruno n'est pas un hâbleur, un dragueur de bas étage, un tombeur. Josiane le trouve aussitôt accessible. A sa hauteur. Normal, blanc, aurait dit Coluche. L'allure un peu gauche, le sourire pas facile, le verbe timide. Dans cette MJC, Bruno, imprésario, fait « tourner » le seul poulain de son écurie : un certain Hervé Métacartier, une gloire du chant, connu seulement de sa famille. Grâce à son rare talent de négociateur, Bruno réussit de temps à autre à placer dans quelques salles son chanteur et Patrick Olivier, le guitariste qui l'accompagne (et qui deviendra plus tard l'accompagnateur préféré de Coluche). Josiane se retrouve là, un soir d'octobre 1974, pour assister au « tour de chant » de Métacartier. Patrick et elle ont été en cours ensemble; forcément, ça crée des liens...

Ce n'est pas un coup de foudre entre Josiane et Bruno... mais le début d'une belle et simple histoire d'amour. Tous les deux en ont besoin. Ça tombe bien!

25

L'éducation de Bruno ne l'aurait pas, de toute façon, poussé aux frasques, ni à la flambe. L'apparition de Josiane l'enchante. Elle est tout à la fois l'esprit, l'intelligence... mais aussi le charme sans ostentation, l'image de la mère comme celle de l'amante. Des icônes qui lui plaisent.

Bruno est un curieux mélange... D'un père catho, géniteur forcené – Bruno est le neuvième de onze enfants! Hors de sa crèche, Moynot père, brillant polytechnicien, dirige une usine de... poupées et de jouets, ce qui est pour lui des plus pratiques... surtout aux alentours de Noël. Une fois le bac, maths sup et maths spé avalés, le fringant Bruno hésite. Polytechnique comme papa paraît la voie royale, mais à Paris c'est sur concours, alors qu'à Lausanne on y entre presque comme dans un moulin! Direction la riante Suisse, pour foirer une année à Polytechnique avant de se reconvertir dans les petits boulots : pompiste à Marseille et peintre de cuisine au noir. En ces années 70, l'appel du large ne l'épargne pas. Une vieille 404 pleine de copains, direction Kaboul! Cheveux longs et idées larges, les nouveaux citoyens du monde aiment le libanais ou le pakistanais... surtout quand il se fume. De ce voyage initiatique aux confins de l'Asie Mineure, Bruno rapporte des souvenirs et des amibes qui lui permettent de frôler la réforme au service militaire. Après un mois d'hosto, il se retrouve à Melun. Il traîne la nuit après avoir fait le mur. Reprend le pinceau pour barbouiller des cuisines et atterrit un soir derrière la caisse et à la régie de La Pizza du Marais, en août 1974. Trente ans exactement après Paris, Bruno est libéré!

1974 et La Pizza du Marais! L'époque des pionniers du café-théâtre! Le patron du lieu, Lucien Gibarra, a du nez puisque sous ses (pauvres) projecteurs Higelin et Villeret, entre autres, feront leurs premières prestations. Bruno aussi... mais comme régisseur, technicien et homme à tout faire. C'est là qu'il rencontre Hervé Métacartier et décide d'en faire une star de la chanson. « Je ne savais pas exactement ce que je voulais faire... Mais je sais ce que je ne voulais pas faire! Ce qui est sûr, c'est que je n'avais pas d'angoisse – on était alors beaucoup dans ce cas. Je vivais dans une chambre minable, rue Geoffroy-Saint-Hilaire. Mes fringues tenaient dans une valise, le reste de mes affaires était chez mes parents. La vie était simple, on se faisait un peu de fric par-ci et par-là, de quoi bouffer et vivre. »

Son champ d'action : chant, théâtre, décor, bricole, tournées. Partout où on le réclame, il est là. Mais, depuis qu'il a décidé de devenir « tourneur », il a presque des goûts de luxe : il loue même un F3 dans une coquette tour de la rue de Crimée avec Patrick Olivier, où il accueille également Josiane. Une chambre pour eux, une pour Patrick et un séjour commun. Une vraie communauté qui va vite prendre l'eau : Patrick est un peu alcoolo, et ses bitures troublent la quiétude des tourtereaux. Ils déménagent une première fois pour émigrer rue Rémusat, avant de se retrouver rue Tiquetonne, puis passent par un charmant deux-pièces rue des Écouffes avant de se poser à deux pas des Lombards – la future salle du Splendid –, rue Quincampoix. Un vrai couple de Roms!

En attendant, quand ils ne font pas leurs valises, Josiane et Bruno font des tournées – un bien grand mot pour qualifier les représentations de *La pipelette ne pipa plus* que Josiane donne avec Maryse dans quelques salles de MJC et autres sous-sols humides. Bruno se révèle un formidable régisseur qui n'a pas son pareil pour bricoler un spot, bidouiller un effet sonore ou monter un semblant de décor. Tout semble bien goupillé : elles « tournent » avec leur spectacle, Josiane est amoureuse et aimée, et elle a en Maryse une amie, une vraie! Et Josiane se remet à sa vieille machine à écrire. Elle sent qu'elle va casser la baraque. Du jamais vu, du pas racontable... Du boulot, Bruno, Maryse! La vie est belle.

Un matin, pourtant, Maryse est retrouvée morte dans sa chambre... Un insupportable chagrin d'amour a enrayé la machine, balayé les lendemains qui chantent, rendu la vie noire.

Vingt ans après, pour Josiane, la plaie demeure. Béante. « On peut mourir d'amour à vingt-deux ans... Cela arrive tous les jours. »

Passage à vide, lasse de tout. Merde de vie qui donne la mort. Bruno fait son possible. Josiane n'a plus le goût d'écrire. Pour qui ? Pour elle, sans son alter ego ? sans une troupe, sans amie, sans personne ? Elle refuse les embrigadements, les groupes et leurs concessions. Les autres avec lesquels il faut composer. Ce n'est pas son truc... Et pourtant, seule, sans connaissances, comment réussir ? Il y a bien cette troupe, dont on parle de plus en plus. Les potes de La Candelaria. Ils sont installés maintenant dans le même passage que Le Café de la Gare. Ah ! Le Café de la Gare, des gens comme Josy les aime. Libres, anars, fouteurs de merde. Les autres sont un peu plus gentils, policés même... mais d'un drôle ! Elle fréquente de plus en plus le passage du Départ ; et Bruno, en prince consort, suit.

26

A l'entrée officielle de Michel Blanc, le groupe est en pleine crise. C'est Gérard qui a poussé Michel à les rejoindre. Une décision amicale... mais aussi éminemment politique. En cette année 1973, Gérard se retrouve entre deux blocs soudés ; lui – pour reprendre le mot de Michel – est « le seul électron libre ». Il observe, n'ayant aucune envie de se fâcher avec les uns ou les autres. D'un côté, le bloc Clavier-Chazel, de l'autre Lhermitte-Mairesse. L'arrivée de Michel créera, pense-t-il, une troisième force. Thierry réagit très mal et menace de partir.

« Thierry avait des relations insensées avec le groupe, se souvient Michel, et quand il avait un problème il se refermait comme une huître, partait dès la fin du spectacle et ne dînait plus avec nous. Sur scène, il était de plus en plus tendu, et avait même menacé de s'engager dans les... chasseurs alpins ! Il fallait crever l'abcès, et on s'est réunis. Il a alors déballé des motivations bidons qui en fait cachaient la vraie raison : il sentait l'équilibre rompu et avait peur que cette famille devienne trop grande, perde son côté affectif. De nous tous, c'était de loin le moins arriviste. Pour nous le groupe était un moyen, pour lui une fin en soi. »

De nos jours encore, c'est lui qui regrette le plus la troupe... Prêt à recommencer demain l'expérience.

« Je pense, continue Clavier, que le groupe est inreformable aujourd'hui, car nous avons des options et des envies différentes. Mais nous sommes et restons les meilleurs amis de la terre. C'est vrai qu'on a un peu cultivé à l'extérieur cette image d'Épinal des gens soudés... Je crois que nous avons toujours trouvé un modus vivendi pour privilégier le groupe tant qu'il a duré. Voilà la qualité première et principale du Splendid ; mais nous étions tous des personnalités très fortes, nous avions cohabité surtout poussés par l'inquiétude de notre avenir. Notre grande anxiété, je m'en souviens, c'était, quand l'un d'entre nous allait travailler au-dehors, de savoir s'il reviendrait. »

Un engagement à l'extérieur sera un prétexte un peu facile pour pousser Valérie à quitter le groupe. Certes, elle est heureuse, mais la jeune fille un peu nunuche qui « excite les mecs sur scène », dixit Gérard, se transforme progressivement en papillon, un papillon pas si écervelé. Pour preuve, Valérie est seule à avoir un agent, Pierrette Panou, depuis ses débuts passage du Départ. Celle-ci s'occupe d'elle, lui trouve quelques pubs dans lesquelles ses rondeurs pétillantes font un tabac, et surtout des engagements que Valérie ne peut décemment refuser. *Calmos* de Bertrand Blier, *Sept morts sur ordonnance* de Jacques Rouffio, et surtout Lautner qui tourne depuis longtemps autour de la troupe et de celle du Café de la Gare. Lautner aura ce mérite d'avoir repéré avant tout le monde l'énorme potentiel de ces comédiens. C'est lui qui fera faire leurs premiers pas à Miou-Miou – et celle-ci lui en garde une grande reconnaissance – et à Jugnot, entre autres. Évidemment, une nature comme Valérie ne le laisse pas insensible, il lui propose un petit rôle dans *On aura tout vu*, une comédie de trente tonnes sur un sujet encore neuf : le cinéma pornographique. Lautner en tire une histoire bien franchouillarde dans laquelle Marielle, producteur, détourne un scénario édifiant pour en faire un film X. Le tout filmé à Nice, la patrie de Lautner. Et voilà Valérie qui s'envole et quitte même « l'homme de sa vie ». De la « figuration intelligente », dix jours dans le film d'un réalisateur qui, à l'époque, enchaîne les succès, ça ne se refuse pas. De plus, Valérie ne fait pas le voyage seule, Gérard Jugnot qui joue lui aussi dans le film l'accompagne. La distribution comprend également deux figures du Café de la Gare, Miou-Miou et Henri Guybet, ainsi que Pierre Richard, le grand comique d'alors, et une débutante timide et effacée : Sabine Azéma.

« Dix jours à Nice dans un grand hôtel ! J'avais l'impression d'être milliardaire, se souvient Valérie. Je quittais les travaux de la rue des Lombards et le froid pour le soleil et le cinéma... J'étais entre Pierre Richard et Marielle, ils étaient très gentils, ils nous emmenaient Sabine et moi dîner dans des grands restos, puis en boîte de nuit jusqu'à 4 heures du matin. »

Son rêve se réalise enfin. Sandra Mac Kay, son nom de star quand elle était petite, est à n'en pas douter en route pour Hollywood... Un qui ne rêve pas, à Paris, c'est Thierry. Pis, il ne dort plus. Malgré la présence rassurante de Gérard au côté de Valérie, Thierry n'est pas tranquille.

« Je crois que c'est à partir de là que les choses ont commencé à se gâter, continue Valérie. Lui qui était à l'époque un monstre d'infidélité était naturellement très jaloux, comme tous les infidèles. Il m'accablait de coups de fil à l'hôtel. Quand je rentrais tard dans la nuit, le portier me tendait des dizaines de messages : " M. Lhermitte a téléphoné, veuillez le rappeler... " Alors, je l'appelais et je me faisais engueuler.

" – Où tu étais? Pourquoi tu rentres si tard? Reviens ce week-end, tu repartiras lundi par avion.

– Non, merde, il fait beau, je reste!

– Alors, c'est moi qui descends! " »

Valérie remonte enfin, le tournage fini... mais pas seulement le tournage. Le couple magique aussi. Valérie a fait la connaissance d'un autre garçon. Thierry, sincèrement malheureux d'une situation qu'il a en partie provoquée, vogue également vers d'autres amours... Rester bons amis? Pas facile, lorsque les plaies ne sont pas encore refermées, de se voir tous les jours, de rigoler ensemble, de « faire comme si »... Dans la troupe, personne n'est dupe, l'ambiance en prend un coup. De plus, Pierrette Panou revient à la charge avec un engagement que Valérie ne peut, là encore, refuser, malgré Le Splendid, les travaux, les années d'amitié : Agnès Varda, qui prépare son film *L'une chante, l'autre pas*, la demande. Un coup de chance. D'autant que Varda ne l'avait d'abord pas choisie. C'est Thérèse Liotard, la première pressentie, qui, ne faisant pas l'affaire, a présenté le « book » de Valérie, comme c'était alors la coutume dans « La Coopérative du spectacle », une association à laquelle appartenait Pierrette Panou.

Pourtant, Valérie hésite. « J'ai appelé Thierry pour lui en parler. Sa réaction a été très violente. Nous étions en pleins travaux, nous avions commencé les répétitions de la nouvelle pièce qui devait faire l'ouverture des Lombards. “ Tu m'appelles pour me dire que tu nous fous dans la merde ! ” Il était hors de lui. “ Ne compte pas sur moi pour te pousser à faire ce film... ” En fait, c'était une colère momentanée qui était, je crois, provoquée par notre récente rupture. »

Devant ce coup du sort, la troupe resserre ses rangs. Tous sont très fatigués – dix heures de chantier par jour, auxquelles il faut ajouter l'écriture de leur nouvelle pièce et la répétition ! L'angoisse est à son comble. Les travaux s'éternisent, ils ont « tapé » tout le monde pour monter leur théâtre et sont très amers de voir que Valérie démissionne. Ils l'accusent de jouer un peu trop « perso ». Michel, se rappelle Valérie, sera le porte-parole de la troupe. Il ne tourne pas autour du pot : « Si tu pars faire le film de Varda, tu ne remets plus les pieds au Splendid ! » On ne peut pas être plus clair. Valérie a conscience que cette décision l'engage audelà de sa future carrière. C'est sa famille de cœur qui la met à la porte... Elle pense aussi que la fronde, menée par Marie-Anne, est motivée non seulement par le souci de préserver leur avenir, mais aussi par une jalousie toute professionnelle. Marie-Anne, il est vrai, n'a pas encore trouvé le personnage qui révélera la grande comédienne qu'elle est. Zézette est en gestation dans tous les sketches, et les apparitions de la mutine Valérie sur scène accaparent un peu les regards des spectateurs. Mais l'essentiel est de sauvegarder la troupe. Cette nouvelle défection de Valérie, liée à des difficultés relationnelles avec Thierry, n'est pas pour arranger leurs affaires. Marie-Anne, comme Christian et Gérard, ne supporte plus cette ambiance, qui en rajoute dans le pénible aux travaux éprouvants. Leur décision sera donc plus politique qu'affective. Il leur faut, coûte que coûte, retrouver sérénité et efficacité.

Valérie rejoint Varda... mais perd sa famille. Un premier oiseau quitte le nid. Ce qu'ils désirent tous ardemment arrive à l'un d'entre eux, et tous se sentent trahis. On la jalouse un peu, Valérie, car Agnès Varda, de plus, ce n'est pas une caleçonnade à la Lautner ! Varda la muse du Festival d'Avignon, l'amie de Vilar et de Gérard Philipe ! La cinéaste de *La Pointe courte* et du *Bonheur* ! Visa qualité. Valérie partie, Thierry respire. Jugnot, lui, sait qu'ils viennent de perdre leur sex symbol... Mais le roué n'a pas tout perdu : Cécile, une amie de Valérie, est entrée dans sa vie. A l'époque, elle faisait de la déco; elle leur donne quelques coups de main pour les décors. Elle deviendra une des costumières de cinéma les plus douées de sa génération. Elle offre à Gérard amour et paternité. Arthur Jugnot console en partie l'« inconsolable » avec la vie. Quant à Marie-Anne et Christian, ils savent que le départ de Valérie a sûrement sauvé la troupe.

« Sur le moment, juste après sa rupture avec Thierry, je me suis rendu compte que Valérie était moins " moteur " que nous. Peut-être parce qu'elle était arrivée après nous, peut-être aussi parce que sa relation avec Thierry la tenait, explique Marie-Anne. Lorsqu'elle est revenue après le tournage de Lautner, la troupe n'était plus son truc. Elle était faite pour avoir une carrière de jeune première, elle avait du succès et on la demandait. Cet état d'esprit nous a tous fait réfléchir. Que va-t-il se passer si tout le monde veut se tirer? Comment ceux qui restent vont-ils payer les dettes? C'était très très angoissant, parce qu'au début on ne s'était pas rendu compte de l'ampleur des travaux ni de l'importance exacte des emprunts qu'on avait contractés. Valérie est très différente de nous psychologiquement : c'est quelqu'un pour qui le groupe n'était pas très important. Nous avons tous été peinés de son départ. Nous avions d'excellents souvenirs, une vraie amitié. Alors, quand on lui a posé cet ultimatum, Valérie a dû penser que personne, même pas Thierry, ne l'avait défendue... mais, en même temps, sa position était difficile à défendre. » Sans risquer effectivement de mettre l'édifice à terre, ils ont tous une peur folle que les sirènes du cinéma ne retiennent l'un d'eux dans ses rets. Gérard avouera un jour à Christian : « Lorsque tu es parti pour le film de Lauzier, j'ai cru que tu ne reviendrais pas! Je me demandais ce que nous allions devenir. »

27

Valérie sera donc Pomme dans cette fable sur le Planning familial jouée entre autres par Gisèle Halimi, la grande prêtresse de l'avortement libre et du droit des femmes. Un film de femmes – jusqu'à la propre mère de Valérie qui joue son propre rôle dans le film! –, très militant et représentatif des idéaux de l'époque.

Consciente malgré ce qu'en disent les autres du fait que son départ peut les mettre dans l'embarras, Valérie cherche une remplaçante et appelle Josiane Balasko, dont tous « tombent amoureux du talent », pour reprendre les mots de Michel Blanc.

Josiane, comme Michel, est un « franc-tireur », individualiste en diable. Le même humour les a rapprochés, et lorsque Valérie la propose à la troupe, tous s'empressent d'accepter... Mais lorsqu'il s'agit de racheter les parts de Valérie dans la SARL, Josy n'est pas chaude du tout. Pas pour une question d'argent, mais pour une question d'éthique! C'est Bruno Moynot qui les achètera à sa place... permettant ainsi à Josiane d'entrer « officiellement » dans la troupe.

« Alors que d'habitude, explique Josiane, ce sont les garçons qui font rentrer leur petite amie, cette fois-là, c'est moi qui amenais un garçon. Comme Bruno est très débrouillard et que la troupe cherchait un type pour s'occuper de la régie, entre autres, son arrivée fut bénéfique. »

28

De cette année 1976, ils gardent tous un souvenir cauchemardesque. Plus le chantier s'enlise, plus le groupe se fissure. Rien de vraiment primordial n'est remis en cause, non, c'est le quotidien qui souffre. Ils ont tous l'impression d'être à l'assaut d'une montagne dont le sommet s'éloigne sans cesse. Le mythe de Sisyphe colmaté à coups de ciment et de plâtre. « On en a bavé, résume Thierry, mais on ne s'est jamais vraiment découragés. Seul le temps qui passait nous affligeait. »

Heureusement, l'arrivée de Josiane, et surtout de Bruno – plus utile qu'elle sur le chantier –, leur redonne du cœur à l'ouvrage.

« On vivait comme une famille, explique Marie-Anne, avec tous les problèmes d'une vraie famille soudée, mais repliée sur elle-même. Les gens qui nous approchaient s'en rendaient compte. Nous étions tellement habitués les uns aux autres que souvent, avant même que l'un de nous ne parle, on savait dans quel état d'esprit il était. Mais cela bloque aussi les gens dans leur perception des autres. On croit savoir exactement ce que l'autre pense, et on s'aperçoit un jour qu'en fait on se plante. Je me souviens qu'à la fin des travaux on commençait à avoir du mal à se supporter... d'autant que, pour les couples comme Christian et moi ou Josiane et Bruno, les choses continuaient une fois à la maison. On avait l'impression de ne plus sortir de la troupe ! »

Très vite, les tiraillements se muent en véritables discussions. Une situation qui renforce Michel dans son aversion pour tout groupe constitué : « Il y avait une ambiance de chiottes, au fur et à mesure que les travaux traînaient. Deux clans se formaient, on ne s'entendait plus. Mais la preuve que le groupe était solide, c'est qu'il ne fut jamais remis en question. Nous étions en fait comme des frères et des sœurs, qui peuvent se traiter de tous les noms et continuer à s'aimer. Je crois aussi que notre force est... qu'il n'y a pas d'abrutis dans la troupe, rien que des gens intelligents. C'est prétentieux de dire ça... mais c'est vrai. Nous avons eu des périodes très dures, où l'on ne se parlait plus, et on rentrait chacun de son côté. L'arrivée de Josiane a été très bénéfique. Balasko nous a resecoués et l'on est repartis. »

Les mois passent et les beaux jours reviennent. Quand ils sortent de leur trou, le soir, les gens autour se demandent ce que peut bien faire cette bande de plus en plus hirsute dans cet antre longtemps laissé à l'abandon. Leurs cheveux ont poussé – Jugnot et Thierry sont même barbus –, et chacun a sous les yeux des cernes, et aux mains des ampoules.

Mais le jeu en vaut la chandelle! Sur le fronton s'étale en lettres psychédélico-nouille *Le Splendid' : Café-Glacier*. C'est l'arrivée de l'été qui leur a donné cette idée. La façade bleu nuit est ornée d'une fresque représentant une file de spectateurs qui s'étire comme une promesse. A Lascaux, nos ancêtres dessinaient bien des bisons pour les faire venir; eux conjurent le sort de la même manière. La porte s'ouvre sur un minuscule hall qui recèle la caisse et le frigo pour les glaces. L'entrée de la salle s'effectue sur le côté de la scène. C'est une grande pièce en longueur, dont tout un côté est occupé par une estrade en arc de cercle à laquelle on accède par trois marches. Les spectateurs sont assis sur des bancs d'école achetés aux Puces et disposés comme dans un théâtre antique. Au fond, une sortie de secours, un long boyau qui passe sous toute la salle pour déboucher dans l'entrée de l'immeuble voisin. Derrière la scène, un ancien W-C à la turque recouvert d'un plancher sert de régie, et un trou doté d'une échelle descend vers les « loges », en sous-sol. Ce n'est pas le Théâtre des Champs-Élysées, mais pas non plus une pizzeria retapée. Au plafond, des barres soutiennent de vrais projecteurs! Un luxe.

« On a travaillé comme des brutes, affirme Gérard. En plus du chantier, au début des travaux, on continuait à jouer le soir passage du Départ, et on écrivait notre prochain spectacle et un film qui ne s'est pas fait... Du moins, pas avec nous. On se faisait des réunions pour parler du futur spectacle, des décors, des costumes, de la mise en scène, de la billetterie, des problèmes de sécurité, de surveillance, des impôts, car on était en société! Heureusement que chacun avait sa tâche bien définie. »

A Blanc et à Lhermitte de s'occuper de la gérance de la SARL. A Christian et à Marie-Anne, les problèmes scéniques et les rapports avec les services de sécurité. Gérard, quant à lui, « joue » les Bouygues. De grosses responsabilités... ils ont tout juste vingt ans! « J'avais très peur que notre truc ne soit pas accepté par les services de sécurité... »

Peur pour rien : les fonctionnaires, bluffés par leur enthousiasme et leur travail, apposent sans trop discuter leur label à l'ensemble. Jugnot père a été à la hauteur. Sans ses conseils éclairés, ils ne s'en seraient pas aussi bien tirés! Car l'issue de secours, ce boyau qui passe sous la scène, sera souvent utilisée pour créer des effets scéniques, des apparitions derrière le public; mais, heureusement, il n'aura jamais à remplir sa fonction première. Il n'est pas sûr qu'il l'aurait bien remplie, du reste...

Les derniers instants avant l'ouverture « officielle » servent à répéter à la va-vite leur spectacle dans une atmosphère de plâtre frais et de peinture à peine sèche. Mais ils sont fiers. Fatigués, mais fiers!

Le pot de terre contre le pot de vin, leur spectacle d'ouverture, est encore un ensemble de sketches, mais cette fois sur un même sujet. Un riche magnat, fabricant de jouets, meurt et laisse sa fortune à celui de ses héritiers qui proposera le jeu le plus étonnant et le plus novateur. Tout l'intérêt tient bien évidemment dans la drôlerie des jeux. Clavier, en notaire chargé de l'exécution testamentaire du défunt, un certain Leflouze (!) Marandière, est le Monsieur Loyal de cette compétition. Le premier jeu, celui du « Petit Promoteur » ou « Comment apprendre à votre fiston à expulser des squatters », ou encore « Apprenez à louer des taudis aux émigrés », ne fait pas un réel tabac, hormis quelques répliques écrites de toute évidence pour caresser le public dans le sens du poil.

« Ainsi, Thierry, qui tenait le rôle de l'inventeur du jeu, expliquait que le promoteur en herbe pourrait vivre de nombreuses aventures. Une carte " Embûche " lui annonce une grève-surprise, mais il a en réserve une carte " CRS " qui va le sauver! Il possède également une réserve de jetons de différentes couleurs représentant la main-d'œuvre. Il peut les utiliser sur son chantier ou les vendre sur la base de deux Noirs pour un Arabe et de deux Arabes pour un Portugais. » Applaudissements de toute l'arrière-garde. Delfeil de Ton prend des notes...

« En fait, à l'époque, quand on écrivait, il fallait toujours que ce soit un peu de gauche », commente Jugnot. Impossible de ne pas avoir les idées larges lorsqu'on a vingt ans dans les seventies. Impensable.

Eux se sentent à l'aise dans ce registre. Une option marketing plus qu'une prise de position réellement politique. Dans cette nouvelle pièce, ils dénoncent les « effets nocifs » du capitalisme sauvage... Enfin, presque.

« En gros, oui, on dénonçait tout cela, mais sans trop y croire. La pièce était une parodie de jeux de société comme le Monopoly et de tout ce qu'un tel jeu pouvait développer chez les enfants, à savoir l'apprentissage du capitalisme et de l'exploitation humaine. »

Au cœur du spectacle, tout de même, on trouve la « griffe » du Splendid : franche déconnade mixée d'une bonne dose de surréalisme.

Michel avait imaginé un jeu de cartes absolument incompréhensible, « Le Branli-Branlo », qui se jouait avec... trente paquets de cinquante-deux cartes mélangés dans un... seau. Au début, attentifs, les spectateurs essayaient de comprendre le jeu, puis très vite ils s'apercevaient de son absurdité. De plus, Michel s'emberlificotait dans ses règles, le tout devenant d'un grand comique, ponctué par un final avec Josiane en guêpière!

Gérard déboulait ensuite sur scène en chaise roulante, la jambe dans le plâtre, pour son jeu de « La Sécu », dont les seules règles étaient de pasticher les files d'attente qui font la renommée de cette institution. Ce sketch-là reposait sur l'absurde des relations kafkaïennes entre les administrés et le guichetier. Quant à Josiane, auteur du délicieux jeu « Barbies partouze », elle apparaissait sur scène armée de poupées auxquelles elle avait collé du Velcro entre les jambes, et elle donnait une leçon de « positions » à l'image d'un ouvrage très célèbre qui circulait à l'époque. Avec le bon goût qu'on lui connaît, Josy donnait des explications du genre : « Comme ça, Barbie est bien ouverte dans la position idéale pour que GI Joe la besogne... »

Après l'entracte – cornet de glace –, une seconde partie mettait en scène des émirs arabes (Michel et Christian affublés d'une énorme barbe noire) venus dépenser leurs gros sous dans notre joyeuse capitale, en butte à des margoulins, des quémandeurs, des hâbleurs de tout poil. Le scénario, un peu fumeux, était prétexte à un énorme délire qui permettait à Josiane de revenir en danseuse du ventre, et à Marie-Anne de s'exhiber en short et body panthère. La farce se terminait par une fête monumentale offerte aux rois du pétrole, dans laquelle Thierry et Gérard, mimant des contorsionnistes en string microscopique, terminaient leur numéro en joyeux... sodomites!

Pour faire patienter les spectateurs, pendant le remplissage de la salle ou pendant l'entracte, mais surtout pour chauffer le public, les Splendid avaient eu l'idée d'une brochette de fausses pubs du meilleur goût réalisées en 16 mm par Charles Nemès, et projetées sur un drap de lit tendu en fond de scène.

Des trésors! La projection démarrait en douceur par *En France on n'a pas de pétrole, mais des Arabes*, pastiche du célèbre « En France, on n'a pas de pétrole, mais des idées » lancé par le gouvernement Chirac, alors Premier ministre d'un Giscard d'Estaing frétillant. Suivait *Les Dragées Futiles* contre la constipation, que Coluche reprendra plus tard avec la bienséance qu'on lui connaît (l'histoire du type qui repeint ses W-C). Du même tonneau, la salle avait droit au suppositoire Bismu-Grippol, qui « fond dans l'anus et pas dans la main ». Et Marie-Anne, ménagère émérite affublée d'une grand-mère en bout de course, utilisait avec à-propos « Défecta 73 ». « Vous comprenez, expliquait-elle avec candeur, ma mémé fait sous elle, c'est plein de caca partout, j'en ai plein les mains... Heureusement que j'ai Défecta 73! »

Quand la salle tardait à se remplir, les spectateurs déjà installés pouvaient aussi voir le matelas Duressort, tellement moelleux que l'on voyait Josiane un sourire béat aux lèvres dormant au côté de son mari (là, la caméra reculait perfidement), Michel, qui lutinait (le mot est un peu faible...) avec entrain Marie-Anne! Et le festival s'achevait par un gros plan sur une tête de porc. Une voix off annonçait avec aplomb : « Le porc demande à être bien cuit », puis la tête s'animait et disait : « Je demande à être bien cuit »...

Le soir de la première, en mai, plus de cinq cents invitations sont lancées afin de combler les trois cents places de leur nouvelle salle. Beaucoup répondent, on se serre sur les marches devant la scène, on rajoute des chaises. Le nouveau Splendid naît sous d'heureux auspices : tous les « investisseurs » sont présents, la troupe du Café de la Gare au grand complet, augmentée de « stars » du moment : Julien Clerc amené par Miou-Miou, Coluche, Depardieu, des réalisateurs importants, certains producteurs et, bien sûr, les parents et amis.

En coulisses, la nervosité est à son comble. La fatigue et l'anxiété aussi. Ils se parlent peu, ont les nerfs à fleur de peau. Plus que jamais, eux qui ont abordé ce métier avec le plus grand sérieux, mais dans l'euphorie complète, sentent tout le poids de leur nouveau statut. Personne n'ose se l'avouer, mais tous le savent : « On n'a pas le droit de se planter ! »

Ils rentrent sur scène morts de trac et commencent à égrener dans un état second les dialogues de la pièce. Le parterre, tout acquis à leur entrée... se refroidit au fur et à mesure que le spectacle avance. Silence de mort. Seuls quelques effets appuyés obtiennent des rires de complaisance. Une chape de plomb s'abat sur la salle. La pièce est longue, longue... Plus de trois heures ! Ils savent déjà, à l'entracte, lorsqu'ils entendent claquer lugubrement la porte qui donne sur la rue, que la plupart de ceux qu'ils ont eu tant de mal à faire venir quittent le navire Splendid. Effondrés, devant une salle où ne sont restés que les « vrais » amis, ils terminent leur comédie devenue en cent quatre-vingts minutes le plus noir des drames.

« On n'avait répété que quatre jours. Ça se sentait, se souvient Christian. Après l'excitation énorme du début de soirée, il y a eu les angoisses de l'après. Nous nous sommes retrouvés dans les loges sûrs que c'était la fin du groupe. *Le pot de terre...* était beaucoup plus ambitieux que *Je vais craquer* ou *Ma tête est malade*, mais nettement moins bon ! »

Dans les coulisses, personne ne parle. Marie-Anne a les larmes aux yeux. Christian et Gérard sont effondrés. Thierry est abasourdi. Michel a son air des mauvais jours. Josiane, pour une fois, ne balance pas une de ses vannes habituelles. L'heure est grave.

« On était déprimés, épuisés. Michel se remémore les semaines qui ont précédé le " drame ". On répétait le soir alors qu'il y avait des tensions dans le groupe. On était trop épuisés pour vraiment se rendre compte que c'était pas très bon... J'ai bien eu quelques doutes pendant les répétitions, mais on s'est dit que c'était la fatigue qui nous faisait douter. On avait ce soir-là une salle magnifique, et tout le monde était atterré de nous voir mauvais comme des cochons ! »

Gérard, toujours pragmatique, se rappelle surtout que la pièce était injouable dans cette version. « A la fin du spectacle, on ne pouvait plus descendre dans les coulisses tellement elles étaient encombrées ; il y avait trop d'accessoires, trop de décors, trop de changements et surtout trop de longueurs ! »

Remontés dans la salle comme en une procession funèbre, ils tombent sur les rares amis qui attendent. Certains tentent un réconfortant : « C'était très bien, si, si je t'assure », « J'ai bien ri... par moments », ou encore « Génial, votre théâtre, les mecs, vous avez bossé comme des pros ». Ils n'entendent pas. Les portes claquent encore. La troupe reste seule... Assis sur un banc, Coluche est planqué dans l'ombre. Il sait ce qu'ils ressentent. Avec *Ginette Lacaze* et son Vrai Chic parisien, il a connu les mêmes angoisses. Lui, Michel, a les mots qu'il faut. « Ce n'est pas grave, vous allez vous y remettre et ça va bourrer. Le fric, on s'en fout... » Ça leur fait un bien immense. Coluche prend doucement Marie-Anne par les épaules : « Allez, viens ma poule, on va bouffer. » Cette fin de soirée dans un restaurant voisin qui sent un peu le graillon est sûrement l'un des plus beaux souvenirs de la troupe. Ce soir-là, Coluche leur insuffle assez d'énergie pour qu'ils osent le lendemain matin se retrouver chez Taraire, reprendre les choses à zéro et repartir.

Gérard : « Nous avons tout mis à plat, réécrit, coupé, remodelé ; et tous les soirs, pendant six mois, nous avons joué devant une salle d'abord vide, puis qui s'est remplie au fur et à mesure que nous réaménagions la pièce... On s'était dit après cet échec : On est des cons, on a passé trop de temps à faire autre chose que notre métier. Maintenant, il faut qu'on se marre, qu'on déconne, qu'on improvise... »

Ils retrouvent assez vite leurs marques, celles qu'ils

avaient laissées passage du Départ. La bonne humeur et la pêche suivent dans la foulée. L'échec cuisant de la première s'efface, et la pièce est finalement un succès honnête, recommandé par les critiques. Avec sa verve habituelle, Bernard Chapuis, du *Canard enchaîné*, se déchaîne. « Ils sont deux filles et quatre types à ramer allégrement dans le non-sens, conclut-il après une longue critique titrée " Bonne cuisine ". Et ils ont recours aux pires moyens pour contaminer leur public. C'est inquiétant de voir des jeunes qui ne prennent rien au sérieux. » Ce papier illustre parfaitement la démarche des Splendid. Ils collent l'extrait agrandi sur la devanture du théâtre. Comme les « vrais », ceux des boulevards. *Le Nouvel Observateur* suit. « La vie est un grand jeu de société : un jeu burlesque, mené dans un café-théâtre tout neuf par une bande de dangereux délirants qui ne respectent rien – ni l'immobilier, ni le pétrole, ni les films-catastrophe. » Leur ironie et leur impertinence provoquent toujours les mêmes commentaires. DDT – Delfeil de Ton, pour les plus jeunes – est là, naturellement. Retrouvant son monde, il embraie comme d'habitude sur le terrain politique et reconnaît que tout cela n'est ni militant ni vraiment engagé, mais que « ce n'est pas du rire de droite non plus... Ce sont de grosses farces, mélangeant deux spectacles vus sûrement dans la foulée – *Le pot de terre contre...* et *La Revanche de Louis XI*, le grand succès de La Veuve Pichard, le café-théâtre voisin de Martin Lamotte –, qui font rigoler les gens assez fins pour ne pas jouer les délicats ». Une pierre dans le jardin du critique des *Nouvelles littéraires* : prenant le ton un brin condescendant du type qui a usé ses velours sur les bancs du TNP, celui-ci a en effet reproché à la bande « un manque de maturité nécessaire pour nous tenir en haleine », mais reconnu que « les gags sont drôles et que tout ça est mené tambour battant, avec dynamisme et humour. On n'y résiste pas, non plus qu'on ne résiste aux glaces qu'on nous offre en entrant ». Bref, le journaliste a passé une excellente soirée, mais il ne veut pas avouer qu'il s'est laissé prendre aux pantomimes de ces semi-professionnels.

Le pari est en passe d'être gagné : Taraire regarde la troupe d'un œil nouveau. Le quartier commence à chasser vers d'autres lieux sa clientèle naturelle. Les « hommes » et les ouvriers ont cédé la place aux chevelus consommateurs de Coca. Le Splendid, lui, remplit son troquet à la tombée du jour et en fin de soirée. La FNAC toute proche, sur le boulevard Sébastopol, amène aussi son lot quotidien d'amateurs de musique et de photo. Les enfants de l'après-68 glissent peu à peu du Quartier latin aux Halles, une migration qui profite aux nombreux cafés-théâtres chassés comme nos héros du Montparnasse en chantier.

29

Dans le quartier est arrivé, en même temps que Le Splendid, Martin Lamotte, pilier de tout ce qui touche au café-théâtre dans ces années-là.

Martin, ex-Balachova, ex-décorateur et ex-Café de la Gare, a suivi Coluche lors du clash mémorable avec Romain Bouteille. Et lorsque le « gros » a fondé Le Vrai Chic parisien passage du Départ, Martin, orphelin de troupe, s'est annoncé avec son amie Christine Dejoux.

« J'ai dit à Christine : “ On va faire comme Coluche a fait avec Bouteille au Café de la Gare, on lui offre nos services, on coule une dalle de béton, et il nous garde pour jouer. – Tu es fou, m'a-t-elle répondu, ça ne marchera jamais ! ” »

Martin s'est tout de même pointé chez Coluche et lui a expliqué son truc : « Voilà, toi tu as été engagé en faisant les travaux chez Bouteille ; alors, nous, on t'aide à faire tes travaux et tu nous gardes. Coluche, estomaqué, a accepté. Il n'aura pas à le regretter. Martin a un extraordinaire talent d'écriture. C'est un fin, un drôle, un tordant qui est à l'aise dans cette agilité d'esprit que requiert le café-théâtre. La pêche aux rires, il en connaît un rayon, Lamotte. Il « donne » à Coluche l'un de ses plus grands succès : « Le Schmilblick », un sketch qui va faire de Michel le héros de la blague de fin de banquet, Coluche, le héraut du rire des deux décennies à venir.

Mais, très vite, Martin rêve à son tour d'un endroit rien qu'à lui. L'ombre de Coluche est trop lourde pour qu'il s'y épanouisse. Le Café de la Gare, puis Le Splendid qui déménagent lui donnent des envies d'émancipation. Aidé de Jacques Delaporte, il dégotte un local rue Sainte-Croix-de-la-Bretonnerie, à la limite de Saint-Paul, qu'il baptise La Veuve Pichard (aujourd'hui Le Point-Virgule). Gérard Lanvin, vendeur de fringues aux Puces, et Renaud, l'anarchiste ami, rappliquent, passent également par les plâtres, avant de monter sur scène. L'endroit attire naturellement des anciens de chez Coluche ou d'ailleurs, comme Claire Nadeau, Philippe Bruneau, Roland Giraud. Ces deux derniers seront des remplaçants tout trouvés pour Le Splendid, lorsqu'une défection ou un emploi temporaire à l'extérieur privera la troupe d'un élément. Dominique Lavanant, elle aussi, va apparaître dans ces années-là...

En l'espace de quelques mois se tisse là, entre Saint-Paul et Châtelet, dans ce creuset du Paris éternel, la plus grande concentration de talents. Ils joueront tous chez les uns et les autres, mesureront leur talent, échangeront leurs idées et forgeront, en dix ans, la relève attendue des grands comiques qui vieillissent.

30

« Combien on a fait ce soir ? » Jugnot a toujours aimé les chiffres. Surtout ceux qui précèdent le mot « francs ». A vingt ou trente francs le cornet de glace l'été, la soupe ou la chope de thé chaud l'hiver, quand on remplit trois cents places, l'affaire peut devenir rentable. Le Splendid Lombards l'est. Assez vite, au bout de quelques mois, le temps que les médias et le bouche à oreille fonctionnent. En fin de semaine, le public se presse autour de la scène pour recevoir la bonne parole. Ce *Pot de terre contre le pot de vin* devient de plus en plus délirant au fur et à mesure que la saison avance. Surtout la fin. Certains soirs, lorsque la salle est particulièrement réceptive, le numéro de contorsionnistes sodomites peut devenir interminable.

Les dettes sont réglées moins d'un an après l'ouverture. Dewaere et Coluche haussent les épaules devant les chèques de remboursement, et l'on chuchote dans la bande que certains investissent leurs premières économies comme remède contre l'angoisse des lendemains. Le Forum émerge peu à peu, le quartier se transforme ; Christian et Marie-Anne, fines mouches, ont compris avant les autres – surtout Josiane, Thierry et Bruno, qui se foutent de l'argent comme de leur première réplique – qu'il y a peut-être des sous à se faire. Aux bagnoles qui bouffent déjà Paris, il faudra bien des parkings. Ils placent donc une partie de leur pécule dans les sous-sols...

Quant à Gérard, lui, il remet un instant en cause la répartition des revenus du spectacle. Autant d'attitudes dictées par une peur de l'avenir dont les uns et les autres n'arrivent pas vraiment à se détacher.

Et ensuite? Que faire? *Le pot de terre...* ne va plus les nourrir très longtemps. Ils jouent la pièce depuis un an, et les murs de leur nouveau théâtre aspirent à un nouveau spectacle. Eux aussi. Oui, mais quoi?

Leur groupe a pris l'habitude de se réunir pour un oui ou pour un non. Tout est bon : « On vivait ensemble matin, midi et soir, explique Thierry. Pendant près de quinze ans, on s'est vus comme ça, tout le temps. » Chez Christian ou Marie-Anne, qui ont émigré près du Splendid ou chez Josiane et Bruno, la troupe investit les deux pièces exiguës, se vautre sur le parquet et, sans que personne décide pour personne, les choses s'organisent. En fait, le rituel est bien ancré dans les mœurs, et personne n'y dérogerait pour un empire. Une heure ou deux passent avant d'entamer les choses sérieuses. Ils parlent de tout et de rien. Balançant des vannes dont Gérard est devenu au fil des mois la cible idéale. C'est là aussi que se règlent les comptes et qu'ils débattent des derniers potins de la galaxie café-théâtre. « Et si on faisait », « T'as lu que », « Un mec m'a dit », « Est-ce que vous avez vu »... Cette habitude a un nom : faire le magazine.

Au bout de deux heures d'errance verbale, de laisser-aller et de vagabondage d'esprit, un d'entre eux sort un stylo et un cahier, et tous savent qu'ils doivent, à cet instant, penser en commun... Josiane est l'une des plus actives. « Chez nous, à l'inverse du Café de la Gare, il n'y a jamais eu de chef, quelqu'un qui pouvait imposer sa volonté en disant ce qui est bien ou non. Il fallait se battre pour s'imposer parfois, mais j'ai des souvenirs d'incroyables séances de rigolade lorsqu'on cherchait des sujets. On pouvait se mettre à délirer sur une idée pendant une heure, et finalement la laisser tomber... Mais parfois on pouvait se prendre la tête avec un autre pour défendre son point de vue. »

Si, vues de l'extérieur, ces séances peuvent paraître empiriques, il n'en est rien. Les choses sont structurées... Elles se sont en fait structurées d'elles-mêmes. Il y a ceux qui apportent les idées – comme Thierry qui est capable, se souviennent Gérard et Josiane, d'en sortir une toutes les cinq secondes, et Marie-Anne qui excelle à créer des personnages. Christian structure beaucoup ce jaillissement, Gérard fait office de gagman du groupe, tandis que Josiane et Michel sont les censeurs, les critiques, les canalisateurs.

« Moi, explique Balasko, je lisais beaucoup le journal pendant qu'ils parlaient. J'amenais mon grain de sel, comme Michel. Mais nous, nous étions surtout les gendarmes. On sentait si une chose était bonne ou non, si elle allait passer la rampe. " Oui, c'est bien " ou " Non, c'est pas bon ". Après, on trouvait d'autres idées... »

Michel et Josiane, les moins intégrés, conservent en effet un œil extérieur qui permet au groupe de ne pas se reposer sur ses lauriers. La censure de ces deux-là, c'est la garantie d'aller au plus juste, au meilleur. « Notre rôle, continue Josiane, c'était de garder la cohérence de l'ensemble, d'aller dans la bonne direction, de construire une pièce qui se tienne. » Ce qui semble une fois sur scène le fruit d'une joyeuse anarchie est le résultat d'un long travail peaufiné à l'extrême des jours durant, et retravaillé lors des premiers passages devant le public avant d'être définitivement entériné. Les coulisses et le joyeux bricolage des Lombards sont en fait une usine qui fonctionne parfaitement, car tous ses rouages se correspondent à merveille.

« De tous les groupes que j'ai connus, il n'y a vraiment qu'avec celui-ci que j'ai pu m'entendre! » Michel, toujours pessimiste, rejetant l'idée de groupe mais acceptant ses amis, cherche très vite des raisons pour renforcer son aversion à l'égard des structures. Les réunions d'écriture vont rapidement lui prouver ce qu'il entrevoyait depuis longtemps : écrire est un exercice solitaire...

« L'écriture en commun, c'est le révélateur infaillible des mouvements, des lames de fond. Au début, on riait vraiment des mêmes choses, il n'y avait jamais de divergences; quand une chose en faisait marrer un, elle faisait marrer tout le monde. On se réunissait tous, et on avançait. On allait à la séance d'écriture un peu à reculons, mais, quand c'était parti, c'était sur des rails... Même s'il y en avait qui avaient plus d'idées que d'autres, l'écriture collective primait. Moi, cela m'allait, car j'étais persuadé à l'époque que je n'étais pas capable d'écrire seul. Et puis, c'est très inhibant d'avoir des grands frères, on s'habitue à ce que des gens viennent à votre secours quand vous manquez d'idées... Cela dit, avec mes doutes, j'ai toujours fait chier tout le monde. J'étais plutôt un ralentisseur qu'un accélérateur. Étant un peu intello, j'avais une attitude de censeur par rapport au foisonnement d'un Lhermitte, par exemple. Mes démêlés avec la rigueur et la logique n'étaient pas forcément nécessaires au café-théâtre. Et je suis sûr que, par moments, je devais être très casse-couilles. »

Plus que d'être « casse-couilles », Michel à cette époque se cherche surtout. Il a la cruelle conscience de ses manques. Il ne fait pas rire comme Jugnot, il n'est pas bouillonnant d'idées comme Thierry et n'a pas le talent d'écriture de Christian, pense-t-il.

Il se met doucement en position d'avoir des raisons de s'autoexclure du groupe.

Y a du soleil, y a des nanas...
dirla dirla da da!

31

« Nous respirions l'air du temps à pleins poumons! » Comme ils avaient vécu 68 en observateurs un peu distants, ils vont continuer dans les années qui suivent. Un regard collectif... et quel regard! L'époque s'y prête à merveille. La société et les modes vont sombrer dans les excès, et souvent dans le ridicule. Une révolution, surtout, va être à l'origine de leur premier grand triomphe : celle des loisirs et des camps de vacances...

L'arrivée des beaux jours leur pose toujours le même problème : où partir sans bourse délier? Animer des camps de vacances, des clubs! C'est par Diane Kurys (amie de Philippe Noël, le fils de Tsilla Chelton) qu'ils ont eu le filon. Diane et son fiancé, Alexandre Arcady, sont des habitués du Club Méditerranée, où ils animent des soirées. Le Splendid leur emboîte le pas. Aubaine : vacances, soleil, bonne bouffe et même midinettes! Amour, coquillages et crustacés...

C'est la grande époque où Gilbert Trigano, le génial inventeur de ces vacances « sans souci » – « un type qui fabrique du rêve comme d'autres du couscous en boîte », écrivait alors *Le Quotidien de Paris* –, fait éclore, partout où il y a du soleil, des paillotes et des bungalows, dans le seul but d'accueillir des congés payés tellement occupés à gagner leur vie qu'il faut les aider à la dépenser. Un mot roi : consommation. Tout : bouffe, soleil, sport et sexe... Le Club Méditerranée, qui devient vite le Club Méd (aujourd'hui Le Club, tout simplement), est surtout un fantastique lieu de rencontre où la coiffeuse et la vendeuse peuvent se parer, un court été, des attraits de l'*executive woman*... Le nivellement par le maillot de bain. Cette grande révolution, c'est l'abolition des privilèges et des castes. Comme chez Harlequin, la bergère peut épouser un P-DG... même si celui-ci vient surtout là pour rencontrer sa bergère au détour d'une nuit, et non pour faire sa vie avec. Le Club Méd, c'est aussi une belle pépinière de talents, qui se retrouvent là, été comme hiver, en échange du gîte, du couvert, du soleil et du farniente pour animer les soirées « culturelles ». Des vacances à l'œil, avec un public généralement acquis! Rien de mieux pour tester en grandeur nature ses dernières trouvailles. Et voilà Le Splendid trimbalant *Je vais craquer* et *Ma tête est malade* sous le ciel bleu de Grèce et de Casamance.

« On s'était trop marrés là-bas, on avait trop vu de trucs qui nous avaient fait pleurer de rire, trop de mecs qui se demandaient chaque jour : " Et toi, tu as baisé combien de kilos de nanas cette nuit ", ou des trucs du même genre, pour ne pas être tentés de faire un jour quelque chose sur le Club », explique Christian.

Gérard en salive encore. « C'était génial, parce qu'on n'était ni GO ni GM, on n'avait pas une thune pour partir en vacances, et on a découvert le Club dans ce qu'il a de plus marrant. On était en général invités une quinzaine de jours pour animer une soirée par semaine... Et quand on se taillait un triomphe, on était les rois, et on passait en premier en ski nautique. »

Thierry et Gérard sont très accros. Michel, Christian et Marie-Anne, plus circonspects, mais ils s'y retrouvent parfois. La moisson qu'ils font ces étés-là sera restituée telle quelle, sans arrangements, sans fioritures, sans censure non plus. « Comme on avait un statut un peu spécial d'artistes, explique Gérard, on a pu approcher tout le monde. On a vu tous les espoirs mais aussi la misère, des Bobo animateurs sans talent, des chefs de village odieux, des responsables des sports sadiques, des GM misogynes et des jeunes filles venues rêver... Dans la pièce et dans le film, il n'y a rien d'inventé, à tel point que ceux qui n'aimaient pas le Club disaient : " Oui, c'est vraiment comme ça "... et ceux qui l'aimaient disaient la même chose. C'est une vraie mine, le Club Méd, continue Michel, et puis cela n'avait jamais été fait; alors on est partis sur cette simple idée, en se disant que, pour le reste, on arriverait toujours à faire tenir trois paillotes sur la scène. »

La proposition est mise aux voix, la majorité penche plutôt pour un scénario de film : reconstituer un village du Club sur la scène du Splendid, ce n'est pas gagné! On a beau être les rois des bricolos, les palmiers, le soleil, le lagon et le village africain, c'est pas évident à caser sur trente mètres carrés. Ils se mettent donc à l'écriture d'une histoire finement intitulée *Rallume! Y a un moustique!* Une trentaine de pages qui, chemin faisant, au cours d'épiques séances finissent par devenir une pièce.

Ils cherchent un titre plus approprié, plus vacances, plus « Club ». Un titre qui évoquerait la bronzette, le soleil, le farniente... et le reste. C'est finalement Josiane qui les met sur la voie. Elle a un vrai génie du titre : *Amour, coquillages et crustacés*, c'est frais et suffisamment intrigant.

Malgré leurs réticences, ils ont vite fait de se persuader que la scène des Lombards est suffisamment grande pour y installer un club de vacances. Et, pour preuve, ils y caseront un bungalow, des palmiers, un village africain, un marché aux piments, un bout de mer et sa plage de sable! Ils y donneront des leçons de karaté, organiseront une soirée animée, des concours de plage. Et même un départ de ski nautique! Ça, c'est Bruno le bricolo qui en a eu l'idée. Ils ont construit à l'extrémité de la scène une avancée en arrondi, sur laquelle une trappe a été pratiquée. Marie-Anne s'installe là avec des skis nautiques sous lesquels sont fixées des roulettes. Reste aux garçons à tirer sur la corde qu'elle tient dans les mains, et la voilà qui décolle, traversant la scène en « skiant », pour terminer sa course à l'autre bout, tandis que la salle est plongée dans l'obscurité!

« Les gens étaient pliés de rire, c'était à mourir de voir sur cette scène de café-théâtre une fille en maillot de bain faire du ski nautique. Naturellement, il m'est arrivé de déraper, de me casser la figure dans le noir ou de m'écraser au fond de la trappe sans décoller! Un soir, je me suis même fait une vilaine entaille sur le tibia... »

Cette fois, pas question de réitérer l'accouchement douloureux et précipité du *Pot de terre*... Cette saga d'une bande de bronzés lâchés sur une plage de sable fin, ils l'écrivent presque sans peine : une bonne vieille succession de sketches, d'aventurettes reliées par le fil conducteur qu'est la vie au Club, avec sa belle brochette de personnages qu'ils incarnent à merveille.

Un gringalet grincheux et velléitaire? Michel. Un playboy tombeur? Thierry. Une brave fille pétulante? Marie-Anne. Un médecin pontifiant et hâbleur? Christian. Un couple de Français moyens? Josiane et Gérard!

« Au départ, un peu hypocritement, on se disait qu'on écrivait pour tout le monde et qu'on ne savait pas quel personnage on jouerait, explique Michel. Mais on savait très bien, en fait, que le petit chauve qui tente de tomber une gonzesse ce ne serait sûrement pas Thierry! Ni le beau moniteur, Jugnot... » Et peu à peu leurs personnages prennent corps, ils les modèlent, leur donnent vite une réelle personnalité, un réalisme qui sera pour beaucoup dans le succès de la pièce. Quant aux autres rôles, ils sont confiés aux amis comédiens de la galaxie Splendid. Dominique Lavanant, qui assure déjà la première partie de soirée aux Lombards avec l'histoire de *Nicole Bouton*. Son aubergine devient tout naturellement la vieille fille esthéticienne en quête d'amour. Quant à Jacques Delaporte, débauché de La Veuve Pichard, il fera un parfait « gentil organisateur ». Et le rôle du chef de village reviendra de droit à Guy Laporte, un véritable chef de village rencontré sur place!

Le surréalisme débridé qui a présidé à la création, puis au succès du *Pot de terre*... laisse place ici à une véritable chronique dans laquelle chacun peut se reconnaître. La pièce raconte simplement une semaine au Club. Tout ce qui se passe durant ces quelques jours de bronzette organisée, de l'arrivée du car, avec cinq GM fraîchement débarqués de l'aéroport, jusqu'au départ... Mais, au-delà de la simple dérision, la pièce est un constat amer de ces amusements organisés. Les Splendid ne se contentent pas de décrire la réalité dans son quotidien bêbête et parfois touchant, ils montrent la bêtise des gens ordinaires sous sa forme la plus éternelle. A trois, disait Brassens, on est déjà une bande de cons... Là, ils sont sept sur scène et touchent juste. On rit dans la salle forcément, pas toujours pour la bonne raison.

Et pour cause, les postsoixante-huitards ont du Club une image très caricaturale : des vacances bourgeoises de cadres moyens cherchant à s'encanailler, des vacances prêt-à-porter opposées aux tenants de l'aventure qui partent sac à dos vers Istanbul, Goa ou Madras. Un microcosme social qui ne peut faire que bon ménage avec l'esprit café-théâtre, lequel a comme credo de traquer la bêtise, la vanité et la connerie.

« Ah, les jolis camps de vacances, écrit le critique du *Quotidien,* en donnant au mot camp des accents carcéraux. Tout a été prévu, continue-t-il, pour dérider forfaitairement – la forfaiture – le citadin balourd, gros bras à la tête creuse, provisoirement libéré de la terrible réalité : métro-boulot-dodo... »

Le voilà, le grand mot : ces clubs sont pour « eux », pas pour nous. « Sujet en or pour le Splendid, ajoute le vitriolant, que cette évocation d'un petit groupe de minables, venus s'échouer dans un camp minable, organisé par des minables. Le rêve a l'épaisseur d'un ballon dégonflé, mais les rêveurs impénitents continuent à rêver sous le soleil... »

Cette fois, le succès ne traîne pas les pieds. Dès la première, au début de mars 1977, les spectateurs sont conquis, et certains soirs on frise le délire. Encouragés et prêts à tout, ils mettent le paquet : le départ en ski nautique de Marie-Anne, mais aussi les cours de karaté donnés par Thierry. Michel, qui perd son caleçon de bain et se retrouve nu ! La soirée d'animation, où ils se déguisent avec des... slips géants ! Et enfin, ce qui leur aurait valu sûrement un Molière du bon goût s'il avait existé : la scène où Christian, visitant le village africain, achète quelques piments.

« Tu sais, monsieur, c'est piment très très fort, ça, explique Michel Blanc grimé en... Noir.

– T'en fais pas mon gars, j'ai l'habitude. »

La scène sera reprise dans le film, mais amputée de sa suite... la visite d'une grotte sous la conduite du guide Jugnot. Pris d'une incontrôlable « tourista », Christian s'éclipse derrière un rocher et, amplifié par l'écho de la grotte, on entend le chuintement monstrueux de pets d'une étonnante légèreté et des « Han » de soulagement du meilleur effet... Des bruits qui répandent dans la salle un gaz hilarant. Et Jugnot le guide de continuer, imperturbable : « ... ces stalagmites datent de deux mille ans », pour tenter de couvrir par ses explications l'agonie de Christian. Certains soirs, inévitablement, quand la salle bien chauffée explose, cette scène prend des allures de plan-séquence...

Échaudés par la première du *Pot de terre*..., de triste mémoire, ils ne convoquent pas tout de suite amis et journalistes, mais laissent aux spectateurs de la première heure le soin d'essuyer les plâtres. Très vite rassurés, ils lancent des invitations. La presse se déplace plus facilement. Et, dès les premières critiques, ils savent que c'est gagné... Ils ont tapé juste!

« Rien n'est laissé dans l'ombre de ce paradis de minables qui semble être encore le seul capable de donner un aperçu du bonheur », remarque un journaliste. « A quelques mois du grand rush estival, écrit avec justesse un autre, l'équipe de la rue des Lombards jette un regard sans pitié sur la faune des camps de vacances émigrée des grands centres urbains. Rien ne manque, dans cette fresque pittoresque où le rêve organisé prend des allures de carton-pâte. Robinson Crusoé à l'heure des congés payés... A l'ombre des cocotiers, nous suivons les aventures quotidiennes de cinq vacanciers ringards animés du désir d'être heureux à tout prix. La chronique du Splendid n'est pas spécialement gentille, elle est férocement drôle... »

En cette année 1977, leurs visages plus que leurs noms commencent à être connus; on pense souvent à eux pour une figuration intelligente ou un second rôle. Entre 1976 et 1977, chacun tournera cinq ou six films – avec un point d'orgue pour Josiane, qui voit son nom neuf fois à l'affiche, dont un superbe second rôle dans *Les Petits Câlins*, le premier film d'un certain Jean-Marie Poiré... Une rencontre d'importance.

Dans la salle de plus en plus bondée au fil des soirs, un spectateur attentif vient souvent applaudir son neveu Christian Clavier. Yves Rousset-Rouard a tout de suite vu qu'il se passait sur cette scène exiguë quelque chose de nouveau; qu'il y avait là, sinon les stars de demain, du moins matière à un film qui remplirait les salles. Producteur heureux d'*Emmanuelle*, il sait mieux que quiconque de quoi un succès est fait... Et là, il n'a aucun doute.

32

« Salut !

– Chalut petit, comment cha va ? Tu déjeunes ? »

Invariablement à 14 heures tous les jours, le rendez-vous chez Taraire est un rite. C'est là, dans l'odeur des tripoux et des lentilles, que s'élabore le plan d'action de la journée : qui va « faire les réservations », sous-entendu rester au théâtre pour prendre les appels, s'atteler aux bricoles à finir, résoudre les problèmes administratifs ou financiers ? Les autres, le solide plat du jour de l'Auvergnat avalé, se rendent rue Dussoubs chez Thierry, ou chez Josiane et Bruno qui habitent alors dans un charmant « nid d'amour », un sixième étage proche du théâtre. Le soir venu, une ou deux heures avant l'ouverture, ils se retrouvent de nouveau chez Taraire, dans la salle du fond, pour boire un verre ensemble. Les copains, les acteurs de La Veuve Pichard ou du Café de la Gare savent où les trouver et les rejoignent souvent à l'heure de l'apéro : Dominique Lavanant, Martin Lamotte, Coluche, Dewaere, et même Miou-Miou – surtout lors de sa courte amourette avec... Gérard. Il y aura aussi, pendant quelques mois, un certain Yvon Brexel, amené là par Jean Rochefort, lui-même arrivé dans la foulée de Coluche. Les deux acteurs avaient joué ensemble dans *Les vécés étaient fermés de l'intérieur*, le premier film de Patrice Leconte. Yvon, qui a longtemps soigné les chevaux de l'acteur, est en rupture de tout : argent, appartement, travail. Le Splendid sera sa bouée de sauvetage. Il tient la caisse, répond au téléphone, fait le ménage, prend les réservations... en échange d'un toit... d'une voûte, plus précisément. Il a déroulé son sac de couchage dans la cave-loge et y passera quelques mois avant de repartir vers d'autres horizons.

Ils sont là, tous heureux, dans cet univers réduit à un

théâtre, un bistrot, trois rues et six amis fidèles. Le théâtre fonctionne, et chacun en vit. Côté cœur, c'est le bleu fixe... Tous sont casés, ou presque. Seul Thierry, play-boy impénitent, poursuit son incessante chasse. Il avait même mis au point un stratagème des plus efficaces, se souvient Claude Olivier, le frère de Michel, l'un des musiciens de Coluche et le régisseur officiel du Splendid : « Il se débrouillait toujours pour terminer la pièce en costume de ville et, dès la fin du salut, il passait aussi sec de la scène à la salle pour draguer une spectatrice repérée en jouant... et partait avec elle. » Mais les choses n'allaient pas durer ainsi encore longtemps... Cupidon est planté pas très loin. Au Conway's, très exactement.

Le soir, après le spectacle, ils délaissent souvent Taraire pour ce restaurant faussement américain de la rue Saint-Denis, où officie en tant que serveuse – en attendant de reprendre son métier de comédienne – la blonde, et belle... Hélène. Thierry tombe... amoureux! Comme peuvent l'être les pires volages. Dès lors, il n'y sera plus pour personne lorsque des voix énamourées le demanderont au téléphone au Splendid!

Yves Rousset-Rouard est sûr de les trouver chez l'Auvergnat en fin d'après-midi. Un jour, sourire de conquérant aux lèvres, il vient leur proposer une idée qu'ils ne peuvent refuser : porter à l'écran *Amour, coquillages et crustacés*. L'accueil réservé au tonton de Christian n'est pas des plus chauds... La bande a déjà deux cadavres dans le placard avec le producteur.

Quelques années auparavant, à l'époque du passage du Départ, ils ont écrit une histoire titrée à la hâte : *C'est pas parce qu'on a rien à dire qu'il faut fermer sa gueule*, un titre qui n'éclaire pas beaucoup sur le contenu : le cambriolage d'une banque à partir des toilettes d'une gare. Le scénario tient dans une idée toute simple : pour égarer les soupçons de la dame-pipi cerbère implacable, trois malfrats creusent à tour de rôle, en changeant chaque fois de costume pour ne pas être repérés. L'idée a bien plu au tonton producteur, tellement même qu'il a monté l'affaire... mais sans eux! Motif invoqué : « Vous n'êtes pas encore assez connus. » C'est Michel Serrault, Bernard Blier, Jean Lefèvre et Tsilla Chelton en dame-pipi qui ont décroché les rôles. Christian a dû se contenter d'une simple apparition, alors que Gérard, en employé de la SNCF atteint d'incontinence urinaire, apparaît lui toutes les cinq minutes pour aller se soulager. Comble de l'humiliation, le scénario a été entièrement réécrit à la demande de Bernard Harispuru, le distributeur avec lequel le producteur a l'habitude de traiter. Un homme intraitable et colérique, « dont les éclats de voix et les coups de gueule sont bien connus dans le milieu cinématographique », précise Yves Rousset-Rouard. La réécriture fut confiée à celui qu'Yves Rousset-Rouard avait pressenti comme metteur en scène, un certain Jacques Besnard... l'inoubliable réalisateur de ces impérissables chefs-d'œuvre que sont *Le Grand Restaurant* et *Le Fou du labo 4*...

Ce film avait laissé aux comédiens du Splendid, alors en pleine quête de reconnaissance et de travail, le sentiment amer de s'être fait rouler dans la farine. Mais c'était le tonton... On passa l'éponge. La pilule, en revanche, a été un peu plus difficile à avaler lorsqu'ils ont récidivé quelque temps après en déposant à Trinacra – la maison de production d'Yves Rousset-Rouard – un scénario sobrement titré *Nelson, mon cul!* dont l'idée avait germé lors d'une tournée de *Je vais craquer*, un soir où ils dormaient sous la tente.

« On s'était dit que ce serait génial de se tirer en vacances en camping en Angleterre, se souvient Thierry. De là est née cette idée d'une bande de Français qui partent là-bas et qui font naturellement plein de conneries. Pendant les travaux des Lombards, on a écrit le scénario que l'on a passé à Rousset-Rouard, qui en a parlé et l'a fait lire à Bernard Harispuru. »

Et ils ont attendu, relançant de temps à autre le producteur, jusqu'à ce que, quelques mois plus tard, apparaisse sur les écrans un certain *A nous les petites Anglaises* de Michel Lang, au scénario étrangement proche du leur! Un peu dubitatif et bon prince, Thierry conclut d'un fataliste : « Harispuru a eu les deux scénarios en main en même temps, il a choisi celui de Lang... »

Yves Rousset-Rouard a une version un peu différente de l'affaire : « Ils m'avaient parlé d'une idée de jeunes Français supposés apprendre l'anglais un été à Plymouth... Enthousiaste, je leur avais donné mon accord pour travailler sur ce projet. Comme au théâtre, ils avaient à peine quitté mon bureau que Michel Lang est entré. Le jeune réalisateur, qui avait entendu la fin de la conversation, me confia qu'il avait écrit un scénario comparable. Cela ne m'étonna pas. J'avais apprécié, quelques années auparavant, son court métrage intitulé *Amusements*, une description réaliste de la tristesse d'une station balnéaire outre-Manche. Cette convergence d'idées me parut dictée par le destin. J'ai incité Lang et l'équipe du Splendid à en discuter et à coordonner leurs efforts. » Ce qui naturellement ne se fit pas. Yves Rousset-Rouard, trop occupé par la production de la suite d'*Emmanuelle*, avoue que sans lui les deux parties n'arrivèrent pas à s'entendre... Une belle litote.

33

Ce jour-là, donc, l'accueil que la bande réserve à Yves Rousset-Rouard n'est pas vraiment chaleureux... De plus, le succès des deux *Emmanuelle* n'arrange pas son image. Ce qui rend la troupe encore plus réticente à s'engager avec lui. Mais, au-delà, Yves Rousset-Rouard a la réputation d'un producteur solide et... sérieux.

Venu au cinéma par la publicité, Yves Rousset-Rouard est un opportuniste au bon sens du terme. Un pied dans la communication, un autre dans la politique, ce proche de Giscard fera tout au long de sa carrière preuve d'audace et de remarquables facultés d'adaptation. Lorsque la télé ouvre son antenne à la pub, Yves Rousset-Rouard est déjà prêt. Il va puiser dans le vivier des jeunes réalisateurs de talent un peu désœuvrés entre deux longs métrages. Jean-Jacques Annaud (futur réalisateur de *L'Ours*, du *Nom de la rose* et de *L'Amant*), Michel Lang (*A nous les petites Anglaises!*) ou Claude Zidi (*L'Aile ou la Cuisse*, *Les Ripoux*) sont les produits de cette école. C'est donc tout naturellement que Rousset-Rouard devient producteur de longs métrages lorsque l'opportunité s'en présente. Un jour, à bord d'un avion, il parle cinéma avec son voisin. La conversation roule sur *Le Dernier Tango à Paris*, qui bat alors – surtout grâce à une certaine scène – tous les records d'entrées. « En plaisantant, je lançai l'idée d'un film qui pourrait se passer dans un 747, explique Rousset-Rouard dans son livre *Profession producteur*. – Mais c'est *Emmanuelle*, me dit mon voisin, le chef-d'œuvre de la littérature érotique! Vous ne l'avez pas lu? »

Revenu à Paris, Yves Rousset-Rouard obtient les droits du livre pour... deux mille cinq cents francs! Et produit le film, qui sort dans les salles en juin 1974. Très vite, *Emmanuelle* devient un véritable phénomène de société. Et coupe la France en deux... D'un côté, les pro-*Emmanuelle*, émoustillés, qui voient s'ouvrir là une nouvelle fenêtre de liberté ; de l'autre, tous ceux qui sont choqués par ce tapage autour d'un simple film érotique. *Emmanuelle* fait au moins un heureux : Yves, son producteur, en l'enrichissant !

Les Splendid ne l'ont pas attendu pour avoir l'idée de porter à l'écran *Amour, coquillages et crustacés*. Ils flirtent depuis assez longtemps déjà avec le grand écran pour savoir qu'ils tiennent là un film en puissance. D'ailleurs, dès les débuts de la pièce, Charles Nemès leur a fait lui aussi des avances dans ce sens. Il est venu voir Gérard et lui a proposé de tourner la pièce. Tous sont d'accord, à une condition : que Nemès trouve l'argent ! Pas plus compliqué que ça. Une promesse de Normand qui évite de dire « non » au pauvre Charles, et permet surtout de le mettre en réserve dans l'attente espérée d'une autre offre, sinon plus sérieuse... du moins plus juteuse. Bien sûr, Charles ne trouvera jamais l'argent. Et lorsque le tonton vient toutes dents blanches dehors leur proposer, à son tour, de faire le film, que peut un réalisateur de courts métrages contre le producteur d'*Emmanuelle* ? La troupe a toujours su privilégier ses intérêts...

Charles Nemès s'en offusque un peu, mais ne désarme pas pour autant. Il a l'enthousiasme, la vigueur, la candeur même de ceux qui veulent faire du cinéma. Il sait confusément que les Splendid seront tous un jour au sommet. Il veut être dans leur sillage. Il a eu du nez avant tout le monde. C'est par Gérard, son ami de longue date, qu'il tente de revenir vers la troupe après cette claque. « Il y a des cas où il ne fait pas bon être trop proche des acteurs. Ils ne pensent souvent pas à vous professionnellement. Vous êtes un pote, pas une relation de travail... Et puis, ils m'ont expliqué, un peu gênés, qu'ils n'avaient pas les mains libres ; que, Rousset-Rouard s'occupant du montage financier du film, cela leur permettait de faire un “ vrai ” film. En fait, je crois que ce qu'ils voulaient surtout, c'était faire “ leur ” film, et ils ont eu peur – peut-être à juste titre – que je fasse “ mon ” film... Ce qu'il leur fallait, c'était un “ yes-man ”, et en imposant Leconte comme réalisateur c'est ce qu'ils ont fait... Gérard a, paraît-il, essayé de me soutenir. »

La vraie raison – il y a aujourd'hui prescription – est que tous trouvent Charles Nemès « un peu ennuyeux, et surtout triste à mourir »!

Nemès relance donc Jugnot avec un projet qu'ils ont écrit tous les deux quelques mois auparavant, un brouillon plus qu'un vrai synopsis : l'histoire de deux copains un peu minables qui rencontrent une fugueuse. « Une toute petite production qu'on devait tourner tous les deux, se souvient Nemès, et dans laquelle nous nous partagions les rôles. » Gérard n'est plus très emballé quand Nemès lui assène un argument aussi définitif que morbide : « Mon père vient de mourir, il me laisse un peu d'argent, on peut faire le film si tu es d'accord! » Que répondre? Gérard acquiesce, mais, un brin méfiant, demande à Charles d'en être seulement le réalisateur. Prétextant qu'il est difficile pour un premier long métrage d'être à la fois réalisateur et acteur débutant... Il propose un autre débutant, Daniel Auteuil, qui a à son palmarès quelques apparitions de voyou pour Gérard Pirès et Yannick Bellon. Rien de folichon. Un visage ingrat, une silhouette de faux beau gosse qui forment un contraste détonnant avec Gérard.

Le tournage est vite ficelé, tous y participent sans vraiment se rendre compte que, d'une petite comédie de mœurs sans prétention, Charles, avec son pessimisme naturel, fait une farce noire, le portrait désespéré de deux cons étriqués. La piètre aventure de petits employés de banque, qui louent une petite voiture, s'inventent une petite vie affective et partent pour un petit week-end à... Bruges. Un week-end qu'ils saborderont eux-mêmes pour les beaux yeux d'une jeune fille rencontrée sur le bord de la route, qui les fera un instant redevenir des coqs. La fin en eau de boudin voit nos « héros » ramener piteusement la fugueuse au bercail en échange d'un chèque du père qui passera dans l'achat d'une... machine à laver! Ce portrait de deux enfants du siècle n'a pas provoqué la bataille d'Hernani des *Tricheurs* de Carné, et pourtant il procède de la même intention. Les héros de Nemès sont des êtres veules, petits et péteux. Et la prestation des divers membres du Splendid n'est guère plus gratifiante : Thierry, dans une très courte séquence, vole une roue de la voiture; Bruno est une caricature de garagiste;

Michel, un imbécile incapable de donner convenablement un renseignement ; quant à Marie-Anne et à Christian, Bonnie et Clyde de banlieue en 2CV rouge, ils abandonnent sur une aire d'autoroute leur grand-mère (jouée par la propre mère de Marie-Anne !) après lui avoir piqué son sac ! En acceptant de faire ces panouilles, la troupe voulait-elle se dédouaner d'une promesse trop vite donnée ? Le film n'eut pas une grande carrière... mais ne fit de mal à personne non plus ! Quatre ans plus tard, Gérard et Thierry, forts de trois grands succès au cinéma – dont *Le Père Noël est une ordure* –, donneront de nouveau leur accord à Charles Nemès pour le gentillet *La fiancée qui venait du froid*. La bande aura racheté définitivement sa parole...

Un plus gros morceau les attend. Yves Rousset-Rouard a enfin fini le montage financier du film adapté de *Amour, coquillages et crustacés*...

34

Yves Rousset-Rouard, c'est pour la bande l'opportunité d'aller plus vite, de ne pas ramer dans les antichambres des maisons de production... Considérés comme des amateurs sympathiques et non comme des professionnels aguerris, les comédiens de café-théâtre ont en général alors beaucoup de difficultés à s'imposer. La troupe saute donc sur l'occasion... mais non sans poser ses conditions. Comme le notait justement, en novembre 1978, Marc Esposito, l'un des tout premiers à s'être intéressés à eux et à leur avoir ouvert grandes les colonnes de son magazine *Première* : « Le cinéma, avec dix ans de retard, suit enfin ! » Yves Rousset-Rouard a réussi à les convaincre de porter à l'écran leur pièce... mais il va vite déchanter devant cette équipe soudée, très au fait de sa valeur et nullement prête à tout accepter et à n'importe quel prix ! Clavier, peut-être plus que les autres, entame un mini-bras de fer avec son oncle... ne serait-ce que pour se dédouaner de ce lien familial. « Je ne voulais surtout pas que les autres puissent croire qu'il y avait une connivence entre nous. Yves est un producteur qui a vraiment beaucoup de qualités, très dynamique, qui a pris un risque et nous a donné notre chance... Mais c'est aussi un homme très paternaliste, qui nous faisait très souvent sentir qu'en fait il nous rendait service ; et, comme j'avais l'impression que c'était aussi nous qui lui rendions service, il fallait traiter notre association en termes d'échange et pas autrement... »

Dès les premières discussions, aucune des deux parties ne cède de terrain. Yves arrive avec un nouveau titre, *Les Bronzés*, que les Splendid commencent par refuser avant d'accepter, non parce qu'ils se plient à la volonté du producteur, mais parce qu'ils lui laissent le crédit de son expérience. « Ils ne me proposaient surtout rien de mieux, affirme Yves, et le titre de la pièce était un peu calqué sur *Pain, amour et fantaisie*. *Les Bronzés*, c'est vrai, ça fait un peu *cheap*, et même congés payés ; on m'a dit aussi que cela faisait penser aux Charlots, alors très en vogue grâce aux films de Zidi. Mais le titre s'est très vite imposé, et personne n'y a ensuite trouvé à redire. Ce qui m'avait également incité à le changer, c'est que Thierry et Gérard m'avaient confié que les gens n'arrivaient pas à le retenir ou à le prononcer correctement ! »

Yves, qui prend ce consentement pour une complète carte blanche, tente de leur imposer dans la foulée Pierre Bachelet pour la musique du film. Il a une dette d'honneur envers l'auteur-compositeur des *Corons*, depuis que ce dernier lui a composé la musique d'*Emmanuelle* pour... presque rien. « Tu feras mon prochain film. » Peine perdue, l'équipe veut Gainsbourg. Yves cède. *Les Bronzés* contre *Sea, sex and sun*. Un point partout. Mais c'est le film qui sort gagnant : il a le meilleur titre possible et la musique adéquate. Vient ensuite le choix des acteurs, et Yves Rousset-Rouard semble bien vouloir réitérer le coup de *C'est pas parce qu'on a rien...*

« Il nous a dit que ce n'était pas possible de monter le film avec nous, sur nos noms, car nous n'étions pas assez connus, explique Clavier... Mais qu'on aurait des rôles dedans ! Lui voyait des types comme Rochefort et Marielle et autres dans les rôles principaux ! Il n'en est pas question ! C'est une très mauvaise idée, salut ! »

Les choses s'enveniment très vite, mais Yves Rousset-Rouard s'accroche, transige, et enfin accepte qu'ils incarnent à l'écran les rôles qu'ils ont créés au théâtre. « Heureusement, continue Christian, car vieillir autant nos personnages, ça changeait complètement la portée du film, ça devenait beaucoup plus grinçant, et un peu triste aussi. Tandis que ces conneries et ce comportement de la part de types d'une vingtaine d'années, c'est sympathique et normal. »

Ce premier point d'importance réglé, le dialogue reprend, et l'on en vient à parler d'argent. De nouveau, ils font bloc, Gérard en tête. Ils refusent de se mettre entièrement entre les mains du producteur, tout tonton soit-il. Ils apportent l'histoire, le scénario et leurs personnages. Bref, le film. Ils décident donc, après une âpre discussion, d'être coproducteurs à hauteur de vingt-cinq pour cent avec Rousset-Rouard... et exigent en plus trente mille francs de salaire chacun. De vrais chefs d'entreprise, qui gèrent parfaitement et froidement leurs affaires. Ils continuent ainsi à gagner du terrain pied à pied en contre-attaquant systématiquement. Quand arrive le choix du metteur en scène, Yves avance avec assurance le nom de Jean-Jacques Annaud, un débutant rodé à la pub. Il n'a alors qu'un seul long métrage à son actif... mais quel long métrage! *Noirs et Blancs en couleurs*, sorti sur les écrans sans aucun succès. Rebaptisé *La victoire en chantant*, il est sélectionné pour les Oscars! Et Annaud rentre en France la précieuse statuette en poche! Le film sera l'un des gros succès de 1976.

« J'emmène donc un soir Jean-Jacques Annaud au Splendid, explique Yves Rousset-Rouard. Je l'observe bien pendant toute la pièce, et je le vois qui se marre. Il me dit : " C'est très bon ", et je pense que l'affaire est en bonne voie. On va dîner tous ensemble et, en sortant du restaurant, il fait la même réflexion que j'avais eue : " Tu vois, finalement, c'est bien... mais il faudrait qu'on prenne d'autres acteurs. " Je tente de le convaincre, de lui expliquer que c'est leur pièce, leurs personnages. Rien n'y fait... » De plus, Annaud et l'équipe du Splendid ne se sont pas entendus. Le dîner a même été un peu glacial... Annaud sent qu'il n'aura pas les coudées franches, et les Splendid savent qu'avec lui le film leur échappera. Yves Rousset-Rouard revient à la charge, propose d'autres réalisateurs – comme Philippe Monnier, ancien assistant de Sautet et de Losey, et réalisateur de *Monsieur Papa*. C'est encore un bide, et bide de nouveau lorsque le producteur remet... Michel Lang sur le tapis!

En fait, les dés sont pipés d'avance. Eux ont une idée en tête depuis longtemps : enfin, pas très longtemps. Depuis qu'un soir un tout jeune réalisateur, timide, sans expérience mais enthousiaste, est venu les voir après une représentation et leur a affirmé avec conviction : « Vous ne me connaissez pas, mais j'adore ce que vous faites, j'ai écrit un script pour vous, et j'aimerais le tourner. » Devant ce petit binoclard proprement mis, à la fois timide et sûr de lui, ils sont tous touchés. Quand on cherche la reconnaissance, il y a des phrases qui vous vont droit au cœur. Ce soir-là, Patrice

Leconte s'est fait des amis, et ils s'en souviendront en ce printemps 1977. Refusant Annaud, Monnier, Lang et même Labro, ils imposent Leconte... au grand dam de Rousset-Rouard, et surtout de l'inénarrable Harispuru, qui s'arrache le peu de cheveux qui lui reste.

« C'est qui, ce Leconte ? Qu'est-ce qu'il a fait ? hurle le distributeur.

– *Les vécés étaient fermés de l'intérieur*, avance peu fier Yves Rousset-Rouard, le film ayant été un four intégral.

– Eh bien, rétorque Harispuru, avec lui les salles aussi, on va les fermer de l'intérieur.

– Ça se fera avec Leconte, mais sans vous dans ce cas ! » rétorque Rousset-Rouard... Coincé par l'ultimatum de la bande, Harispuru se laisse convaincre à regret, et Leconte est accepté !

Ce n'est pas la première fois que Patrice Leconte fait le coup. Tourangeau « monté » à Paris une fois le bac en poche, le jeune Leconte rêve de faire du cinéma. Pas comme acteur, mais comme réalisateur. Direction l'IDHEC, l'Institut des hautes études cinématographiques. Là, il partage avec un autre élève une même passion, en plus du cinéma : la bande dessinée, art majeur en ces années 70. Il devient très vite inséparable d'un certain Marcel Gottlieb (son vrai nom), lui aussi amateur de petits Mickey... D'une coccinelle, plus exactement, qui le rendra célèbre dans les pages de *Pilote* d'abord, puis dans celles de *L'Écho des savanes*, un journal qu'il crée avec deux autres gloires du 8e Art : Claire Bretécher et Nikita Mandryka.

« Gotlib a montré mes dessins à Goscinny et Uderzo, les papas d'*Astérix*, et m'a dit le lendemain qu'Uderzo voulait que je vienne travailler à *Pilote*. Comme je trouvais préférable de faire de la BD plutôt que d'être assistant metteur en scène, j'ai rejoint *Pilote* en me jurant que, le jour où je ferais mon premier film, je laisserais tomber le dessin... Et j'ai effectivement fermé la parenthèse BD le jour où j'ai mis en chantier mon premier film, *Les vécés étaient fermés de l'intérieur*, sur un scénario cosigné avec... Gotlib ! »

Curieux de tout ce qui se passe dans ces années-là à Paris, Patrice écume les caves, les théâtres en marge, et bien sûr les cafés-théâtres. C'est un habitué du Café de la Gare, du

Vrai Chic parisien, et évidemment du Splendid. Pour lui, les vraies « vedettes » d'alors se nomment Coluche, Martin Lamotte et nos héros. Et, tout naturellement, son scénario en poche, c'est vers Coluche qu'il se tourne d'abord. Un Coluche déjà « star » dans le milieu du café-théâtre, mais pas encore pour le grand public. Un Coluche de l'avant-*Schmilblick*, de l'avant-cinéma...

« Gotlib et moi, nous ne connaissions que deux personnes avec qui nous avions envie de tourner : Coluche et Jean Rochefort. Rochefort, contacté par l'intermédiaire de son agent, nous avait répondu qu'il aimait bien l'histoire ; quant à Coluche, le soir où je suis allé le voir, il m'a dit : " Je trouve le scénario super, je suis d'accord. Si tu arrives à monter le film, je le fais. " »

Fort de ces promesses, Leconte cherche un producteur, mais tous lui font la même réponse : « Rochefort, c'est une bonne idée, c'est un acteur formidable. Mais ce Coluche, qui c'est ? » Personne ne le connaît ! Quelques mois et trois sketches plus tard, Coluche fait un tabac à l'Olympia !

« Tout le monde se l'arrachait et lui proposait des rôles. Il a été absolument super, il a répondu à tous : " Le seul qui soit venu me proposer un rôle important à l'époque où je n'étais pas connu, c'est Leconte ; je vais faire son film, et après on verra ! " Et il a tenu parole. Je suis alors allé trouver la Gaumont : " Vous avez vu, Coluche m'a promis de faire mon premier film. Alors, si vous voulez faire un film avec lui, c'est par moi que ça passe ! " »

De toutes les troupes de café-théâtre qui gravitent dans le Marais, c'est avec celle du Splendid que Leconte se sent le plus en phase, et c'est elle qu'il décide de contacter. Secondé par Pétillon, une autre star de la bande dessinée grâce à son personnage du détective Palmer, il se met à sa machine et taille aux Splendid un script sur mesure. Rien que pour eux, avec le nombre exact de personnages et une histoire délirante bien dans leur veine. Il leur propose le scénario. Flattés, ils acceptent... en attendant que Leconte trouve son producteur.

Une promesse, c'est une promesse, et quand tonton Rousset-Rouard produit le film, ils imposent « leur » réalisateur ! Un geste éminemment politique qui leur permet surtout de garder une mainmise sur le film et de devenir ainsi une véritable force d'opposition. Yves Rousset-Rouard, qui misait sûrement sur leur enthousiasme à l'idée de faire, enfin, du cinéma, avait oublié que, lorsqu'on a vingt ans, deux théâtres derrière soi, un emprunt de plusieurs centaines de milliers de francs sur les épaules, on n'est plus des gamins.

On comprend pourquoi Yves n'est pas des mieux disposés lors de sa première rencontre avec Patrice Leconte. Le producteur en a gros sur la patate d'avoir été obligé de plier devant ceux qui auraient dû, normalement, le considérer comme un messie. Leconte explique encore :

« Un après-midi au théâtre, la troupe avait rendez-vous avec Rousset-Rouard pour me présenter. D'entrée, il attaque : “ Ah oui, c'est vous qui avez fait *Les vécés...* ” ; puis, s'adressant aux autres : “ Cela n'a pas été un grand succès, vous êtes sûrs de lui ? ” Mais, devant leur détermination, il n'a plus eu qu'à s'incliner. »

Rousset-Rouard ne court pas après le succès – d'autant qu'il y a là un vrai risque de producteur : il n'est en rien assuré que le film sera au moins rentable ; mais ce qu'il veut avant tout, c'est se débarrasser de l'étiquette un peu poisseuse d'*Emmanuelle*. Un prénom qu'il trouve trop collé à son nom. Il a vu juste. Non seulement Le Splendid va faire de lui un producteur populaire, mais aussi un producteur (encore plus) riche ! Une sorte de nouveau Fechner, le célèbre producteur à succès des *Charlots*.

A malin, malin et demi... Pour garder quand même un œil sur la mise en scène, Rousset-Rouard tente un dernier baroud et colle comme assistant à Leconte un « homme à lui » : Jean-Claude Sussfeld. Il motive cette décision par le manque d'expérience du réalisateur, que compensera le professionnalisme de Sussfeld. Ce qui est vrai. Leconte, pas dupe, accepte de bonne grâce Sussfeld comme premier assistant, et très vite – au grand étonnement du producteur – les deux hommes forment une excellente équipe.

Mais, pour Leconte, la félicité va être de courte durée. L'écriture du scénario ne s'annonce pas des plus faciles. Leconte se retrouve seul face au mur des sept coauteurs de la pièce ! A lui le dur labeur de noter tout ce qui se dit, dans le plus grand désordre, lors des séances d'écriture, et ensuite, le soir dans sa chambrette, de faire le tri, de mettre en forme, de relier ensemble les gags, dialogues, idées balancées au fil de la pensée. Et ils vont vite, les bougres. « Dix idées à la minute pour Thierry », avait dit Christian. Une mitraillette à gags, alimentée par Gérard, et soutenue par Josiane et Michel. Tous connaissent parfaitement – et pour cause – leur personnage, qu'ils jouent tous les soirs depuis plus de cinq mois. Et ils ressortent là toutes leurs frustrations, ce qu'ils veulent mais n'osent pas faire en scène... Leconte attrape des suées ! « J'ai été à ma manière le " rédacteur " de ce scénario, plutôt que le " nègre " du Splendid. En fait, mon rôle consistait à bâtir un scénario qui se tienne, après avoir recueilli les informations, les bribes de dialogues qu'ils jouaient entre eux, les propositions de scènes et tout ce qu'ils balançaient sans cesse. »

Bien qu'imposé par la troupe et bénéficiant d'une confortable légitimité, Patrice Leconte se retrouve vite l'otage du Splendid, qui ne veut surtout pas, dès l'écriture du scénario, voir caviarder sa pièce, son enfant chéri, son succès, ni l'immoler sur l'autel du compromis. La grande intelligence de Leconte est d'avoir compris tout de suite qu'avec de la diplomatie il arriverait à ses fins. C'est donc avec des chaussons de danse qu'il tente de faire de la pièce, cette foire aux cons aigre-douce, une comédie dans laquelle les minables deviennent une bande de joyeux déconneurs en vacances ; et leurs mesquineries, des sujets de gag. Il charge les personnages, les caricature à l'extrême. Gigi devient une prêtresse pour collection Harlequin qui ne parle que de ses liaisons, qui rêve d'« amour fou » dans les bras d'un séducteur... patron d'un salon de coiffure ! Bernard et Nathalie, le couple, vont se fourvoyer dans des dragues minables au nom de la liberté sexuelle. Jean-Claude n'a qu'une seule préoccupation : « Concrétiser. » Quant à Jérôme, le toubib, cet expert-né est surtout un con fat et docte ! La fable sociale de Leconte prend le pas sur la simple dénonciation de la joyeuse connerie humaine de la pièce. Les Splendid confortent à l'écran leur emploi. Seule Josiane a des velléités de changement. « J'en avais marre de jouer les comiques, je voulais faire un personnage différent. Alors, on a écrit un personnage nouveau, qui tente de vivre sa vie en dehors de son couple et qui n'est pas vraiment génial. J'avais même maigri pour le faire, je n'ai jamais plus été aussi mince! Et finalement, je me suis dit que je préférais être plus grosse et faire rire. »

Leconte garde l'essence, mais change le flacon. Et, pour bien enfoncer le clou de sa comédie inhumaine, il introduit la mort de Boursault-Creton, l'animateur des soirées du club, un personnage inspiré par... Michel Leeb, alors totalement inconnu et qui, lui aussi, animait les soirées du Club à Hélion, en Grèce. Les Splendid l'avaient rencontré un été, il les « faisait mourir de rire... bien que son comique ne soit pas notre truc », dixit Thierry. Pour ancrer sa comédie dans le réel, Leconte choisit de sacrifier son animateur, car les cons meurent aussi, souvent bêtement.

L'animateur vedette du club d'Assouindé plonge et... remonte mort. Tragédie sur fond de ciel bleu. La scène ne plaît à personne... et surtout pas au producteur. Il tente de la faire supprimer. Peine perdue. « Je me suis battu, explique Yves Rousset-Rouard, mais ils y tenaient. C'est la seule chose que le public n'a pas aimée. Et je me souviens que, lors des projections privées, juste avant la sortie du film, tout le monde me le faisait remarquer. »

De plus, cette scène n'arrange pas les rapports du producteur avec les gens du Club. Gilbert Trigano fait savoir son mécontentement. « Il n'y a jamais eu de morts au Club! » Pas officiellement, du moins... Leconte en tête, l'équipe tient bon pour conserver la scène. « Moi, je suis très amateur de ce genre de choses, explique le réalisateur. C'est une manière de faire sentir que ce qui leur arrive n'est pas déconnecté de la vie. D'un seul coup, c'est l'irruption du drame. Ce sont des héros, des héros comiques. De plus, il ne peut rien leur arriver? Erreur! On a aussi toujours l'impression que les comédies sont des réserves bien protégées. En fait, c'est faux! »

Ultime pirouette, Leconte clôt la scène par un mot qui révèle encore plus la profondeur de la bêtise inhumaine de ses personnages, lorsque Bobo, offrant les palmes du mort à Gigi amoureuse, lui dit : « Tiens, je t'ai ramené ses palmes, j'ai pensé que ça te ferait plaisir... »

Leconte poursuit : « Même dans l'euphorie, la mort peut surgir : je me souviens que pendant le tournage on a appris la mort de Claude François! A table, tout le monde en parlait. Gérard faisait ses commentaires habituels : " Il faut être nul pour changer une ampoule seul en prenant son bain. Il aurait pu se baigner avec son électricien, qui en plus lui aurait savonné le dos. " Quand soudain, au milieu de l'hilarité générale, une des figurantes s'est effondrée en larmes dans son assiette, s'est levée et est partie en courant s'enfermer dans son bungalow. On n'a pas pu la faire sortir de la journée... Elle était fan de Claude François! Et voilà que, deux jours plus tard, toujours à l'heure du déjeuner, une autre info circule : " Pompidou est mort! " Là, tout le monde s'esclaffe, jeux de mots habituels. Pourtant, il ne s'agissait pas du président Pompidou, mort depuis quatre ans, mais de notre cuistot, un type qui lui ressemblait comme deux gouttes d'eau... sauf qu'il était ivoirien. Là, plus personne n'a ri. »

En deux petits mois, le scénario est bouclé. Rousset-Rouard, qui sait que les instances du Club, Gilbert Trigano en tête, ont adoré la pièce, pense pouvoir obtenir un village, ses GO et toute l'infrastructure. Quel meilleur endroit que le Club pour tourner un film sur... le Club?

Seulement, il y a un os : la direction du Club n'aime pas du tout le script du film! Consternation. A l'époque, le Club tente de communiquer sur le plaisir et le bonheur pour se débarrasser avant tout de l'image « cul » qui colle à ses paillotes, et effraie un peu les mères de famille et les seniors. La publicité du « voyagiste » est axée sur « Voir, écouter, manger »... Et, comme le dit si élégamment Leconte, « nous, nous avions rajouté " baiser ", ils n'ont pas voulu nous aider, et je trouve ça normal. Moi, j'aurais fait la même chose à leur place. Ils voulaient communiquer autrement, et nous leur renvoyions leur véritable image! »

Il faut reconnaître que, de ce côté, ils ont un peu chargé la mule. Par exemple, la scène dans laquelle Thierry le GO pousse l'une de ses dernières conquêtes sur une balance et prend le cuistot à témoin :

« Elle fait combien? s'enquiert le candidat au record.

– Cinquante-cinq kilos! Ce qui fait à ton compte trois tonnes huit cent vingt-sept kilos!

– Tu te rends compte, poursuit le Casanova des bungalows, je me suis niqué trois mille huit cent vingt-sept kilos depuis le début de la saison! Et toi?

– Cent vingt-cinq kilos... Mais en une seule fois ! »

Ou, comme le déplore si bien Christiane – jouée par Dominique Lavanant – un peu sur la touche : « Quand on pense au prix qu'on paie, et même pas une aventure ! »

Tout y est. Pas étonnant que cette image des GM et des GO ait légèrement indisposé les autorités du Club. Sans compter que le choix de *Sea, sex and sun* de Gainsbourg comme chanson du générique n'arrange pas les choses ! Ces trois « s » qui peuvent se traduire en français par trois « b » : bronzette, bouffe et baise ! Et jusqu'à l'anodine chanson d'accueil des GO au GM qui stipule : *Y a du soleil, y a des nanas, dirla dirla dada*... Le Club n'apprécie pas.

Ce *niet* sans espoir de négociation ne fait pas vraiment le bonheur du producteur, qui comptait bien économiser la construction des bungalows, l'installation des sanitaires, de la cuisine, etc.

Juste avant le tournage, le Club tentera bien une ultime négociation. Les chargés de la communication font le dos rond, acceptent même de prêter toute l'infrastructure si le ton du film est modifié. Mais le réalisateur et la troupe sont inébranlables et refusent de faire un film à la gloire du Club ! Les ponts sont définitivement rompus. « De toute façon, avec ou sans vous, déclare Leconte, le film se fera, et vous n'empêcherez pas le public de penser qu'il s'agit du Club Méditerranée. »

35

Sans village où poser ses caméras, voilà l'équipe – producteur, réalisateur et assistant – passant d'un avion l'autre à la recherche du lieu idéal. Au printemps 1978, ils partent traquer le soleil à Saint-Domingue, aux Antilles, en Afrique. Sur les conseils des techniciens, des amis et des agences de voyages, ils visitent en vain de nombreux sites, jusqu'au jour où on leur signale en Côte-d'Ivoire un... ancien village du Club désaffecté et rendu presque intact aux autorités locales ! Une aubaine et un sacré pied de nez au Club, qui s'est réinstallé à trois kilomètres de là. L'endroit est parfait. On ne pouvait trouver mieux ! Yves Rousset-Rouard tient sa revanche : tourner dans un vrai « Club » au nez et à la barbe de ces empêcheurs de rigoler au soleil.

C'est un véritable charter de bronzés hurlants et chahutants qui envahit le paisible aéroport d'Abidjan en ce mois de février 1978. Les employés portuaires et les douaniers en ont vu d'autres du même acabit. Ils se foutent des GM... et se conduisent comme eux. « C'était un bordel incroyable, se souvient Leconte, j'avais l'impression d'emmener une colo en vacances ! »

Un car les attend, ils vivent en vrai les premières images de leur film ! et ils débarquent en fin d'après-midi à Assouindé, à vingt kilomètres au sud d'Abidjan, sans encore réaliser qu'ils sont à l'aube de quelque chose de déterminant. En fait, explique Thierry, « on pensait qu'on allait tourner un petit film qui amuserait quelques personnes... ».

Ce que Leconte confirme : « Aucun d'entre eux n'avait une vraie notion de ce qu'ils allaient réellement faire, sinon mettre en images leur pièce dans un vrai décor. Ils étaient contents d'être là, et surtout d'être ensemble. » Ils partaient en vacances. Tout simplement, et aux frais du tonton de Christian!

Quelques semaines auparavant, décorateurs, menuisiers et électriciens ont préparé le champ d'action de nos Bronzés. Trop heureux d'avoir son « Club », Yves Rousset-Rouard n'a pas lésiné pour rendre l'endroit aussi agréable que possible... « Il avait tout fait venir, continue le réalisateur, y compris un " lot " de cinq ou six belles filles au cas où " nous ne trouverions pas sur place, dans les villages de vacances alentour, des beautés indispensables au fond du décor ". » Et quand ce n'est pas suffisant, tout le monde est réquisitionné, même les hommes. Jean-Claude Sussfeld et Stéphane Clavier, le frère de Christian alors stagiaire, se retrouvent en pagne pour danser le tamouré dans la scène de la soirée. Cécile Magnan – Mme Jugnot à la ville (et à la plage) – ainsi qu'Hélène Lhermitte sont deux des beautés aux seins nus de la séance de body-painting, tout comme l'attachée de presse Caroline Decriem qui avait, se souvient Leconte, une « poitrine d'enfer »! Il y a aussi l'éphémère « fiancée du moment » de Michel Blanc, qui rejoint la troupe en cours de tournage pour jouer la petite amie de... Jean-Claude Dusse. Jusqu'aux « envoyés spéciaux » du magazine *Première*, Marc Esposito et Max Colin, son photographe, qui seront mis à contribution en jouant les utilités!

Le tournage, de février à avril 1978, est idyllique, ponctué par les fous rires de l'équipe et des acteurs. Un tournage? Des vacances... organisées, plutôt. La figuration, le gros de la troupe des GM et des GO sont recrutés sur place, dans le nouveau village du... Club Méditerranée! Naturellement, cela se sait à Paris et, quelques jours plus tard, on envoie au « vrai » village du Club une « note de service » stipulant qu' « il est interdit aux gentils organisateurs de se rendre dans l'enceinte de l'ancien camp et de prêter leur concours au film en train de se tourner ». L'équipe et les acteurs sont sidérés, une guéguerre des sables va-t-elle avoir lieu? Non, mais cette note pousse les acteurs, Michel Creton en tête, à aller faire au Club une retape qui se révèle payante... dans tous les sens du mot. Yves Rousset-Rouard s'en frotte encore les mains. « Malgré les nombreuses activités proposées par le Club, un grand nombre de vacanciers préféraient venir sur le tournage... et les GO du Club ne pouvaient pas les en empêcher. Tant et si bien qu'on a eu pendant plusieurs semaines une troupe de figurants très " couleur locale ", des vrais vacanciers – et pour cause ! – qui venaient tourner à l'œil... à la différence près, se souvient le réalisateur, que sur un tournage les figurants, recrutés et payés, sont disponibles pour de longues heures d'attente, alors que ceux-là en avaient marre rapidement et se tiraient ! Si bien que dans la scène suivante il nous manquait des gens ou on n'était pas " raccord " ! »

Pour pallier cela, Yves Rousset-Rouard et Leconte, qui ne sont jamais à court d'idées (ou de truanderie), ont trouvé un truc : une tombola au petit matin pour ceux qui ont eu le courage d'attendre une bonne partie de la nuit. Le gagnant de ce « piège à cons », dixit Leconte, repart fourbu avec... un lot de trois balles de Ping-Pong neuves ! « Je ne savais plus où me foutre, continue-t-il. Et le lendemain, pour avoir les mêmes figurants, c'était une vraie galère. Souvent, il m'arrivait de commencer des scènes en plan très large, parce qu'il y avait beaucoup de monde, et de terminer la même scène en plan très serré parce que tout le monde s'était cassé. »

Aujourd'hui encore, leurs souvenirs ont des accents de récits de vacances. « On a failli perdre Lavanant, explique Jugnot, elle s'était empiffrée de langouste à Grand-Bassam et s'est vidée sur la plage au retour... Qu'est-ce qu'on s'est marrés. » Tous font leur travail avec enthousiasme, ils sont drôles, inventifs... Mais personne, hormis le producteur et le réalisateur, ne prend vraiment le film au sérieux. A tel point que Patrice Leconte est souvent au bord de la crise de nerfs à cause des blagues dont il est victime. « On se serait cru dans *Pim, Pam, Poum*, cette BD des années 60 dans laquelle règne une bande de gamins turbulents. » Ils ont l'imagination des potaches qu'ils étaient il y a peu encore... Un dimanche, par exemple, jour de repos, Patrice Leconte prend un peu de bon temps en sirotant un rafraîchissement au bar du Club, quand arrive Michel Blanc, en sang, le T-shirt déchiré, maîtrisé par deux techniciens. « J'en ai marre de ce con, regarde ce qu'il m'a fait, j'en ai plein le cul de la Côte-d'Ivoire, j'ai commandé un taxi, je me tire de ce film de merde. » Patrice, connaissant le caractère un peu emporté de Michel, voit son film partir en eau de boudin... « Et même, me suis-je dit, si j'arrive à calmer Michel, avec son nez éclaté et ses arcades sourcilières fendues, je ne peux pas continuer, il faut attendre la cicatrisation ! » Patrice tente de comprendre ce qui s'est passé, en essayant de calmer la fureur de Michel. Au bout d'une heure, il est à bout de nerfs, quand, d'un seul coup, Michel cesse de se plaindre, et un énorme sourire naît sur ses lèvres ensanglantées tandis que l'attroupement qui s'était fait autour cède peu à peu au rire. C'était un coup du maquilleur, avec la complicité des autres, pour foutre la trouille à Patrice Leconte. Furieux, celui-ci demande des explications. Réponse de Michel : « On se faisait un peu chier, alors, plutôt que de s'emmerder... »

« Il était si bon comédien, explique Patrice qui en rit encore, que j'y ai cru de bout en bout... C'était complètement dans l'esprit du film, dans leur esprit. »

36

De retour aux Lombards, le film alimente encore longtemps leurs conversations. Et ils attendent avec curiosité de voir le résultat. La boutique Splendid rouvre ses portes peu de temps après, le 21 avril, et chacun remet son pagne et remonte sur scène. Manquent les vrais palmiers, l'air marin, la mer et surtout le soleil. Et le cœur n'y est plus vraiment, même si la salle affiche complet presque chaque soir. Il est temps de tourner la page. De trouver autre chose. Les idées, ce n'est pas ce qui manque.

La première projection du film est enfin annoncée. Une projection rien que pour eux, dans une petite salle privée des Champs-Élysées. « Voilà, ce n'est qu'une copie de travail, mais vous pourrez déjà voir ce que ça donne. » Un premier montage. En ce mois de juillet, Paris est à la même température que les scènes du film. C'est drôle de se retrouver là et de revoir le sable d'Assouindé, les palmiers et la folie de ces deux mois de tournage. Quatre-vingt-dix minutes plus tard, le sourire n'est plus de mise. Ils sont effondrés... Ils ne s'attendaient pas à *Hellzapoppin'*, mais tout de même. « Je n'étais pas sûr que le film ferait vraiment marrer les gens, même si je trouvais les acteurs bons, mais en revanche ma mise en scène... » Patrice n'est pas le seul à s'apercevoir qu'entre l'intention et le résultat il y a un fossé : Yves Rousset-Rouard est aux cent coups. Les acteurs, moins : eux ont le sentiment d'avoir fait au mieux. Cependant, Christian est affligé. L'entreprise a pris à ses yeux une énorme importance. C'est le premier film monté sur leur nom, c'est lui qui a quasiment imposé la troupe à son « tonton », puis qui s'est battu pour Leconte, et voilà le résultat!

« Rousset-Rouard avait raison en disant qu'il fallait entièrement le remonter. Ensuite, les choses se sont nettement améliorées, et Leconte a appris son métier en même temps qu'on apprenait le nôtre. » Yves Rousset-Rouard décide de sauver lui-même le navire, son navire. Il reprend tout à zéro. Il en ressort un nouveau montage, et une affiche dessinée par le grand affichiste Ferracci. Sans être un chef-d'œuvre, le film est drôle, vif, marrant. Il atteint son but. En ce qui concerne l'affiche, les choses vont beaucoup moins bien. Toute la troupe la refuse! « C'est monstrueux, ce crâne qui sort de l'eau avec les gens dessus! » hurle Jugnot. Mais la pilule passe encore moins quand ils s'aperçoivent que le nom du producteur est plus gros que le leur. Yves Rousset-Rouard tient bon, prétend qu'il est trop tard pour refaire l'affiche, et l'on se quitte là-dessus en attendant les premiers résultats. Le 22 novembre, le film est donné en pâture au public. Dans l'après-midi, ils se sont tous prêtés à une mascarade née du cerveau de l'ex-publicitaire qu'est Yves Rousset-Rouard. Sur le plateau d'une camionnette, revêtus – malgré le froid – de leur tenue de GM, ils ont sillonné quelques grands axes de la capitale, accompagnés d'un orchestre d'orphéons, pour finir dans le hall d'une grande salle de cinéma. Ils ne peuvent en faire plus...

Le soir, ils sont de nouveau chez eux, rue des Lombards, sur scène. Dans la salle, l'angoisse chevillée au corps, Patrice Leconte attend les premiers chiffres. Harispuru appelle : « On a fait dix mille entrées aujourd'hui, je crois qu'on tient le bon bout! » Patrice est aux anges. Dès la fin du spectacle, il manque de se tuer en descendant l'échelle qui mène à la « loge ». « On a fait dix mille! crie-t-il. – Ah bon... C'est bien? » demandent Thierry et Josiane. Christian, lui, sait qu'ils ont décroché le cocotier. Fou de joie, il se précipite sur le téléphone, appelle Le Café de la Gare et hurle à une Miou-Miou éberluée : « On a fait dix mille entrées! – Moi, tu sais, les chiffres, je ne sais pas ce que ça veut dire », lui répond-elle.

Le film démarre tranquillement, pour atteindre vite sa vitesse de croisière et se solder par... cinq cent cinquante mille entrées sur Paris. En France, c'est deux millions et demi de personnes qui viennent bronzer avec eux! Un vrai succès, dont les conséquences vont être nombreuses...

La critique, la grande, celle qui est censée faire l'opinion, ils s'y sont peu frottés jusque-là. Elle a toutefois été plutôt bienveillante à leur égard, comme souvent les pros à l'égard des amateurs. Mais là, c'est autre chose. Ils se retrouvent dans la cour des grands ; face à eux, *La Cage aux folles* et *La Carapate*. Des grosses pointures ! Ils vont au casse-pipe... et se font éreinter.

Télérama, d'abord... Mais fallait-il attendre autre chose ? Sous le titre « En dessous de la ceinture », Jean-Luc Douin reconnaît, malgré tout, avec une honnêteté dont on peut le créditer, que si le film comporte bon nombre de « plaisanteries parfois faciles [qui] restent un peu trop en dessous de la ceinture, certains gags font mouche. Le mérite en revient à quelques comédiens très doués dont on ne manquera pas de reparler ». (Quelques années plus tard, toutefois, dans le même hebdo, le film suscitera lors de son passage à la télé un commentaire étrangement différent. Jacques Siclier, qui écrit surtout dans les colonnes du *Monde* et qu'on peut difficilement accuser d'être un critique tout acquis aux caleçonnades, écrira que le film est « un véritable manifeste de cocasseries, de gags aigres-doux, de jeux fantaisistes. Avec la joyeuse troupe de café-théâtre (dont la plupart des membres sont aujourd'hui des vedettes), Patrice Leconte créa un antidote au vaudeville poussiéreux... C'est un burlesque moderne, conclura-t-il, dont le style n'a fait depuis que s'épanouir ».)

L'Express n'est guère plus enthousiaste et intitule son long article « Les bronzés un peu pâles ». Alain Riou, en revanche, estime avec justesse dans *Le Matin* que « le film pourrait bien devenir un des gros succès de la saison, et je le souhaite car de telles qualités d'écriture et d'interprétation méritent les plus brillants lauriers... Mais cette transposition à l'écran de leur pièce manque de style, conclut-il. Ils auraient pu être les " Hulot " de leur génération ». Robert Chazal, enfin, qui défend dans *France-Soir* un certain cinéma populaire, n'a pas les yeux de Chimène pour nos joyeux lurons. Il note, un brin désabusé : « Tout le monde semble s'être amusé en le tournant. Alors, en le regardant, pourquoi pas ? »

Certes, ils ne s'attendaient pas à une avalanche de lauriers, mais là les critiques semblent les mettre en cause.

Christian est le plus peiné. Il a beaucoup investi dans le film, au fur et à mesure que la date de sortie approchait.

« Ça nous a rendus un peu tristes, mais par ailleurs le démarrage du public nous confortait dans l'idée qu'on avait raison et qu'on avait gagné... On sentait bien que la critique de Chazal était désastreuse, qu'il y avait une hostilité envers nous qui serait toujours sous-jacente, de la part des critiques mais aussi de la part de la profession. C'est le genre qui veut ça, et même encore aujourd'hui on regarde ce que nous faisons avec mépris. »

En revanche, comme un vrai plébiscite, Les Lombards ne désemplissent plus... alors qu'eux voudraient bien passer à autre chose! La profession qui jusqu'à présent les regardait du coin d'un œil amusé est obligée de reconnaître que ces comédiens qui émergent seront sous peu « rentables ». Yves Rousset-Rouard triomphe : « Ils me doivent tout. » Et eux, contents mais redoutablement circonspects, considèrent leur notoriété toute neuve avec un certain recul. Ce n'est pas parce qu'ils ont fait rire plus de deux millions de leurs contemporains qu'ils croient en la pérennité de leur groupe. Ils gardent la tête froide et décident de préparer tout simplement la saison suivante en écrivant un nouveau spectacle. Et ça, c'est autrement angoissant que de se demander à quel stade on devient star. Et puis, l'autre signe de la célébrité, c'est l'argent. Ils ne roulent toujours pas sur l'or... Et, avant qu'ils ne touchent leurs « sous » sur l'opération « Bronzés », il y a encore quelques cars de GM qui vont débarquer à Assouindé.

Yves voit bien qu'il a mis la main sur un filon et qu'il ne faut pas laisser refroidir la machine. Le public réclame les Bronzés? On va lui en redonner! « *Les Bronzés*, explique Yves, était un film d'auteur avec à la base une pièce de théâtre. Le second et ceux que je voulais faire ensuite deviennent des films de producteur. Je pense que si je ne les avais pas tannés, ils n'auraient sûrement pas fait le deuxième. J'étais estomaqué... Ça ne les intéressait pas! »

Tanner? Le mot n'est pas trop fort. Difficile de les convaincre de reprendre leur panoplie de beaufs en vacances. En effet, ils ne paraissent nullement grisés par ce succès et ne manifestent aucune envie de faire une suite. A l'époque, les suites, remakes et autres séquelles n'ont pas bonne cote. Les exemples anglo-saxons n'ont rien pour exciter les comédiens. Quant aux Français, les Zidi avec ses *Charlots*, Lamoureux avec sa *7e Compagnie* et la série des *Gendarmes* avec de Funès, ils ne les trouvent pas vraiment convaincants. Trop populaires, pas assez proches de l'esprit débridé et sarcastique du café-théâtre. Comme le dit si justement Jugnot, « Rousset-Rouard, lui, était partant pour faire " Les Bronzés et le Nucléaire ", " Les Bronzés font l'Algérie ", " Les Bronzés et les Bronzettes "... On ne voulait pas devenir comme les Charlots ».

Ils acceptent tout de même de réfléchir à un second volet, mais à une condition de taille : ils veulent écrire eux-mêmes le scénario! Yves cède (provisoirement) et, tout en continuant à jouer *Amour, coquillages et crustacés* au théâtre, ils se mettent au travail. Seule direction trouvée d'un commun accord : après les vacances d'été, les sports d'hiver. Mais, très vite, ils vont s'apercevoir qu'ils n'ont pas la même idée des vacances à la neige que leur producteur.

37

« Val-d'Isère? Pourquoi Val-d'Isère? Ce ne sont que des HLM en béton! Chamonix a beaucoup plus de gueule! » Yves Rousset-Rouard comprend d'entrée que les choses, de nouveau, ne vont pas être commodes... Le succès des *Bronzés* n'a pas calmé la détermination des Splendid, bien au contraire. Ils sont encore plus vindicatifs, plus indépendants!

« Parce que je connais bien la station, j'y ai été moniteur de ski! » rétorque Clavier un peu agacé. Jugnot ne dit rien, n'osant avouer au producteur... que pour lui Val-d'Isère, Chamonix ou l'Himalaya, c'est du pareil au même : il n'est jamais monté sur des skis!

La mise en train est laborieuse. Un problème de déontologie, presque d'éthique. Ils sont à l'origine de tout, le « concept », les personnages, l'esprit... Ce n'est pas pour que quelqu'un d'autre vienne leur dicter la suite des événements. La tentative d'Yves Rousset-Rouard de mettre son nez dans le scénario devient vite insupportable. Ils ont la vilaine impression d'être enchaînés à leur studio comme les premiers scénaristes américains venus, et de devoir – coûte que coûte – pondre un script. La consigne est simple : « On fait une suite. » En résumé : on prend les mêmes et on recommence, en vertu d'un principe basique qui veut qu'on ne change pas une équipe qui gagne.

Ils s'y mettent en traînant les pieds. Mais soudain, un après-midi, vautré sur le lit de Thierry, Gérard a une étincelle qui met le feu aux poudres : « Vous vous souvenez de cette histoire du Boeing qui s'était écrasé dans les Andes et des types qui avaient bouffé leurs potes? Et si on se perdait dans la montagne en cherchant à redescendre dans la vallée et qu'on tombe sur une bande de gus oubliés? » Et c'est parti! En deux heures, avec l'aide de Leconte, à nouveau pressenti comme réalisateur, ils torchent une trame de synopsis noire, cynique, macabre... très Splendid!

« Un truc très drôle, à la Monty Python », se souvient Josiane.

Leconte précise : « La première idée expédiait les retrouvailles à Val-d'Isère et la mise en place des personnages. Tous décidaient alors de partir faire du ski très haut, et pour cela de se faire déposer en hélico. Et c'est là, en se perdant, qu'ils tombaient sur la carcasse d'un avion et que ça devenait une parodie des *Survivants*, dans l'esprit *Les Robinson des neiges*, mais vus par eux. Je me souviens qu'ils avaient trouvé des trucs à pisser de rire... »

Un vrai délire, jeté en quelques séances sur le papier. En vrac, il était question de plateaux-repas retrouvés congelés qui sauvaient in extremis nos amis de l'autoanthropophagie, d'un yéti, de bergers vivant là oubliés du monde; et même – si la mémoire de Gérard est bonne – de Thierry, qui interprétait un certain capitaine Trévor à qui il arrivait une tuile incroyable : enlevé par un ours, il se faisait sodomiser par le plantigrade! Mais, coup de tonnerre lors de la conférence de presse qui suivait leur sauvetage, au moment où le capitaine avouait son aventure, un journaliste plus malin que les autres demandait : « Capitaine, vous dites avoir été sodomisé par un ours dans les Alpes-du-Sud... mais il n'y a pas d'ours dans ce département! » Ce qui est vrai. Et le capitaine, se tournant vers son copilote, « comprenait, termine Gérard au bord des larmes, qu'il s'était fait mettre par son second! ». Une bonne partie du premier synopsis était de ce niveau.

Yves Rousset-Rouard ne veut pas en entendre parler. « Non, non, on ne plaisante pas avec ça, avec les survivants de la cordillère des Andes. Faites simplement une suite aux *Bronzés*... » Naturellement, ça les branche un peu moins.

Gérard, toujours avec son esprit concis, résume : « On nous a obligés à écrire des scènes du genre " leçons de ski " et des conneries comme ça. Ça nous a fait chier! » A tel point que Michel et Josiane décident de ne plus participer à l'élaboration du scénario, tout en restant dans le film. Ce n'est pas un clash, juste une petite scission momentanée, mais qui ampute d'entrée le film. Marie-Anne le constate, amère : « Il nous était très difficile d'écrire pour eux, de mettre en place leurs personnages. On avait un peu l'impression qu'ils s'en foutaient... » Ce qui est en partie vrai. Cette suite, ils ne l'ont pas tous désirée, et ils se retrouvent à l'écrire en comité restreint. Thierry est sûrement celui qui en souffre le plus. Préfiguration d'un éclatement qu'il redoute...

De l'humour noir, acide et surréaliste, du projet refusé par Yves Rousset-Rouard naît un clone en ce qui concerne le premier volet : même suite de gags, le tire-fesses remplaçant le ski nautique. Un compromis est décidé, Yves Rousset-Rouard a tranché : « Vous gardez votre hélicoptère et votre dérive dans la montagne. Vous me sucrez le truc sur l'avion accidenté et vous m'écrivez un film en vous foutant des sports d'hiver et de ceux qui y vont. » C'est sans appel. Le producteur marque un point décisif. Amputés, fatigués, pris à contre-courant de leur envie, ils baissent la garde. Leconte et Yves Rousset-Rouard sentent alors confusément qu'il y a du mou dans l'écriture. Que le cœur et le ton n'y sont pas. Prétextant que Josiane et Gérard doivent apprendre à skier, le producteur décide de faire fermer les Lombards à la troupe et de l'emmener à Val-d'Isère achever le scénario du film. Le théâtre est confié à Philippe Bruneau, tout heureux d'hériter (momentanément) d'une si belle salle pour jouer sa pièce délirante : *Elle voit des nains partout*, lui qui se sent trop à l'étroit sur la minuscule scène de La Veuve Pichard.

En 1979, Val-d'Isère est la station à la mode, à l'image de ses voisines Megève et Val-Thorens. Janvier! C'est l'époque idéale pour les sports d'hiver, le village est noir de monde. Un électrochoc sur la troupe, qui reprend le stylo et poursuit l'écriture de ses aventures à la neige... Le matin, Josiane et Gérard peinent sur les planches.

Mais que se passe-t-il? Est-ce pour se venger d'être obligés de se plier à la volonté de leur producteur? Parce qu'ils en ont un peu marre de leurs personnages? Ou simplement parce que leur vision de ce bas monde et des cons qui le peuplent est devenue plus noire? Très vite, les personnages sont antipathiques, ce que Leconte résume ainsi : « C'est carrément tragique et complètement amorcé dès le début du film. Ce groupe d'amis, ces Bronzés deviennent en l'espace de quelques minutes à couteaux tirés avec tout le monde. Ça les faisait beaucoup rire, cette méchanceté de beaufs. » Un an à peine après le premier film, tous les personnages ont changé en peu reluisant. Jugnot et Balasko forment un couple de gros cons parvenus, couverts de fourrures, croulant sous le pognon. Lhermitte est un idiot trompé par sa femme et exploité par l'amant de celle-ci! Christian et Marie-Anne ne valent guère mieux. Elle fait des crêpes au sucre dans une gargote minable; quant à lui, il est toujours médecin, et toujours aussi prétentieux. En quelques pages, les Splendid assassinent leurs personnages fétiches. Et pourtant, de ce regard misanthrope va naître un autre succès! Tout simplement parce qu'ils manient en maîtres la dérision, la méchanceté, la noirceur bon enfant. Le film comporte des passes d'armes dignes de figurer dans une anthologie. Cons, mode d'emploi! Car ils le sont, et bêtes et teigneux en plus. Thierry en Popeye larbin de sa femme qui arrive enfin à la reconquérir pour lui avouer au moment où elle s'abandonne... qu'en fait il ne sait où coucher et que s'il revient c'est parce que le mari de sa maîtresse du moment a débarqué! Josiane et Gérard en nantis ignobles, qui virent de leur studio le précédent propriétaire et sa femme enceinte et malade sous prétexte qu'ils ont dépassé d'une heure leur temps d'occupation. Et Jean-Claude Dusse, magnifiquement campé par Michel Blanc, qui erre dans le film toujours à la recherche d'une compagne et qui va se réveiller piteux, un matin, dans les bras de Thierry, pour essuyer les sarcasmes de la femme de ménage. Des petits, des minables. Une véritable entreprise de démolition qui tourne à merveille et leur permet d'introduire une bonne cargaison de gags fonctionnant là encore sur la mémoire des spectacteurs. « Ah oui, c'est exactement comme ça! » Du « planté » de bâton au ski hors piste en passant par le gag du fil dans la fondue, de la serrure gelée, des skis qui tombent et des chutes en tire-fesses. Éternelle tarte à la crème.

A l'image de l'écriture, le tournage est des plus noirs. A commencer par Leconte, affublé d'un assistant avec lequel tout foire... d'autant qu'il sait à peine skier! Un vrai handicap lorsqu'on fait un film sur les sports d'hiver. Et puis, le souvenir d'Assouindé hante le tournage. Le soleil est remplacé par la grisaille, la chaleur par le froid, le short par un lourd équipement qu'imposent les longues heures dans la neige. Bref, comme le dit toujours Leconte, « tout merde! De plus, comme presque tout était loué à notre arrivée, nous n'étions pas tous dans le même hôtel, et le soir c'était la galère pour se retrouver ». Seul bénéfice pour le réalisateur, il se rapproche de Michel Blanc. Les deux hommes deviennent rapidement amis. Même humour, un peu éloigné des gros sabots de la farce estudiantine qui préside au café-théâtre. Une envie commune, aussi, d'aller voir ailleurs. De devenir respectés, plus que reconnus. Durant le tournage, ils ne se quittent plus, préparant inconsciemment leur après-Splendid. Tout cela n'est pas très bon non plus pour le groupe, qui se fissure un peu. A l'image de la fonte des neiges qui s'amorce... Le dernier plan filmé, à la fin d'avril, ils rentrent vite, espérant se refaire une santé, se retrouver surtout dans leurs chers murs...

De retour à Paris, tout redevient comme avant, et le groupe se ressoude en attendant la sortie du film. Il faut se serrer les coudes de nouveau, pour affronter les critiques! Ils ne sont pas encore des noms. Seulement un groupe, fragile, susceptible de retomber dans l'oubli, de n'avoir été que les cigales d'un été au Club. Seuls les inconditionnels de leurs délires sur scène savent qui est qui... Pour les autres, ils ne sont qu'une hydre à sept têtes. Et lorsque enfin, pour la première fois, le très sérieux critique du *Monde* jette un cil sur *Les bronzés font du ski*, c'est pour écrire qu'un certain Bernard (*sic*) Jugnot fait une « composition particulièrement réussie, tout comme Marie-Anne Chazel et Michel Blanc... »

Le film sort sur les écrans le 21 novembre 1979, un an jour pour jour après *Les Bronzés*. A l'image des films des Charlots, cette deuxième aventure est perçue comme une suite commerciale, faite de toute évidence pour exploiter un filon. Ce qui n'est pas faux... dans l'esprit d'Yves Rousset-Rouard, du moins. Et la presse ne va pas se priver de le faire remarquer. Pas tendre avec eux, *Le Figaro* voit là une nouvelle expression de l'art commun. « Malheureusement, le succès populaire [et on peut penser que, sous la plume du critique du *Figaro*, ce dernier mot a une connotation péjorative...] de la précédente équipée avec les artistes du Splendid a émoussé les pointes du réalisateur. Un tir serré de boules de neige a remplacé la satire mordante... » Même Robert

Chazal, dans *France-Soir* – combien d'acteurs et de réalisateurs ont attendu un « bon Chazal » pour remplir leurs salles –, n'est pas convaincu : « Tous ces acteurs se sont amusés à nous distraire dans ce film alertement filmé. Maintenant, les paris sont ouverts pour savoir où les Bronzés se rencontreront l'année prochaine. »

Pourtant, malgré cet accueil très mitigé des médias, toujours réticents à « pousser » un film popu à outrance, *Les bronzés font du ski* aura une très honorable carrière.

L'inestimable Robert Chazal, qui connaît parfaitement les méandres de l'esprit des producteurs, avait bien raison de poser sa question : Après un tel succès, où les emmener ? Dans ces années 70, les voyages deviennent de plus en plus accessibles. Le rêve fait peu à peu place à la réalité, avec vols discount et charters. Rien n'est plus abordable que d'aller fumer en paix à Goa, de chercher un gourou à Calcutta ou de faire simplement un saut chez Biba à Londres. Côté destination, il n'y a que l'embarras du choix pour nos Bronzés. Yves Rousset-Rouard a depuis longtemps sa petite idée sur la suite des événements. Le succès des *Bronzés font du ski* ne l'étonne pas du tout, il savait que l'opération serait rentable. Reste une fois de plus à persuader les Splendid de remettre le couvert. Yves a un projet fou : armer un bateau pour la Coupe de l'America ! Pour lui, le rêve américain n'est pas un vain mot... *Les Bronzés en Amérique* ! Voilà la suite idéale ! Il s'en ouvre à la bande avant même la sortie du film. Le clairvoyant Jugnot avait donc raison : « Un jour, il nous fera faire " Les Bronzés ont marché sur la Lune "... » Dans une minuscule brève à la page spectacles, *France-Soir* annonce même à ses lecteurs attentifs que la troupe planche déjà sur le troisième volet, une indiscrétion due au producteur lui-même, qui tente d'allécher le plus vite possible les éventuels distributeurs ! Pas de problème. Mais, en ce qui concerne la bande, c'est une autre paire de manches.

Pourtant, Yves Rousset-Rouard est prêt à tout pour les convaincre : « Je vous paie un voyage, vous partez, vous faites ce que vous voulez, et chaque soir vous écrivez quelques pages du scénario en vous inspirant de ce que vous vivez, de ce que vous voyez... Alors ? » Un voyage ensemble aux États-Unis tout frais payés... ça ne se refuse pas. Avant le départ, plus emballés par l'idée de vacances que par celle d'écrire un film, ils esquissent malgré tout une vague trame d'histoire, et même un titre de travail : « Drive Away », devenu dès l'écriture des premières pages « Paris-Miami ». Faire une suite aux *Bronzés* les emmerde tous, alors très vite ils imaginent une autre histoire, un *road movie* mettant en scène une bande de Frenchies à la découverte de l'Amérique. Une idée qui affiche d'entrée leur volonté de rompre avec le côté bon enfant des *Bronzés* et du « Comment vas-tu... yau de poêle ». Un film plus dans l'air de leur temps, où il serait question de communautés, de voyages, de la route et de toutes ces choses qui font à l'époque marcher les ados. Le prétexte est simple : deux copains qui convoient une voiture de New York à Miami rencontrent, pendant leur périple, une brochette de gens avec lesquels ils vont vivre mille aventures : Gérard en hippie (on s'imagine bien un hippie... chauve!) qui traverse les États-Unis en... Mobylette (Yves avait-il déjà parlé du budget?) ; Marie-Anne, pantalon pat' d'éph orange, lunettes roses à la Lennon, gilet afghan et foulard dans les cheveux, en fan à la recherche de son groupe de *blues revival* préféré ; Josiane et Bruno seront un couple d'avocats habitant les États-Unis ; et Michel Blanc, enfin, sera à la recherche de sa sœur... Marie-Anne! Au volant de la Cadillac, Christian, en médecin (ce rôle le poursuit... Hommage au père?) aura fait ce voyage pour tenter de soigner son ami – joué par Thierry – un peu dépressif. Voilà, pas de quoi s'emballer, mais comme d'habitude tout sera dans les situations, les dialogues, les rebondissements.

Le grand jour arrive enfin! Seuls Christian, Thierry et Gérard sont au départ. Les autres se défilent sous prétexte d'une pièce sur le feu, d'un film à finir. Ça tombe bien : Yves n'a pas envie de payer un tel voyage à sept personnes pour un hypothétique scénario.

Nos trois aventuriers n'ont jamais mis les pieds sur le sol américain. Les premiers émerveillements passés et les premières cartes postales expédiées à Neuilly et à Puteaux, il est temps de passer aux choses sérieuses. Ils s'astreignent à écrire tous les soirs, en quelques lignes, leurs aventures de la journée. Ce New York-Miami devient rapidement un « US Tour », digne des Rolling Stones, qui commence à New

York pour prendre fin à Las Vegas. A New York, comme les largesses d'Yves Rousset-Rouard ne leur permettent pas le Waldorf... ni même un Best Western de seconde classe, ils déposent leur sac à dos dans une charmante bicoque avant d'aller dire bonjour aux gens du bureau américain d'Unifrance Film, notre délégation pour le cinéma. Lorsqu'ils apprennent à la charmante employée où ils sont descendus, elle les met tout de suite en garde : « Vous êtes fous, c'est un hôtel de junkies, il y a eu six morts là-bas la semaine dernière ! » Jugnot, candide, comprend soudain pourquoi il y a quatre verrous à la porte de sa chambre !

Très vite, la réalité va dépasser la petite fiction qu'ils se jouaient depuis longtemps dans leur tête. Jugnot, plus que les deux autres, supporte très mal ce pays qui le dépasse, cette escapade loin des siens et du cocon de la rue des Lombards. Si Thierry et Christian sont aux anges, lui flippe. Rêve ou réalité ? Marie-jeanne et acid queen, il garde aujourd'hui dans sa mémoire des images hallucinantes (c'est le mot...), pas très éloignées de celles d'*Easy Rider*.

« Un jour, on s'est retrouvés dans le Missouri, à Saint Louis, dans une maison à colonnades, avec des filles qu'on avait rencontrées. Ils m'ont fait fumer un pétard monstrueux et j'étais très mal. Naturellement, ils riaient comme des brutes, surtout quand je me suis mis à hurler que je voyais des mecs avec des fusils à canon scié partout ! J'ai eu un flip incroyable et je n'ai jamais plus touché à cela de ma vie. »

A l'époque, on trouvait encore de bons produits naturels...

San Francisco, puis Las Vegas... Gérard craque et reprend l'avion pour Paris, abandonnant les autres à leur périple. Ils rentrent à leur tour, des images plein les yeux... mais sans l'ombre d'un scénario dans leur cahier de voyage. « Trop compliqué, chacun voulait écrire pour soi et il y avait tellement de matière que nous partions dans tous les sens... Et puis, il faut bien l'avouer : les Bronzés aux États-Unis comme le rêvait Yves Rousset-Rouard, ça nous emmerdait. On n'arrivait pas, de plus, à écrire des rôles pour huit alors qu'on était partis à trois ! On a laissé tomber... »

En attendant, l'aventure terminée, il faut penser à rouvrir la boutique !

Ils croient au Père Noël!

38

« Ce qui serait bien, c'est de prendre une fête, un truc comme Noël...

– C'est con, Noël !

– Oui, oui... Quand tous les beaufs sont heureux.... Et ce serait encore plus drôle de montrer des gens au bout du rouleau, désespérés, dans le froid et la merde, alors que, bien au chaud chez eux, les autres s'empiffrent...

– Ce serait l'histoire d'une bande de paumés qui se retrouvent...

– Un asile de nuit ?

– Non, trop sordide.

– Plutôt un truc qui vient en aide aux désespérés...

– Oui, genre Armée du Salut ou bonnes sœurs !

– Non, pas des bonnes sœurs, elles sont sympa.

– Alors, un de ces endroits où les gens appellent, genre patronage où des vieilles filles coincées se prennent pour sainte Thérèse...

– Oui, à New York, il y a des endroits commc ça. Ce serait bien, avec les mugissements de voitures de flics en fond sonore, les clodos, les décors en brique comme dans *West Side Story*...

– Oh oui, mon père a travaillé avec un pasteur suisse, et ils répondaient au téléphone pour remonter le moral des gus qui voulaient se flinguer, des nanas seules et des mecs bizarres... »

Ce jour-là, chez Thierry, rue Dussoubs, la bande est réunie comme d'habitude. La routine. Ces derniers jours, ce n'est pas le « magazine » qui a alimenté les conversations, mais le montage des *Bronzés*, qui traîne un peu. Pendant le repas chez l'Auvergnat, il n'a été question que de cela, et aussi de la suite des événements. *Amours, coquillages* etc., ils en ont un peu marre. Taraire leur a concocté son régional frichti qu'ils viennent pousser à coups de Coca chez Lhermitte. Ils sont en forme. Ça fuse de partout.

« Oui, un truc genre SOS-Amitié, on voit des affiches partout. »

A l'époque, les « coup de fil du cœur », les « SOSeul... » et autre militantisme antisolitude sont l'un des derniers sursauts de l'esprit 68. Dans cette société sans âme vouée à la consommation, à l'égoïsme et à la solitude, quelques pionniers du réconfort font briller des lumières dans la nuit. Adaptés pour les ondes, les « Macha j'écoute » et les « Ligne de nuit » se sont mis sur le créneau. On appelle, on cause de tout, de la vie et souvent de la mort. Psychanalyse sur le gaz, fast-food lacanien. Le voyeurisme commence à envahir les médias. Le côté dame patronnesse les fait marrer, tout comme les voix lasses et au bout du rouleau des intervenants. Ce n'est pas très chrétien de rire de ces choses-là... mais c'est très Splendid ! Très rapidement, ils imaginent ce qui pourrait se passer, une nuit de Noël, dans un local pour assistantes sociales du cœur. Et ils ne vont pas y aller avec le dos de la cuillère. Ils ébauchent rapidement quelques caractères : un clodo un peu énervé, une jeune fille un brin enceinte, un travelo au bout du rouleau, un émigré slave en plein spleen, et les occupants du lieu, deux hypocrites déguisés en bonnes âmes. Un bel échantillon d'humanité.

Les premières séances d'écriture vont à vive allure. Ils se laissent emporter par la folie dévastatrice à la Marx (tendance Groucho...) des lignes qu'ils consignent dans un cahier d'écolier. Les situations arrivent pêle-mêle. Les dialogues suivent, le tout s'enchaîne.

L'homme : « Je vous appelle plein d'espoir, parce que c'est mon dernier Noël...

Mortez : C'est cela, oui.

L'homme : Je suis atteint de leucémie et je vais mourir dans deux mois...

Mortez : C'est cela, oui.

L'homme : Et comme je suis seul ce soir, j'aimerais souhaiter un joyeux Noël à une femme.

Mortez : Mais, monsieur, c'est une très belle preuve de courage que vous donnez là. Je vous passe ma collaboratrice.

Thérèse : Allô, monsieur, joyeux Noël !
L'homme : Comment vous appelez-vous ?
Thérèse : Je m'appelle Thérèse...
L'homme : Je t'encule, Thérèse, je te prends, je te retourne contre le mur, je te baise par tous les trous, je te défonce, tu me suces... »

On est loin de l'idée charitable qui avait présidé à la naissance de ces lignes de détresse... Plus de limites, la sagesse un peu bonhomme et potache des Bronzés leur donne des envies de meurtre. Ils ont été sarcastiques, ils vont devenir saignants. Thierry trouve cent situations par séances d'écriture ; Marie-Anne ose enfin donner sa pleine mesure. Jusque-là, un peu bluffée par la maestria de l'équipe, elle restait en réserve, osant un mot par-ci, une idée par-là. Maintenant, elle pousse les autres du coude, se fait sa place et veut un personnage à elle, un vrai, drôle et touchant. Il y aura donc deux femmes dans l'histoire : une calme, pondérée, qui ne rêve que de se faire culbuter ; et une excitée, enceinte, moche, clodo. Une teigne... mais avec un cœur en or.

« Qu'est-ce qu'ils disent dans ces trucs quand les mecs les appellent ?
– Bouge pas ! »
Thierry se précipite sur son téléphone, forme un numéro et raconte une sordide histoire à faire pleurer dans les chaumières. Il écoute, raccroche.
« C'est béton, ils sont fous furieux...
– Raconte ! »
Marie-Anne, par papa interposé, connaît ces milieux du réconfort téléphonique : « Mon père avait un peu travaillé dans une organisation de ce genre, créée par un pasteur suisse. Je me souviens qu'il était tout à fait interdit de recevoir les gens, de donner des rendez-vous. Toute la communication devait se faire exclusivement par téléphone. Pour éviter, justement, ce que l'on a décrit – en exagérant – dans la pièce. »
Gérard trouve une explication très psychanalytique à l'engagement de ces Schweitzer urbains : « En gros, ce sont des gens qui ont beaucoup de problèmes dans leur entou-

rage et leur vie, qui ne sont pas capables de les régler et qui vont vers les autres. Le nombre de bourgeoises ou de grandes chrétiennes de province qui s'occupent des laissés-pour-compte... alors qu'elles ne sont même pas capables de s'occuper de leurs propres enfants! C'est le même problème qu'ont certains toubibs de Médecins du monde. Ces gens vont se soigner loin de chez eux en soignant les autres... »

Tous racontent, l'un note, jour après jour, dans une extrême urgence. Pressés de mettre sur leur scène une nouvelle pièce, ils osent tout.

« On pourrait appeler la pièce *Le Père Noël s'est tiré une balle dans le cul!* »

Josiane a toujours de bonnes idées... Christian freine un peu.

« Tu vois une affiche avec ça dessus? »

L'idée du Père Noël fait son chemin. Tout y passe : « ... est un salaud », « ... lui a fait un gosse », « ... a baisé Josette », « ... est une ordure ». Ah oui! Ça sonne bien! Bruno applaudit des deux mains, car ce Père Noël-là il l'a vraiment connu. Il lui a même pompé l'air pendant quelques mois. Josiane s'en souvient aussi... et pour cause. André Presse, qu'il s'appelait, un « ami » de passage de maman Balaskovic, quand celle-ci officiait encore gare de l'Est. Un vrai fou, le Presse : après douze blancs secs, il voulait buter tout le monde!

« Il annonçait qu'il se suicidait tous les trois jours. Il était capable de s'accrocher à la poignée de la fenêtre avec sa ceinture et de déclarer : " Je vais me buter! " » raconte Bruno en se marrant encore. La scène sera intégralement reprise dans la pièce. Le personnage est trop beau pour ne pas devenir Félix le Père Noël. C'est à lui que pensent Bruno et Josiane lors des séances d'écriture. Et ils y pensent doublement, même, puisque son patronyme, slavisé en Pres... kovic, devient aussi celui du raseur slave du dessus! L'emmerdeur, le roi du kloug – le « gâteau qui pète », dixit Zézette –, et aussi des fameux doubitchous d'Osjek, la ville natale d'Ivan Balaskovic. C'est folklo, un Père Noël... autant qu'un Croate, du reste.

Pour les autres personnages, ils empruntent également aux gens qu'ils croisent tous les jours. Une demeurée prénommée Josette, qui tient un débit de pinard proche du théâtre, leur inspire leur Josette à eux, la future « Zézette, épouse X ». Josiane, elle, se rappelle une de ses tantes, une bigote bon teint qui ne sait pas ce qui différencie les hommes des femmes. Une Thérèse parfaite.

« Celle qui ne rit pas parce qu'on ne la b... pas! » adore balancer Gérard, qui a des lettres.

Quant au travelo, Zézette ne va pas chercher très loin. « Facile, on n'avait qu'à sortir dans la rue. Le temps de traverser et d'aller chez Taraire, on disait bonjour à dix dames qui se rasent deux fois par jour. Je ne sais qui, un jour, a dit : "Et si on mettait un travelo?" Et pourquoi pas! C'est sympa, une dame patronnesse, un émigré, une débile et un clodo qui passent Noël avec un travelo! »

Gérard tente de défendre son personnage, le Père Noël : « On avait inventé une belle brochette de refoulés et de malades et, en fait, le seul qui était en dehors de ce monde de névrosés, c'était Félix le Père Noël! Aussi étonnant que cela puisse paraître. On ne sait pas s'il aime vraiment Zézette, mais c'est sa femme, il a du bon sens populaire, la santé. C'est une ordure, mais il n'essaie pas de le cacher... Et quand il découpe, il découpe! »

« Au bout de quelques semaines, la pièce finie, on l'a relue tous ensemble, explique Thierry, et je me suis demandé qui cela allait faire rire. C'était complètement débile, notre truc. Nos copains se marreraient sûrement, mais les gens seraient consternés. » Marie-Anne, plus sereine, sent tout de suite qu'ils tiennent une vraie pièce. « Dans la structure même de l'écriture, on était proches du boulevard. On avait des caractères bien définis, des gens qui n'avaient rien à voir ensemble, et on les imaginait se rencontrant, et les situations qui en découlaient. Cela n'avait rien à voir avec ce que nous avions fait jusqu'alors, y compris *Amour, coquillages et crustacés* qui n'était en fait qu'une simple suite de sketches réunis par une très vague trame. Là, il y avait un début et une fin. C'était venu simplement du fait qu'on sentait la nécessité de structurer et de raconter une vraie histoire. C'est là aussi que sont apparues les premières vraies divergences. Pas entre nous, mais entre ce que nous désirions faire et devenir.

On s'est aperçus que certains préféraient privilégier le côté psychologique des personnages, alors que pour d'autres les gags étaient primordiaux. »

C'est ce mélange finement dosé qui va donner sa variété, ses personnages et son extraordinaire richesse à la pièce. Un fourre-tout qu'ils organisent parfaitement, malgré des envies différentes et souvent contraires.

39

Michel craque en premier. Les huit premières séances d'écriture du *Père Noël...* l'amusent. La neuvième l'emmerde. Il sent qu'il va finir par se fâcher avec eux. Il explique, ils comprennent, il part.

« Je voulais depuis longtemps prendre mes distances. J'en avais assez des contraintes de ces séances d'écriture chez Thierry : j'ai senti qu'il y avait des choses qui ne collaient plus. Il fallait se battre pour ses idées, et je ne voulais pas me retrouver à m'engueuler avec des gens que j'adore et que j'admire pour une simple histoire de gags. Je pense que cela se serait mal terminé. Surtout avec mon caractère, qui était de loin le moins facile de la bande. Je suis donc parti, et j'ai commencé à écrire de mon côté un scénario avec Patrice Leconte, avec qui j'avais plus d'affinités. »

Dommage, on imagine bien Michel en travelo, en Père Noël ou en immigré dans ce jeu de massacre sur fond de bons sentiments. Certains spectateurs auront tout de même la chance de le voir sous la houppelande crasseuse de Félix le Père Noël, les rares fois où il remplacera Jugnot absent pour cause de tournage....

L'écriture se poursuit à six pour se terminer à... deux! Thierry et Gérard, mécontents d'un dénouement imaginé en commun et dans la plus pure tradition du boulevard – dans le genre « Embrassons-nous, Folleville », imaginent le suicide au gaz de Presko, qui ferait sauter l'immeuble par la même occasion... On reste dans le ton.

Une fois relue, débarrassée de ses scories, resserrée par une dernière « italienne » filée sur scène un après-midi, il en ressort une pièce vive, touffue, truffée d'apartés et d'actions simultanées – ce que, malheureusement, n'a pu rendre le tournage en vidéo effectué par Philippe Galland. « C'est vrai, que nous avons été déçus quand nous avons vu la bande, reconnaît Marie-Anne. Il se passe tant de choses qu'il aurait fallu faire des gros plans et filmer sans cesse d'un côté à l'autre de la scène. » Idem pour le dialogue, qui est truffé de jeux de mots, de phrases anodines en décalage que seul le script permet de déceler et d'apprécier. Depuis « Nous le tenons, Mortez » à « Il avait juste son tricot de porc », en passant par d'autres perles du genre « C'est fin, ça se mange sans faim » ou « On sent bien le goût du fruit », beaucoup de ces répliques agrémentent encore aujourd'hui la conversation des inconditionnels de la pièce.

« On s'est appliqués à ce qu'il n'y ait pas une phrase complètement normale, explique Thierry. Nous avons écrit les dialogues de telle sorte que personne ne remarque vraiment ces dérapages. Quand Félix demande : " Qu'est-ce qu'il y avait dedans ? " et que Zézette lui rétorque : " Ton caleçon et ton tricot de porc qui étaient à bouillir ! ", ou encore quand Gérard explique son accident : " Ça m'a sanctionné (*sic*) des tendons et brisé la vie ", personne ne fait gaffe... sauf quelques-uns qui se mettent à rire. Et ça, on adorait ! On y avait aussi mis des choses très imagées, comme cette phrase, qui a sauté je crois dans la version finale : " Je vais faire venir mon frère de Marseille, il travaille aux abattoirs, il a un chien qui s'appelle Lupus et il va t'égorger ! " C'est d'une violence ! »

Amour, coquillages, etc. arrive en fin de course. Ils ont dit ce qu'ils avaient à dire sur le « Club », et surtout le succès du film a fini par laminer la pièce. Et puis, ils en ont marre de ressasser les vannes éculées de Dusse et les tamourés endiablés des GM. Ils mettent définitivement un terme à leurs conneries sur fond de palmier en contre-plaqué. Le *Père Noël* n'attend plus que la libération de la scène pour installer le bureau de ses exactions.

Un décor sobre : une table, un canapé, une chaise. Une cheminée et deux portes complètent le plateau. Au mur est punaisé un poster de « Détresse-Amitié » : une main de noyé qui sort d'un combiné de téléphone. Du vrai boulevard, en moins soigné.

L'enfantement se fait dans la douleur. Un impératif de date – ils commencent à être de plus en plus demandés à l'extérieur – et de disponibilité leur fait échafauder une distribution de bric et de broc, de sociétaires de la troupe et de copains appelés en renfort. Les répétitions traînent, la pièce est difficile à apprendre, à mettre en bouche et en place. Le texte, touffu et écrit au rasoir, est des plus difficiles à interpréter. « Il exige, se souvient Christian, une grande attention qui se fait souvent au détriment du jeu. »

La date de la première est discutée et repoussée. Leur notoriété montante leur laisse de moins en moins le droit à l'erreur. Sans savoir réellement pourquoi, au fil des répétitions, ils sentent confusément qu'ils tiennent quelque chose d'exceptionnel et n'ont nullement envie de donner à d'autres – même à de bons amis – le fruit de leur travail. L'écriture est estampillée Splendid, la distribution doit l'être aussi. En fin de rédaction, en août 1979, Marie-Anne attrape une hépatite virale, tandis que Christian est appelé par François Leterrier pour jouer le premier rôle de *Je vais craquer*. La pièce est de nouveau repoussée pour quelque temps...

Pour Christian, cette échappatoire vers le cinéma, en pleine répétition de la pièce, est d'importance. Un premier « premier rôle »! Il l'accepte pour assurer son avenir, pour se démarquer du Splendid. D'autant que le film, adapté de Lauzier, n'est en rien mineur. Du moins pour l'époque. Malgré son titre, le scénario n'est pas une adaptation de leur spectacle du même nom. *Je vais craquer* est tiré d'une bande dessinée de Lauzier, un « cartooniste » qui sévit dans la bible qu'est alors l'hebdomadaire *Pilote*. A cette époque, la BD a toujours le vent en poupe. Et les dessinateurs, ces hérauts qui dispensent à longueur de strips les idées du temps, sont de véritables vedettes. Gotlib, Bretécher (qui écrira les premiers sketches joués par Dominique Lavanant au Splendid Lombards en première partie de soirée), Mandryka, Reiser et Lauzier sont des « éditorialistes » de *Pilote, de L'Écho des savanes* et de *Hara-Kiri*. Lauzier surtout s'est spécialisé dans la dénonciation acerbe du snobisme parisien, des goldenboys, des technocrates et du tout-Paris branché de la pub et du cinéma. Clavier ne peut refuser une telle proposition. Il s'absente quelques semaines pour devenir Jérôme Ozendron, un cadre au chômage qui tente de surnager dans un monde qui n'est pas le sien... Le film a le mérite premier de le révéler au grand public.

« Commencez à monter la pièce sans nous, on reprendra nos places en revenant. » Au bout d'un mois de tergiversations... et de caisse vide, tous sont d'accord pour résoudre au plus vite les problèmes de distribution. « Si on attend que tout le monde soit disponible, on en a pour dix ans ! » Gérard et Thierry s'impatientent. Ils se décident enfin pour un pis-aller. Le rôle de Katia le travelo avait été écrit pour... Gérard, qui le refuse tout net, ne voulant pas faire le sacrifice de sa moustache sur l'autel d'une déviation sexuelle ! « C'est dommage, regrette encore aujourd'hui Josiane. On aurait aimé le voir en robe, avec ses gros mollets, sa perruque et sa voix qui devient aiguë quand il pousse des hurlements. On pensait à lui pour ce rôle dès l'écriture, et on lui avait même demandé de venir habillé en femme pour nous aider à mettre au point son personnage. Malheureusement Cécile, sa femme à l'époque, a refusé qu'il supprime sa moustache ! On a tous regretté qu'il abandonne le rôle de Katia. »

On pense alors à Christian... mais il est absent, en tournage avec Lauzier ! Insoluble, la quadrature du cercle. Qui lance le nom de Roland Giraud ? Qui a pu un instant imaginer ce sémillant macho séducteur en Katia ? Peu importe : à leur grand étonnement, il accepte. Ami de Coluche, comédien apprécié, Roland Giraud navigue alors, comme beaucoup, de scène en scène. Il a été de l'aventure des *Bronzés font du ski*, dans une courte apparition, en mari jaloux qui rend dans un sac poubelle les fringues de Popeye, l'amant de sa femme. Une petite prestation, mais qui est à l'origine d'une grande amitié avec la troupe.

Marie-Anne se souvient : « Il faisait une Katia absolument abominable, parce qu'il chausse du 48 et qu'il est carré ! On avait réussi à lui trouver une robe de taille 58 chez un fripier. Au contraire de Christian, qui était très mince et, avec ses jambes fines, faisait une Katia touchante, Roland, lui, avait des allures de déménageur qui tapine... Avec lui, il y avait un côté purement burlesque, farce, alors qu'avec Christian c'était plus tragique, plus pathétique. Pareil pour la scène de la danse : avec Roland c'était très comique, avec Christian il y avait une gêne qui naissait tout de suite. Parfois, on a senti Thierry mal à l'aise. »

Quant au rôle de Thérèse, il est d'évidence pour Josiane. Mais elle est complètement accaparée par l'écriture des

Hommes préfèrent les grosses, que Jean-Marie Poiré a décidé de porter à l'écran. Et, pour Josy, s'affirmer par elle-même est plus important qu'au travers du groupe. Elle déclare forfait, d'autant qu'elle joue déjà, en première partie de soirée, sur la scène des Lombards, sa pièce *Bunny's Bar* au côté de Michel Blanc !

« Je ne peux pas jouer les deux à la suite, c'est trop difficile et fatigant », annonce-t-elle un soir. Elle est solide, mais quand même, dans *Bunny's*, elle tient la scène du début à la fin ! On lui cherche une remplaçante, Anémone s'impose d'emblée.

Croisée par Balasko chez Balachova à l'époque où elle n'était encore qu'Anne Bourguignon, Anémone et Josiane sont vite devenues copines. Révélée par le réalisateur un peu marginal Philippe Garrel, Anémone promène ensuite sa plantureuse silhouette chez Gérard Pirès et Yves Robert, où elle impose rapidement sa nature généreuse doublée d'une grande gueule. Comme tous les apprentis comédiens de l'époque, elle passe par le café-théâtre et se retrouve un jour, en voisine du Splendid, sur la scène de La Veuve Pichard dans l'inoubliable *Revanche de Louis XI*. Certains soirs, elle se joint aux deux troupes lorsque celles-ci se retrouvent autour d'une table dans le quartier. A cette époque, elle vient de terminer l'un des deux rôles féminins de *Je vais craquer* au côté de Christian. C'est ce dernier qui pense à elle pour le rôle de Thérèse. Le choix est entériné tout de suite...

« On l'adorait comme comédienne, elle a une nature fabuleuse », explique Marie-Anne. Dans le rôle de Thérèse, elle est parfaite de retenue, de non-dits qui laissent percer les véritables nuances du personnage. Thérèse est une oie blanche habitée de fantasmes et de rêves inassouvis. Anémone marque définitivement le rôle, et lorsque Josiane voudra le reprendre, après en avoir terminé avec *Bunny's Bar*, personne n'aura envie d'une autre Thérèse. Raison invoquée alors par la troupe : « Tu sais, Anne a besoin de fric en ce moment, c'est bien qu'elle reste... » En fait, explique Josy, « je crois que ça les faisait chier de recommencer à répéter ».

La troupe gardera d'ailleurs aussi Anémone dans le tournage du film adapté de la pièce, préférant même écrire un rôle entièrement nouveau – celui de Mme Musquin – pour permettre à Josy d'être au générique.

La distribution de la pièce est enfin arrêtée... Même si, de temps en temps, on fait appel, pour de courts dépannages, à Michel Blanc et à Guy Laporte (le chef du village dans *Les Bronzés*) en Père Noël, ou à Josiane et même à Tonie Marshall, la réalisatrice de *Pas très catholique,* en... Zézette. Gérard, Thierry, Marie-Anne, Anémone et Roland, puis très vite Christian commencent à entrer dans leurs rôles.

« Les répétitions ont été horribles et très très difficiles », se souvient Marie-Anne. Gérard n'aime pas tellement son personnage, qu'il trouve, de loin, le moins intéressant de la pièce, Thierry se sent orphelin sans Michel et Josiane, et l'absence de Christian au début crée un vide énorme. Ils ne sont plus « entre eux » et ressentent très vite les intérimaires comme des intrus. Les choses pourtant se mettent enfin en place et, le 17 octobre 1979, la France tranquille va apprendre qu'elle nourrissait dans les entrailles d'une ancienne mûrisserie de bananes le pire drame qu'elle ait connu depuis *Les Misérables*.

« ET LE PÈRE NOËL FUT... UNE VRAIE ORDURE! »

▲ La France ne savait pas ce qui l'attendait! Leur démence hilarante s'abattait tous les soirs sur un parterre de spectateurs au bord de la crise de... rire. Bruno, Marie-Anne, Gérard, Christian, Anémone et Thierry.
(D. R. Splendid.)

◀ Roland Giraud fut quelque temps une Katia très différente. « Il avait la grâce d'un camionneur qui tapine... », dixit Zézette (épouse X.)
[D. R. Splendid.]

▲ « Je vous
amené la sch
vetnie... Ça
boit cul s
C'est spécial
de chez moi.
Bruno en P
ko se taille
succès avec
gâteries slave
(D. R. Splend

◀ « Toi, m
Monde,
gueule ou j
flingue! » F
s'énerve, K
et Pierre tr
blent...
(D. R. Splend

◀ « Écoutez, Félix, vous êtes sûrement un gentil garçon... mais, tout de même, frapper cette pauvre Josette avec un fer à souder!
– Quoi... Vous ne pouvez pas comprendre, z'êtes pas bricoleur... »
(D. R. Splendid.)

« Oh, le kloug, le gâteau qui pète! Vous en voulez, Katia ?
– Non merci, j' suis grasse comme un loukoum... »
(D. R. Splendid.) ▼

L'ex-chanteur des Frenchie's, Jean-Marie Poiré, va faire d'une pièce un film aujourd'h culte. *(D. R.)*

« J' veux pas la moche, j' veux Zézette! » *(D. R.)*

« Oh, c'est vrai, m'sieur Pierre, j' peux garder les coquilles? » *(D. R.)*

Presko au bout du rouleau... *(D. R.)*

« Écoutez, Zézette, faut pas frapper ce brave Félix avec un fer à repasser... Prenez sur vous! »
D. R.)

n huis clos où se révèlent les pires instincts... *(D. R.)*

« UN VRAI THÉÂTRE! »

La photo « officielle » du déménagement. Un sens profond des relations publiques. *(D. R. Splendid.)*

Avant le départ du jogging, dépose de gerbe de fleurs aux Lombards et discours très envo de Gérard. Christian, Bruno et Marie-Anne approuvent... *(D. R. Splendid.)*

)ans les gravats et les travaux du Splendid Saint-Martin. Enfin, ce sont d'autres qui bossent!
Photo Melloul/Sygma.)

ne dernière photo devant les Lombards dont l'enseigne a déjà disparu.
'hoto Melloul/Sygma.)

▲ Au bout de son banc, Gérard... enfin seu
Une façon de tenter l'aventure pour voir d
quoi on est capable. Succès! *(D. R. Splendid.*

◄ Dans les coulisses de *Bunny's Bar*, Josian
a photographié ce touchant moment d'int
mité. *(D. R.)*

Elle aussi... enfin seule. Josiane a écrit *Nu*
d'ivresse, une pièce qui tiendra trois saison
(D. R. Splendid.)

◀ Josiane tour à tour touchante, drôle, délirante dans ce morceau d'anthologie qu'est *Bunny's Bar*. *(Photo Bernand.)*

Bunny's Bar, la première distribution avec Michel en pianiste, Christine Dejoux en Betty et Gérard Jugnot en « fiancé de Metz ». *(Photo Bernand.)* ▼

Nuit d'ivresse, c'est l'histoire d'une taularde au grand cœur qui rencontre dans un troquet u dandy au cœur sec... *(D. R.)*

... mais on ne saurait résister longtemps à la gentillesse de Josy. « Je me démerde toujour pour me taper le beau mec à la fin! » *(D. R.)*

« PAPY... POUR FINIR EN BEAUTÉ! »

« Foyez-vous, badame Bourdelle, un chour, la guerre finira... » Marie-Anne en veuve éplorée le Papy, et Roland Giraud, extraordinaire Schpountz! *(D. R. Splendid.)*

▲ *Papy* au grand complet! Une affiche de rêve : Roland Giraud, Marie-Anne Chazel, Martin Lamotte, Christian Clavier, Carole Jacquinot, Bruno Moynot et Gérard Jugnot... le rââât im môôôn-de! *(D. R. Splendid.)*

◄ Mac Burette (Bruno Moynot) a pris une balle dans le pied... dans sa chaussure, plus exactement! *(D. R. Splendid.)*

Carole Jacquinot et Martin Lamotte... Nympho et travelo!
(D. R. Splendid.) ▶

Ramirez aux prises avec Superrésistant.
(D. R. Splendid.) ▶

▲ Jean-Marie Poiré retrouve la caméra pour l'adaptation de la pièce. En pleine explication avec Gérard Ramirez. *(D. R.)*

◀ Lhermitte en... SS! « Fou fou la goulez douce, ici... » *(D. R.)*

▼ Taupin résiste, résiste, résiste... *(D. R.)*

« C'est français, môôôsieur, c'est la police française! » *(D. R.)* ▼

ET JOSY DEVIENT... « LA » BALASKO!

À l'époque du *Maître d'école* de Berri. « On m'appelait la petite sœur de Coluche... » *(D. R.)*

◀ Dans l'adaptation de *Nuit d'ivresse* au cinéma. Une excellente pièce ne fait pas à coup sûr un bon film... *(D. R.)*

▲ Ex-rockeuse dans *La Smala*, un réminiscence de *Ginette Lacaze* : u hommage au « gros ». *(D. R.)*

◀ Oui, sur le scooter, c'est elle en... keuf au grand cœur. *(D. R.)*

La Smala, une fable-tendresse sur l banlieue, l'amour, les gamins. L vie... *(D. R.)* ▼

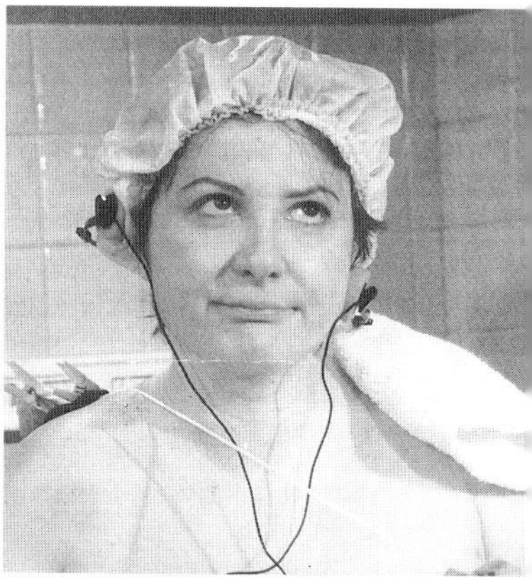

▲ Seule sur scène pendant une heure et demie dont les trois quarts en... maillot de bain! Fabuleuse Josiane en *Solo*. *(Photo Bernand.)*

◄ Rien que ces quelques minutes de danse dans *Tout le monde n'a pas eu...* méritent qu'on l'aime à jamais! *(D. R.)*

Le talent du corps et de l'esprit... (*La Smala.*) *[D. R.]* ▼

MARIE-ANNE ET CHRISTIAN... À LA VILLE ET À L'ÉCRAN!

Jérôme s'arrêtera en Ardèche pour les beaux yeux d'Aline... On le comprend!
(*Les Babas cool.*) *[D. R.]*

Une réminiscence des « années pat' d'éph », *Mes meilleurs copains* de Jean-Marie Poiré. *(D. R.*

▲ *Opération Corned-beef* avec Jean Reno. La complicité avec Jean-Marie Poiré cartonne au box-office... *(D. R.)*

◀ Les démêlés d'un petit bureaucrate avec un espion, mais aussi avec sa femme! (Valérie Lemercier.) *[D. R.]*

Les Visiteurs : Jacquouille avec dame Ginette. Coluche les avait surnommés « les Renaud-Barrault du café-théâtre »... Est-ce le mot qui convient? *(D. R.)* ▼

Jacquouille guettant l'arrivée du sarrasin de la Poste (*Les Visiteurs.*) *[D. R.]*

Des magouilles en URSS (*Twist again à Moscou*)... *[D. R.]*

... aux tracas des services secrets (*Opératio Corned-beef*), la mise en place d'un personna ge populaire. *(D. R.)*

ſarie-Anne prend la plume (avec un rare talent!) et se venge! (*La Vengeance d'une blonde,* vec Clémentine Célarié.) *[D. R.]*

ımais trop longtemps absents du théâtre, le « vrai » métier. *Double mixte,* de Cooney Ray, vec Marc Dudicourt et Gérard Rinaldi. *(Photo Bernand.)*

L'art de payer une dette morale. Dans *La Soif de l'or*, d'Oury, Christian appelle à son côté l
grande Tsilla Chelton. « Tu vois, j'ai bien retenu les leçons... » *(D. R.)*

Un hommage au grand de Funès (*La Soif de l'or*). *[D. R.]*

Zézette est devenue l'une des plus convaincantes et des plus rayonnantes « môme Crevette » qu'on ait jamais vues. Feydeau leur va bien... la dentelle aussi! (*La Dame de chez Maxim's,* à Marigny en 1991.) *[Photo Bernand.]*

Un des nombreux rôles que son physique lui permet : *On aura tout vu*, de Lautner, avec Jean Pierre Marielle et Pierre Richard. *(D. R.)*

◄ Gégé la tendresse en flic au secours d'une jeune droguée. La morale, il en reste toujours quelque chose... *(D. R.)*

Scout toujours. Entre Dieu et le diable... *(D. R.)*

Un film réalisé et interprété sur des souvenirs pas encore très éloignés... *(D. R.)*

Une époque formidable (avec Richard Bohringer), un film mature sur l'angoisse des lende
mains qui déchantent. Grand succès... mérité! *(D. R.)*

Un choc! Gérard rase sa moustache pour *Tandem* de Patrice Leconte. Un besoin de changer de peau... *(D. R.)*

Voyage à Rome, avec Suzanne Flon. Un tendr
hommage à la mère. Un sens aigu de l
famille, du clan. *(D. R.)*

THIERRY LHERMITTE : SANS DIEU NI MAÎTRE!

La grosse farce surréaliste : *Les Secrets professionnels du Dr Apfelgluck.* (D. R.)

Dents blanches, sourire carnassier et jeu télévisé... Ça vous rappelle quelqu'un? (*La Vengeance d'une blonde.*) [D. R.]

Avec Coluche chez Bertrand Blier (*La Femme de mon pote*). Le grand ami Coluche qui ouvrir sa maison pendant quelques mois à Thierry. *(D. R.)*

Dans *Le Zèbre*, avec Caroline Cellier. Depuis *Les Ripoux*, il est capable de jouer sur tous les registres. *(D. R.)*

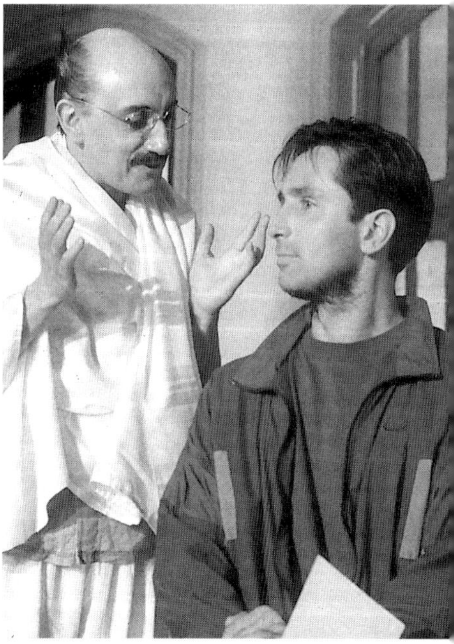

Avec Michel Blanc dans *Apfelgluck*... Tout Le Splendid est convié à la folie Lhermitte. *(D. R.)*

La liberté, les amis, la vie saine sans contrainte et sans angoisse. Thierry adore la mer... Ce qui ne semble pas être l'avis de Gérard, Philippe Berry (le mari de Josiane) et Josiane. *(D. R.)*

MICHEL BLANC, L'ESPRIT ET LE VERBE QUI VA AVEC...

Un vrai chieur... Demandez donc à la femme de son pote (*Viens chez moi, j'habite chez une copine*). *[D. R.]*

Le tragique et l'angoisse ne sont jamais très loin (*Uranus*). *[D. R.]*

▲ Patrice Leconte, son complice, en fait un fabuleux Monsieur Hire. Quand le talent confine au génie (avec Sandrine Bonnaire). *[D. R.]*

◀ Avec Josiane dans *Grosse fatigue.* Il imagine une scène de... viol! *(D. R.)*

Osons... Blier ose le travestir et le mettre dans les mains de Gérard Depardieu pour *Tenue de soirée.* « Regarde-toi dans mes yeux, tu vas te trouver beau... » *(D. R.)* ▼

De nouveau réunis dans *Grosse fatigue*... Pour quand sur scène de nouveau tous ensemble? *(D. R.)*

« Ce jour-là,
dix ans après leur dernier salut en commun,
vingt ans après leur premier trac,
trente ans après leur première poignée de main,
ils avaient enfin conscience d'être une même famille. »

40

Un titre, si accrocheur soit-il, ne suffit pas les premiers jours. Des titres pareils, en ces années 70, les murs de la capitale voués à l'affichage sauvage en sont couverts... Mais, dès les premières représentations, le bruit va courir : « les Bronzés » ont un nouveau spectacle, et c'est au-delà de tout ce que l'on a déjà vu ! Incroyable, déglingué, nouveau ! Sur le boulevard, on appelle cela un triomphe ; ici, dans les Halles, ça va devenir un « carton », un vrai, un grand, un môôônumental. Il faut quarante-huit heures à la troupe pour comprendre qu'elle a frappé dans le mille, et les craintes de Thierry – « Mais qui cela va faire marrer ? » – s'évanouissent très vite...

« Dès le troisième soir, ce fut le triomphe, raconte Zézette. Mais je ne m'en rendais pas compte – personne ne s'en rendait compte, du reste... Nous étions morts de trouille ! Je n'entendais même pas les rires des gens ! Il y avait plein de copains dans la salle, dont Coluche, qui m'a ensuite emmenée, moi seule, dîner après le spectacle, puis finir en boîte. Là, il m'a regardée dans les yeux, à la fois tendrement et malicieusement, et m'a dit : " Fais-moi Zézette ! " »

Ce soir-là, peut-être pour la première fois, Marie-Anne existe en tant que comédienne. Coluche, le grand frère, le modèle, le lui affirme avec ses mots à lui. « Allez, ma poule, fais-moi encore Zézette ! »

Dans le théâtre soudainement plongé dans le noir, une voix off, à l'accent compassé, explique :

« La ville est un animal monstrueux qui dévore sans pitié les faibles. Il est prouvé statistiquement qu'il y a deux fois plus de suicides chez les désespérés que chez les autres. C'est pour cela qu'une poignée d'hommes et de femmes bénévoles ont créé " Détresse-Amitié ", pour briser ce mur de silence. Pour vous qui êtes désespéré, il y a toujours quelqu'un pour vous écouter et vous répondre; c'est très simple : composez sur votre cadran le mot G.U.R.S.I.X.O. ou 44.87.74.90. Et, même le soir de Noël, nous saurons trouver les mots pour vous réconforter. »

Du fond de la salle, Gérard, engoncé dans un manteau gris, surgit alors. Sortant de sa poche un revolver qu'il applique sur sa tempe, il décroche un téléphone public et compose... une bonne vingtaine de chiffres avant d'entendre, en voix off, Thérèse lui répondre : « Allô, allô...

– Allô... allô... Détreeesssse.... Amitié? Je suis au bout du rouleau...

– Je ne vous entends pas, appuyez sur le bouton », conseille Thérèse (les téléphones publics avaient alors un poussoir qu'il fallait actionner pour pouvoir parler).

Et le désespéré d'appuyer sur... la détente!

Trois minutes, pas plus. La salle est acquise, et quand la scène s'éclaire sur une Thérèse-Anémone en sage jupe plissée conseillant d'un ton de caissière : « Rappelez-moi d'une cabine qui fonctionne », la fin de sa phrase se perd dans les rires. Et le délire va crescendo à mesure que débarquent les différents protagonistes.

Thierry d'abord; en pendant mâle de Thérèse, qui lui avoue, par des voies détournées, le sentiment secret et honteux qu'il nourrit à son égard. Il lui offre, en ce soir de Noël, un tableau où elle est représentée nue en train de danser avec un cochon affublé d'un slip! Asphyxie dans la salle. Présent qu'il accompagne d'un « Thérèse, n'y voyez pas là le fantasme de l'homme, mais le délire de l'artiste! ». Thierry en M. Mortez fait là une étonnante composition tout en retenue, mais qui laisse percer, le temps d'une réplique, tout un passé de frustration et de libido refoulée. Chacune de ses phrases est ponctuée d'un « Oui, oui, c'est cela », accompagné d'une main qu'il passe dans son impeccable « brosse ». Réminiscence d'un tic de leur agent du moment, Georges Lambert, qui les fait mourir de rire. La formule deviendra vite un signe de reconnaissance des fans des Lombards et reste l'une des répliques phares de la pièce.

Arrivent ensuite Katia le travelo, joué par Christian, cuissardes en plastique noir avec un talon cassé, minijupe verte, shetland rose et perruque bouclée ; Bruno, en M. Preskovic, l'émigré slave esseulé ; et Jugnot, le Père Noël en habit crasseux qui poursuit de ses assiduités et de sa haine sa pauvre « fiancée », Josette dite Zézette. Chaque apparition est finement calculée pour provoquer l'effet maximal. Du grand art. Un vrai cadeau de Noël !

Mais c'est le personnage de Zézette, indissociable du nom de Marie-Anne, qui remporte le plus grand triomphe. Touchante et vulgaire, elle est affublée d'un adorable passe-montagne et d'une minijupe de Prisunic qui ne cache à personne qu'elle est « enceinte jusqu'aux yeux ». De plus, elle pousse devant elle un « Caddish » rempli de ses trouvailles dénichées dans les poubelles du quartier. Un personnage truculent, digne des plus grandes comédies italiennes, dans lequel elle s'impose d'emblée sur fond de zozotement dû à un dentier qui lui expulse de la bouche une bonne moitié des dents.

Ce personnage, Marie-Anne le compose comme une caricature, mais – on ne se refait pas – elle lui donne une telle dimension humaine qu'il devient vite le personnage central de la pièce. Zézette la luronne sait naviguer au sentiment, sans a priori, calcul ou intérêt. Elle serait sûrement bonne si le monde l'était... Mais il ne l'est pas, ce monde qui a généré des Mortez, Thérèse et Félix, son alcoolo et clodo de mari, le père (Noël...) de son enfant à venir. Zézette a de la morale, des sentiments, du bon sens et un certain civisme. « C'est ce que j'ai voulu lui donner, affirme Marie-Anne, une dimension psychologique et une vérité sociale. C'est quelqu'un qui vient d'un milieu où les gens ne savent pas parler bas, où tout le monde hurle, sans s'engueuler pour autant, simplement pour communiquer. Je me souviens que, lors de l'écriture du personnage, j'ai beaucoup pensé à un film d'Ettore Scola, *Affreux, sales et méchants*, dont la dernière image est celle d'une jeune fille d'à peine quatorze ans qui est enceinte. Une image qui m'avait beaucoup frappée et que j'avais envie de retrouver dans Zézette. Parce qu'en fait c'est ça la misère. Une fille de quinze ans en cloque et sans argent. Mais Zézette, c'est aussi quelqu'un qui a décidé de se prendre en main. Je me souviens d'une jeune femme, un jour, en vacances, qui s'est approchée de moi et m'a présenté sa gamine : “ Elle s’appelle Josette parce qu’on a adoré celle du Père Noël... ” Comme quoi, Zézette peut être aussi un exemple, parce que c’est un personnage vrai, émouvant et sincère ; elle est vulgaire, elle dit les pires horreurs, mais ce n’est pas une poissarde. »

Au début, pourtant, cette image de Zézette ne s’impose pas tout de suite. Ils se veulent féroces, sans cœur, n’ont aucune envie d’émouvoir ou d’attendrir. Zézette, c’est d’abord une horreur cristallisant toute la misogynie qui sommeille en chaque homme, la méchanceté qu’inspirent les alcoolos-clodos, le rire fustigeant les laissés-pour-compte. Et puis, Marie-Anne se prend à l’aimer, « sa » Josette...

« Au tout début, c’était une débile légère qui était simplement poursuivie par le Père Noël. Mais, pour cela, il fallait que j’aie un accent qui est difficile à conserver pendant une heure et demie. J’ai donc eu l’idée des fausses dents qui m’obligent à zozoter. J’ai vite abandonné le dentier trouvé dans un magasin de farces et attrapes, parce qu’il m’irritait les gencives au bout de dix minutes, et j’ai été obligée de m’en faire faire un par un dentiste. On a pris une empreinte, puis on a travaillé les dents une par une, on les a tordues, on en a fait une dorée, et lorsque j’ai mis le dentier j’étais complètement transformée ; j’avais non seulement une voix différente, mais aussi une autre tête. A partir de ça, j’ai construit Josette avec l’aide de Cécile Magnan, notre costumière. Le manteau orange, on l’a trouvé dans une poubelle, c’est le même qui a fait toute la pièce, et ensuite le film ! Le reste vient de chez Tati – comme la robe léopard de Christian pour le film, d’ailleurs ! Quant à mon faux ventre, il a été fabriqué par un type qui faisait des trucs pour les magiciens. »

La pièce est un triomphe public, mais aussi médiatique sans précédent pour eux. Ils ont très vite senti, dès les premiers jours, qu’il fallait mettre le paquet. En plus des « pavés » de publicité dans *Pariscope* ou de l’affichage sauvage aux alentours, ils décident d’un commun accord de se payer une attachée de presse. Une vraie ! Pas une copine qui va arranger quelque coups à l’aide de son bagout et d’une minijupe particulièrement courte. Non, une professionnelle des relations publiques! Par l'intermédiaire de Luis Rego, qui depuis le rôle de « Bobo » dans *Les Bronzés* est resté un ami de la troupe, ils font la connaissance d'Anne-Marie Princiaux, qui s'occupe déjà d'un autre café-théâtre, La Cour des Miracles.

Un soir, celle-ci s'installe face à la scène en demi-lune et reçoit la bonne parole. « Je n'étais pas complètement emballée, affirme-t-elle, je sortais de choses moins remuantes; mais il y a un truc qui m'a tout de suite sauté au visage : leur talent fou et leur incroyable décontraction... De plus, le public était transporté! » Il ne lui en faut pas plus pour accepter le challenge et devenir officiellement leur première attachée de presse. En faisant le tour des rédactions, elle obtient ce qu'ils n'ont jamais eu... de plus, avec une pièce aussi sulfureuse. Un véritable tour de force, puisque même *Le Figaro*, par deux fois (!), leur fera un éloge digne de ceux de Delfeil de Ton. « Un spectacle d'où l'on sort sans maux de tête, mais bienheureux d'avoir ri », peut-on lire le 20 octobre dans le quotidien de la rue du Louvre, qui récidive dix jours plus tard sous la plume de Jacques Deslandes. Si celui-ci juge le fond un peu outré – nous sommes au *Figaro*, et on ne se moque pas impunément des dames patronnesses! –, il reconnaît à la troupe du talent. Superbe travail d'Anne-Marie Princiaux, qui entre-temps s'intègre quelque peu à la troupe. Elle n'hésite pas à « faire la caisse » ou l'entrée, si d'aventure elle se trouve là vers 20 heures, et se tasse avec eux sur les banquettes de Taraire ou du Conway's pour le dîner d'après-spectacle. Tous les médias répondent par un « papier » aux sollicitations de l'attachée de presse.

« Énorme. Une farce énorme avec des personnages ahurissants taillés dans le béton de la bêtise, caricatures cinglantes de ce qu'il y a de pire en nous », peut-on lire dans *Le Matin de Paris*. Et, plus loin : « *Le Père Noël est une ordure* est une farce très bête écrite avec beaucoup d'intelligence, jouée surtout par ces nouveaux ténors du café-théâtre – et de l'écran – extrêmement doués. » « On vient désormais assister aux spectacles du Splendid comme certains confient leurs fonds aux banques suisses : en toute confiance », écrit Robert Mallat, ce spécialiste de la première heure du café-théâtre, dans le très austère *Point*. Et de conclure par un tonitruant : « On rit, on s'esclaffe, on jubile ! Ce *Père Noël* ne fera que des heureux... » Quant à Monique Pantel de *France-Soir*, acquise elle aussi dès les débuts de la troupe, elle est délirante : « Avant les fêtes, conseille Panpan, il est urgent de se précipiter au café-théâtre Le Splendid afin de savoir ce qu'est exactement le *Père Noël*. C'est l'une de ces pièces qu'il faut voir sans tarder. » *Charlie-Hebdo* est bien sûr emballé. Jacky Berroyer a repris la plume laissée vacante par un Delfeil de Ton émigré au *Nouvel Observateur*. Sa critique est un éloge ponctué de petits « pavés » de publicité dessinés par Reiser ! On y voit le Père Noël mettre son poing dans la gueule à Zézette, ou répondre que peu importe s'il est une ordure puisque « les ordures font rire ». Bref, la mayonnaise prend et tourne même très vite en phénomène de société !

« On ne mesurait pas bien ce qui nous arrivait, explique « Félix » Jugnot, sinon que le théâtre était bourré tous les soirs et que l'on refusait beaucoup de monde », conclut-il la mort dans l'âme.

Ce succès sans précédent va les obliger à changer de salle, à passer de cent quatre-vingts à quatre cents places afin de pouvoir satisfaire tous les mécontents qui rentrent le soir chez eux après une heure de vaine attente. Le 30 janvier 1980, moins de quatre mois après la « première », ils investissent un « vrai » théâtre : La Gaîté-Montparnasse. Ors, rideau cramoisi, balcons, loges et baignoires, le tout en Napoléon III pur fruit. Les murs de l'auguste établissement ne peuvent imaginer que ce qui se joue sur la scène puisse mériter le nom de « théâtre ». Et, comble du mauvais goût, une affiche, due au crayon rageur de Reiser, l'un des piliers de *Hara-Kiri*, annonce gravement la nouvelle. On y voit un Père Noël au regard lubrique et au nez d'alcoolo hurlant au téléphone et transportant dans sa hotte une jeune femme (Zézette) très légèrement vêtue qui hurle, elle aussi, dans un téléphone. L'affiche présente : « Les Bronzés jouent... », et non « Le Splendid... ». Nuance.

La pièce rodée, le passage à La Gaîté-Montparnasse se fait sans heurt et déchaîne non seulement les nouveaux spectateurs, mais aussi les acteurs. Soir après soir, l'intrigue subit, selon l'humeur de la salle ou la forme de ses exécutants, des coupes ou des rallonges à n'en plus finir. Certaines scènes surtout, qui permettent d'interminables digressions. « Plus ils riaient, plus on en rajoutait. » L'inventaire du « Caddish » de Zézette, la scène où Mortez congédie Preskovic (Presko : « Je reviendrai à l'occasion. » Mortez : « Oui, c'est cela, revenez à ce moment-là... ») peuvent s'éterniser et durer plusieurs minutes. Bruno se souvient que certains soirs la scène s'enlisait dans des jeux de mots (laids...) à n'en plus finir. « Je répondais autre chose que le texte, Thierry me renvoyait la balle, je trouvais autre chose, et le premier qui retombait sur le texte initial clôturait l'échange. Un soir, j'ai eu un fou rire à n'en plus finir. Thierry avait trouvé un jeu de mots auquel je ne m'attendais pas. Dans la pièce, Preskovic est prénommé Radan et, juste au moment où je pars, il me dit : " Allez, vous prendrez bien un verre, Radan? " Je me suis marré comme un bossu. Lui était content ! » Les coups de fil de l'obsédé sont aussi un grand moment, tout comme la dégustation des fameux « spotsis d'Osjek », devenus les succulents « doubitchous » de Sofia... dans le film. (A l'attention des puristes, le mot viendrait du serbo-croate et voudrait dire « petit cul ».) Ils peuvent coller aux dents un bon quart d'heure avant la dégustation de la succulente schlovetnie, la liqueur de crapaud. « Je crachais tout à la tête des gens du premier rang, raconte Marie-Anne, hilare, en faisant des " Arrgh " horrifiés. » Mais, et tous en sont d'accord, c'est la scène de mastication des spotsis qui fait le plus d'effet sur la salle... Une autre de leurs farces préférées a, évidemment, pour cible Gérard, leur habituelle tête de Turc les soirs de grande forme. Il arrive parfois que toutes les portes de la scène soient fermées, et que le pauvre Père Noël tourne en rond ne sachant comment sortir ! Ou encore, se rappelle Thierry : « Nous avions inventé un personnage qui n'est pas dans la pièce, et nous en parlions entre nous sur scène avec Christian. Gérard ne comprenait pas, les gens non plus du reste, et se demandaient qui était ce nouveau gus qu'ils n'avaient pas vu, et au bout de trois minutes nous reprenions le fil du récit... »

41

« Merde, tout le monde se barre ! » Assis sur une banquette triste du restaurant d'un Frantel gai à pleurer, dans la banlieue bordelaise, Gérard, ce soir-là, broie du noir. Pourtant, ils étaient heureux de partir en tournée avec les beaux jours. Le Père Noël dans une malle, leurs effets dans des sacs de voyage, et les voilà sur les routes de France. Trente villes en cinquante jours ! Comme les grands ! Fini le temps des tournées en Bretagne, du Théâtre de la Louche avec nuits sous la tente ! « Une vraie tournée avec loge, théâtre et camion de matos ! »

Un soir, après la représentation à La Gaîté, Daniel Colling, l'administrateur, est entré dans les loges en se frottant les mains. « Et si on allait semer la merde et la zizanie dans les théâtres de province ? Une tournée, ça vous irait ? » Depuis quelques semaines, il mijotait son coup, le « forain de gauche », comme le lui avait envoyé Gérard un jour de colère. L'affluence quotidienne dans son théâtre lui avait confirmé le bien-fondé de son idée. Une tournée dans le « désert » des provinces chères à Malraux devrait être juteuse. « Si tu ne vas pas à Lagardère, Le Splendid ira à toi ! » Ils acceptent, heureux. L'affaire est vite bouclée. Mais Daniel Colling – aujourd'hui organisateur du Printemps de Bourges – a vite d'autres chats, plus importants, à fouetter et ne peut s'occuper des détails de la tournée. Il sort de sa manche un certain Hervé Carvalhosa, jeune Rémois frétillant, un débutant vaguement organisateur de tournées en province. Très vite appelé Carvallo par la bande, il accepte de prendre le relais... Il n'est pas peu fier de devenir – comme il aime à le clamer partout – le « producteur des Bronzés ». L'étiquette lui plaît... Ils vont la lui faire payer cher !

« Un escroc », dit Jugnot, qui désigne ainsi tous ceux qui prennent ne serait-ce qu'un pour cent sur son argent. Le mot est un peu fort, mais ils décident tout de même de martyriser Carvallo. Comme des stars. « Dès qu'il s'est pointé pour nous parler des préparatifs de départ, on lui a dit : " Il n'est pas question qu'on voyage en car, il nous faut des limousines ! " » Et le gus s'exécute et revient avec une Mercedes de location plutôt pourrie et sa bagnole personnelle, une R12 en bout de course. Arrivé à Lyon, le 6 février 1980, première étape du périple, après quatre cents kilomètres sur les ressorts tassés de la Renault, Clavier traîne Carvallo chez le premier loueur rencontré : « Donnez-nous ce que vous avez de mieux ! », et Carvallo s'incline. Il a réservé des chambres... dans des Novotel ! Ils lui refont sa fête... « On a refusé de jouer si on n'était pas au moins dans des Frantel, se souvient Bruno. Je crois qu'on l'a ruiné, le type, d'autant que dans les grands théâtres de province de mille places on était loin de faire salle comble ! »

Et puis, après l'euphorie et les farces des préparatifs arrivent les déceptions. Thierry ne peut être là, il tourne *L'année prochaine si tout va bien*, ses retrouvailles avec Isabelle Adjani, après *Clara et les Chics Types*, dans lequel ils jouaient presque tous. Heureuse époque. Marie-Anne aussi est absente... elle donne la réplique au couple Lhermitte-Adjani. Pas étonnant que Gérard se sente orphelin, ce soir-là, malgré les efforts de Tonie Marshall qui fait ce qu'elle peut pour être une Zézette acceptable. Marie-Anne est irremplaçable, tous le savent... Anémone ne laisse pas non plus un excellent souvenir. Une grande comédienne... mais, en dehors de la scène, elle se révèle vite invivable ! « Elle était tellement barge et cyclothymique qu'on ne savait jamais quand ni comment on allait la retrouver, explique Bruno Moynot. Elle nous donnait rendez-vous, et arrivait trois heures après en nous jurant qu'on s'était trompés ! Elle lisait un magazine dans la voiture, un article sur une maladie, et en arrivant à l'hôtel elle était persuadée de l'avoir ! Et ça a été comme ça tout le temps... » S'il n'était pas un grand garçon costaud, Bruno aussi aurait craqué. Mais sa nature a rapidement repris le dessus. « A part ça, on s'est bien marrés. On avait emmené avec nous dans une camionnette le décor de La Gaîté. Sur certaines scènes immenses, comme à

Lyon, on avait l'impression de jouer dans une boîte, tant le décor avait l'air ridicule sur la scène... » Et ce soir-là, près de Bordeaux, comme si le spleen n'était pas suffisant, Christian sort de la cabine téléphonique effondré : son grand-père vient de mourir. Gérard le console et voit partir encore un lambeau de la troupe... Le retour à Paris a des allures de retraite de Russie. Tous gardent un goût amer dans la bouche. Les individus commencent à prendre le pas sur la troupe.

Yves Rousset-Rouard, qui suit avec grand intérêt leur ascension, tente de mettre tous les atouts dans son jeu. La vidéo débarque, et le producteur comprend vite qu'elle sera l'un des médias de l'avenir. Il fonde une société qu'il appelle sobrement RCV (Régie Cassette Vidéo), et tout de suite « magnétoscope » la pièce – qui reste aujourd'hui l'une des meilleures ventes de cassettes. Malgré les tiraillements entre la troupe et le producteur, il demeure celui qui a cru en eux et a été jusque-là leur producteur. De plus, Yves Rousset-Rouard a des parts dans la SARL du Splendid, il fait encore partie des « murs »!

« En fait, affirme-t-il, il y a toujours ce dilemme : d'un côté, ceux qui s'occupent de l'argent; de l'autre, ceux qui font de l'“ art ”. Ils avaient l'impression que je m'enrichissais sur leur dos, alors que moi, je prenais des risques... Ce qui est, du reste, l'essence même de mon métier. On avait fait *Les Bronzés* ensemble, puis *Je vais craquer*, dans lequel Christian avait eu son premier grand rôle. Il était normal que je produise le film adapté du *Père Noël*. D'autant plus que j'adorais la pièce, je l'avais vue plusieurs dizaines de fois. » Si Yves proclame aujourd'hui qu'il était, lui aussi, atteint de « *Père Noël*ite aiguë », la troupe est moins affirmative. Christian est même très dubitatif. « C'est la seule personne qui ne riait pas dans la salle... »

Yves Rousset-Rouard sait que ce ne sera pas du tout-cuit. Ça ne l'a d'ailleurs jamais été avec eux... même quand ils étaient totalement inconnus! Le succès a, si besoin était, renforcé leur détermination! Leurs exigences risquent d'être à la mesure de leur triomphe. Ils ne sont pas grisés, mais simplement raisonnables et très clairvoyants sur la gestion de leur avenir. Christian est le premier à sentir qu'Yves Rousset-Rouard tourne autour du *Père Noël*. La vidéo de la pièce a été une première approche des plus habiles. Reste à transformer l'essai par une adaptation pour le grand écran. « Nous sentions tous qu'il fallait en faire un film, et quand Yves Rousset-Rouard nous l'a proposé nous avons accepté. » Christian a toujours été un pragmatique...

Première condition de la troupe : ne pas reprendre Patrice Leconte! Le tournage des *Bronzés font du ski* demeure un trop mauvais souvenir dans leur mémoire. Josiane, qui ne veut pas louper le coche du film, avance alors le nom de... Jean-Marie Poiré, un scénariste à succès, bien implanté à la Gaumont... et pour cause : son papa la dirige! Jean-Marie et Josiane se connaissent depuis quelque temps déjà, ils ont même travaillé ensemble, et Josy a pu apprécier l'esprit et la verve de Jean-Marie. Mais surtout, Jean-Marie a un énorme avantage : celui de ne pas être dans l'« écurie » Rousset-Rouard...

42

« Va voir au Splendid : il y a une fille qui a un talent énorme. Elle est rigolote et sait, en même temps, être très touchante. Elle s'appelle Balasko, je crois », conseille un jour le grand Yves Robert à Jean-Marie Poiré dans les couloirs de la Gaumont. Yves est un connaisseur, il aime profondément les acteurs et, en vieux routier des plateaux, il sait reconnaître d'entrée les vrais talents, les natures. Or, si un mot s'applique bien à Josiane, c'est celui-là. Jean-Marie Poiré a confié ce jour-là au comédien réalisateur les problèmes qu'il rencontre pour monter son premier film, *Les Petits Câlins*, l'histoire de trois filles qui habitent ensemble dans une banlieue populaire. « J'ai un budget minable, explique-t-il, sûrement le plus petit budget de la Gaumont pour un film ! Et je n'arrive naturellement pas à trouver des acteurs. » Auteur de grands scénarios à destination des stars du cinéma populaire, et l'un des scénaristes les mieux payés, alors, du cinéma français, Jean-Marie Poiré a décidé de passer à la réalisation... « J'avais une très grande confiance dans le talent de casting director d'Yves Robert, affirme-t-il. Pourtant, au lieu d'aller voir leur pièce sur le Club Méditerranée – car je me méfiais énormément des pièces de café-théâtre –, j'ai convoqué simplement Josiane Balasko dans mon bureau. Elle est arrivée très à l'aise, m'a dit " bonjour " et s'est assise. Au bout d'une demi-heure, on était amis. Immédiatement, on s'est sentis de la même famille, on a ri comme des tordus, on se comprenait sans trop chercher à se parler. Je n'ai même pas fait d'essai avec elle et je l'ai engagée tout de suite ! »

Le tournage des *Petits Câlins* est un vrai cauchemar pour Jean-Marie. Dominique Laffin – le premier rôle –, actrice aussi débutante que Josiane, n'aime pas le film qu'elle trouve commercial, son personnage qu'elle trouve passif, et même son métier. Pour Jean-Marie, seule bouée à laquelle se raccrocher : Josiane. Un havre de paix dans la tourmente! Mais Josiane lui pose elle aussi un problème. « Arrête, lui demande le réalisateur : tu es trop bonne! – Si je suis trop bonne, lui rétorque Josy tournant le compliment en sarcasme, tu vas être obligé de me couper au montage! » Elle ne pense pas si bien dire. A regret, ses prestations les plus brillantes restent dans la corbeille de la salle de montage... Effectivement, elle est excellente et fait de l'ombre aux deux autres actrices : Dominique Laffin et Caroline Cartier. « A la fin, je l'ai appelée, se souvient Jean-Marie, et je lui ai dit : " Tu avais raison, tu es tellement bonne que je t'ai coupée! " Quand le film a été terminé, je me suis aperçu qu'il y avait un déséquilibre considérable entre elle et les autres. Elle attirait le regard comme un véritable aimant. En fait, *Les Petits Câlins* aurait dû être l'histoire de Josiane, l'histoire d'une fille un peu ronde qui a des problèmes avec les mecs... Je pense donc que j'ai raté *Les Petits Câlins*, parce que, le bon point de vue, c'est pas celui de la belle mais celui de la grosse! C'est beaucoup plus sympathique, le regard de la pas-belle sur la jolie fille. Les " moches " sont sympa; les belles, les femmes fatales, les vamps font chier tout le monde! Je me souviens d'avoir eu cette réflexion dans un plan où Josiane quitte la pièce et Dominique reste seule; on a envie de la suivre, Josiane, de savoir ce qu'elle pense, alors qu'au fond ce qui arrive à Dominique on s'en fout un peu. » Le film n'est pas un triomphe... mais Jean-Marie à gagné une amie. La troupe du Splendid? Il s'en fiche, il le reconnaît : les groupes l'emmerdent, les gens le fascinent. Il va tout de même un soir assister à une représentation de *Amour, coquillages et crustacés*... Il n'y voit que des (bons) comédiens, pas une troupe.

Le flop des *Petits Câlins* incite Jean-Marie à reprendre son métier de scénariste. Il écrit, ces années-là, quelques grands succès du cinéma français, comme *Pas de problème* pour Lautner. Il a son rond de serviette au Fouquet's où, malgré sa silhouette de gamin monté en graine, ses longs cheveux blond filasse et ses éternels jeans, on lui refile du « Oui, monsieur... » obséquieux et long comme le bras. Il a sa table... côté George-V, naturellement.

L'humour, la verve et l'esprit pétillant de cette drôle de (jeune) femme rousse et ronde l'ont titillé à tel point qu'il pense à elle pour fignoler le scénario d'une comédie, *Retour en force*. Mais où est Josiane? A Val-d'Isère, lui répond-on au téléphone lorsqu'il appelle la rue des Lombards. Jean-Marie n'hésite pas un instant. Il boucle sa valise et descend retrouver l'élue de sa plume sur le tournage des *Bronzés font du ski*. Là, il se fait des plus discrets. En habitué des plateaux, il sent que les choses se passent plutôt mal, que l'atmosphère est aussi froide que la température extérieure. Comme un amoureux transi, il attend chaque soir le clap de fin de journée pour retrouver Josiane, qui n'en croit pas sa chance, et pour écrire jusqu'à ce qu'elle tombe de sommeil.

Un soir, Josiane convie Jean-Marie à dîner avec la troupe. Fondue et fendant aidant, ils s'aperçoivent, après deux verres de vin, qu'ils sont sur la même longueur d'onde. De plus, Jean-Marie retrouve là Gérard, qu'il avait croisé au détour de *Pas de problème*, écrit pour Lautner. C'est Miou-Miou qui l'avait imposé pour interpréter un dépanneur dans une des premières scènes du film.

« Je trouvais que même dans cette petite scène ce type avait du génie! » déclare Jean-Marie. Et c'est ainsi qu'il décide de lui proposer à son tour un microrôle dans *Les Petits Câlins* : un voisin ronchon, qui demande à Dominique Laffin de baisser sa musique... puis qui réapparaît dans l'encadrement de la porte, lorsque la même Dominique et son copain du moment passent à une autre activité, plus physique mais tout aussi bruyante, pour dire cette fois : « Vous ne pourriez pas remettre la musique? Merci! » Un plan, une réplique, un clin d'œil qu'aurait pu écrire le Splendid.

Jean-Marie, subjugué par Gérard, le recommande à ceux pour lesquels il travaille. Lorsqu'il rédige le scénario de la troisième suite des aventures de *La 7e Compagnie* pour Robert Lamoureux, il en profite pour écrire un rôle d'importance à Gérard et l'impose à Robert Lamoureux. Ce dernier se fait un peu prier. De son côté, Gérard ne raffole pas du genre, mais un bon rôle dans un film commercial pour la Gaumont, ça ne se refuse pas. Sa joie sera de courte durée. Dès les premiers jours de tournage, Gérard essuie la colère et la mauvaise humeur d'un Lamoureux pas très content de s'être fait refiler le copain du fils du patron. « Votre Jugnot est un mauvais, un nul, un con, un ringard! » L'auteur du très fin *Papa, maman, la bonne et moi* ne supporte pas, en réalité, ceux qui ne sont pas de son école... « Ce qui ne collait pas entre Jugnot et lui, tente d'expliquer Jean-Marie Poiré, c'est que Lamoureux trouvait que Gérard n'avait pas de voix! Lamoureux est un acteur de théâtre qui claque sa voix, ne serait-ce que pour atteindre les spectateurs des derniers rangs, à trente mètres de la scène. Et pour lui, tous les acteurs qui ne faisaient pas comme lui étaient des mous, des pas-drôles. C'est vrai que Gérard n'a pas beaucoup de voix, c'est un acteur extrêmement cinéma; c'est du reste la qualité du Splendid, ils sont très naturels, et lorsqu'ils sont passés au cinéma ça n'a pas posé de problème. Et pour cause, ils parlent comme dans la vie, puisque dans leur salle aux Lombards le dernier spectateur n'était jamais qu'à quatre mètres de la scène! »

Et tous les soirs, Lamoureux téléphone à Poiré : « Votre Jugnot n'est pas drôle, il panne toutes ses répliques », « Vous savez ce que " votre " Jugnot m'a fait aujourd'hui? », etc. Jean-Marie n'ose plus décrocher. Pour Gérard, c'est un cauchemar quotidien. « Il pleurait sur le tournage », se souvient Jean-Marie...

C'est donc fort de sa récente complicité avec Gérard et d'une belle amitié avec Josiane que Jean-Marie Poiré découvre ce soir-là la bande. D'entrée, il est en phase avec Christian. Même regard un peu cynique et même humour. Pas de doute, ils se marrent bien ensemble... Pareil avec Marie-Anne, Lavanant et Thierry. Si ce n'était leur différence de statut au sein de la corporation du cinéma, Jean-Marie aurait eu, ce soir-là, l'impression de trouver une famille.

« En revanche, je n'ai pas particulièrement accroché avec Michel Blanc. Je le trouvais prétentieux, chiant et un peu con. Mais attention, je n'en ai tiré aucune conclusion. Excepté Josiane avec laquelle j'avais très envie de travailler comme auteur, les autres ne m'intéressaient pas beaucoup d'un point de vue professionnel. Par ailleurs, je me suis rendu compte tout de suite que ce n'était pas une troupe, mais une réunion d'individus. Des Marx Brothers aux Charlots, les films de troupe demandent des passages obligés, et je trouvais qu'au Splendid Thierry ne pourrait jamais jouer autre chose que la belle gueule, Jugnot le beauf, etc. Ça conditionnait trop l'écriture... »

Eux, en revanche, sont bluffés par ce type un peu distant, cet auteur à succès doté d'un pouvoir décisionnaire important.

A son retour, Jean-Marie apprend par Victor Lanoux, l'acteur pressenti pour *Retour en force*, que Lautner se désiste pour convoler avec Belmondo, le champion incontestable du cinéma populaire et des entrées. Lanoux pousse Jean-Marie à repasser derrière la caméra pour réaliser lui-même le film. Échaudé par sa première expérience, Poiré est réticent. Mais, faute de mieux, il se laisse convaincre. Le 7e Art n'en sera pas bouleversé...

Lorsque Marlène Jobert lui donne son accord pour être l'héroïne d'un film adapté d'un inénarrable ouvrage américain, *Ruthless People*, Jean-Marie propose à Josiane d'écrire le script avec lui. « Écris, je crois que tu as plus d'avenir là-dedans que comme actrice... » La facilité et la drôlerie de Balasko l'étonnent : Josiane a un fantastique sens de la comédie. Des gens comme elle sont d'une espèce rare. Mais elle refuse, pourtant, prétextant une pièce à écrire. Jean-Marie a compris. « Elle ne me l'a pas dit par gentillesse, mais elle n'avait pas envie d'écrire pour les autres. En revanche, elle m'a parlé d'un ami, un certain Martin Lamotte, drôle et bourré de talent. Lorsque je l'ai appelé, il a été très désagréable et m'a demandé d'entrée : " Est-ce qu'il y a un rôle pour moi ? " J'ai raccroché. » Jean-Marie écrit le film, Marlène Jobert se désiste, le film ne se fait pas. Les Américains, eux, le tourneront quelques années plus tard avec Bette Midler et Danny de Vito ! « Un film charmant, très drôle, avec une fin bien meilleure que celle du livre et de mon scénario », conclut Jean-Marie, bon prince.

A ce moment, Jean-Marie est persuadé qu'il ne reverra pas de sitôt Josiane... Professionnellement, du moins. Car, par ailleurs, il ne se passe pas une semaine sans qu'ils sortent ensemble : ciné, resto, bars. Mais Balasko l'auteur, elle, vole de ses propres ailes. Un jour, pourtant, Josiane se pointe un scénario sous le bras : « Tiens, lis ça ! » Sur la couverture, Jean-Marie voit un titre qui lui plaît immédiatement : *Les hommes préfèrent les grosses*, un scénario original, une sorte de négatif des *Petits Câlins* parti de la réflexion qu'ils ont eue ensemble sur ce film : « On aurait dû filmer le regard de la " moche ", et non celui de la belle! » Jean-Marie est aux anges : Josiane est « revenue » d'elle-même!

« Le scénario n'était pas très bien monté, mais il y avait beaucoup d'excellentes choses. On a décidé alors de le retravailler ensemble, et parallèlement de chercher qui pourrait le faire. » Jean-Marie contacte Jean-Louis Livi, le patron d'Artmédia, la plus grosse agence artistique de France. Toutes les stars de l'hexagone sont chez lui, un temple dans lequel Jean-Marie est reçu comme un cardinal en visite dans un archevêché. Mais, ce jour-là, il se fait presque jeter du bureau du patron. « Quoi, tu viens me proposer de faire un film avec cette Trabasko, ou je ne sais qui, alors que Marlène Jobert, la plus grande star du cinéma français, t'a donné son accord! Tu te fous de moi! Reviens quand tu auras dessoûlé! » La chance va le sauver; elle a pour nom Yannick Bellon, qui propose à Marlène Jobert un film qui l'enthousiasme. Marlène ne sait comment avouer à Jean-Marie qu'elle voudrait rompre le contrat qui les lie. La Gaumont hurle pour la forme, Jean-Marie se marre. « Je suis allé la voir, elle était en larmes. " On ne peut pas m'obliger à faire ton film. " » Débarrassé de Marlène, Jean-Marie revient en force avec *Les hommes préfèrent les grosses*. Jean-Louis Livi baisse les bras, Jean Marie décide de tourner le film lui-même... et c'est un succès.

L'écriture est un vrai bonheur. Jean-Marie, le scénariste des plus grands, décide de continuer sa collaboration avec Josiane. Il passe de l'usine à l'échoppe, sans pour autant renier son fonds de commerce : le rire. Naturellement, le réservoir des acteurs du Splendid est là, il n'a qu'à plonger dedans avec délice. *Les hommes préfèrent les grosses* se nourrit de leur esprit. Josiane prend naturellement le rôle de la « grosse ». Martin Lamotte – preuve que Jean-Marie Poiré n'est pas rancunier – joue l'ex-fiancé un peu lâche et faux cul. Luis Rego devient le frère de Josiane, en remplaçant au pied levé Michel Blanc qui se désiste, accaparé par l'écriture de *Viens chez moi, j'habite chez une copine*.

« Et surtout, insiste Jean-Marie, j'avais besoin de quelqu'un qui fasse rire, et je crois qu'à ce moment Michel n'avait plus envie de faire rire. Les discussions entre nous se passaient mal. Il était déjà dans son autre trip, celui qui allait le rapprocher de Leconte. » Lavanant est de l'aventure, en copine écolo flanquée d'un fiancé barbu qui ressemble étrangement à Thierry... Le tournage va poser quelques problèmes de fond à Jean-Marie. Lui, réalisateur? Pas du tout! Il sait que *Retour en force* et *Les Petits Câlins* souffrent d'un énorme défaut : la lenteur. Il s'en aperçoit un soir, en visionnant à la télé *Arsenic et vieilles dentelles* de Capra. Il s'amuse à prendre un chrono et à minuter les plans, les scènes... et ça va très très vite! C'est là son problème. Une semaine plus tard, à son arrivée sur le plateau des *Hommes préfèrent...*, il arbore sur la poitrine un magnifique chrono d'entraîneur de natation : « Je leur ai dit tout de suite : " On va jouer vite, je veux qu'il y ait de la dynamique! ", et il s'est trouvé qu'eux aussi avaient cette capacité et cette envie. C'est le premier film que j'ai fait avec plaisir. C'était le bonheur complet. Et, quelque temps après, j'ai appris que j'avais été choisi par Le Splendid pour porter à l'écran *Le Père Noël est une ordure!* »

43

Yves Rousset-Rouard a lui aussi sa petite idée en ce qui concerne le réalisateur. Il faut un homme de métier, un vrai, pour porter à l'écran ce brûlot. Un type incontestable. Il pense à Molinaro, un réalisateur qui a fait ses preuves. « Il fallait un type aguerri, capable d'affronter non seulement sept acteurs... mais aussi sept scénaristes qui étaient tous des réalisateurs en puissance ! » La troupe balaie la proposition d'un haussement d'épaules. « Non, nous on a pensé à Jean-Marie Poiré. » C'est sans appel, Yves le sait. Bon prince, il invite Jean-Marie au polo de Bagatelle pour voir sur quel poulain il va miser et, pourquoi pas ? refaire le coup des *Bronzés* en lui plaçant dans les pattes un assistant à sa solde. « Le déjeuner s'est très bien passé, Jean-Marie est un homme intelligent... et je n'avais pas d'autre choix que de l'accepter. » Côté contrat, les Splendid sont maintenant très retors. Yves Rousset-Rouard apporte cent pour cent du financement... Il ressort avec cinquante pour cent des parts ! Le reste, c'est leur participation à tous.

Le premier surpris par le choix des Splendid est l'heureux élu lui-même. La bande et ses « gentils » délires sur scène sont loin de ses préoccupations. Il vient enfin d'obtenir un succès en tant que réalisateur grâce à Josy, et il ne pense qu'à remettre le couvert, à recommencer avec la rousse. « La pièce m'avait plu, mais Josiane ne m'avait pas du tout dit qu'ils cherchaient un metteur en scène, et nous étions même en train de commencer à écrire une nouvelle histoire pour elle et Pierre Richard – une énorme vedette à l'époque –, qui avait adoré *Les hommes préfèrent...* On avait esquissé un scénario qui s'appelait " Le Baroudeur ", une comédie polar sur un brave type entraîné malgré lui en Thaïlande dans un sombre trafic de faux bérets basques. Le contrat qui nous liait à Pierre Richard stipulait qu'on devait lui écrire les vingt premières pages, que s'il ne les aimait pas on était libres de tout engagement. Heureusement, ce qu'on lui a fait lire ne lui a pas plu. J'ai eu du pot, j'ai donc sauté aussitôt sur *Le Père Noël...* sans savoir ce qui m'attendait... »

En même temps que le reste de la profession, Patrice Leconte apprend que son étiquette « réalisateur Splendid » vient de se décoller. La première déception surmontée, il ne cherche même pas à savoir ce qui a pu motiver la troupe à se passer de ses services. D'ailleurs, aurait-il accepté ? Rien n'est moins sûr... Il s'est attaqué avec Michel Blanc à l'écriture d'un scénario, afin de voir si leur affinité peut déboucher sur un film. Philosophe, Patrice commente ainsi le choix du réalisateur : « Ils ne me l'ont pas proposé... Ce qui fait que je n'ai peut-être pas eu besoin de le refuser ou de me poser la question. Après deux succès avec eux, refuser de faire ce troisième film aurait sûrement été la bêtise de ma vie. »

En imposant « leur » réalisateur, comme ils l'ont fait quelques années auparavant en rejetant Annaud au profit de Leconte, les Splendid gardent de nouveau la mainmise sur le film... Toujours cette petite réticence envers ceux qui pourraient avoir des envies de récupérer leur travail ou de le modifier. Ils font la confiture et ne veulent surtout laisser à personne le soin de lécher le pot. Jean-Marie dans leur manche, le film devient le leur, et Yves n'a qu'à plier.

« Il nous a pas vraiment emmerdés », dit Christian en parlant du « tonton ». Et pour cause ! Yves Rousset-Rouard s'est envolé pour les États-Unis préparer un vieux rêve : la Coupe de l'America ! Il a délégué à un producteur exécutif la charge de régler le quotidien à sa place. Un moyen aussi pour lui de ne pas devenir l'otage des exigences de ses « protégés ». « D'autant, continue Jean-Marie, qu'il croyait si peu au succès du film que, s'il avait pu se contenter de mettre un quatrième mur au décor de la pièce sur la scène de La Gaîté et de nous demander de tourner au milieu, il l'aurait fait. » Ce qu'Yves, naturellement, dément. « J'étais sûr que la pièce ferait un malheur au cinéma... »

On se met finalement d'accord sur un budget : huit millions de francs ! Un sacré pactole, en cette année 1982, le prix d'un grand film. Il leur reste donc à faire un... grand film ! Première étape : le scénario... Et là, Jean-Marie sait que ça ne va pas être une mince affaire.

44

Poiré est avant tout un scénariste. Les ficelles du rire, tous les mécanismes de la comédie, il les connaît. Mieux que quiconque. Eux aussi le savent, ils ont vite compris que Jean-Marie ne va pas – à l'image d'un gentil Leconte – se contenter de prendre des notes et de les leur faire relire. Dès le premier jour, chacun installe ses marques. Un mur de fronts butés face à Jean-Marie dès qu'il ose une réflexion concernant la pièce. Les « gardiens du temple » du Père Noël n'ont pas envie de s'en laisser conter. La pièce peaufinée, patinée, polie, est un triomphe! Intouchable. Jean-Marie, qui n'est pas un modèle de patience, ne perd pas de temps en palabres et fonce tête baissée dans le mur. A son côté, il attendait Josiane, sa complice... Il va trouver Christian! Qui, lui, a rapidement réalisé que Jean-Marie a raison.

« Effectivement, raconte Jean-Marie, je lançais des SOS du regard à Josiane, qui ne les recevait pas. Il faut dire qu'en groupe elle n'est pas très bonne, elle se fait vite chier. J'en avais souffert sur l'écriture de *Les Hommes préfèrent...* Je n'avais pas de problème en tête à tête avec elle, mais dès qu'arrivaient les deux autres coauteurs du script ça commençait à merder. En revanche, dans l'écriture du *Père Noël...*, Christian a tout de suite pigé que le succès et la structure de la pièce ne suffisaient pas à en faire un film. Dès le moment où est née cette complicité d'écriture, les autres se sont sentis moins concernés, ils devenaient même paresseux, et j'ai donc rapidement voulu que ce film soit de moi... Et là, ça s'est très très mal passé... » Thierry et Gérard sont parmi les plus virulents. Chaque réplique est âprement discutée. « Attends, qu'est-ce que tu nous fais chier là avec ça? On n'y touche pas. Tu nous prends la tête. Ça marche très bien comme ça, les gens se marrent... » Jean-Marie se souvient encore des tombereaux d'insultes qu'il s'est ramassés pour avoir osé modifier une réplique, malgré la protection toute symbolique d'un Christian tiraillé entre la fidélité qu'il devait à ses amis et la confiance qu'il avait dans le travail de Jean-Marie. De plus, pour la plupart des membres de l'équipe, Jean-Marie est encore trop étiqueté « cinéma popu », malgré son film avec Josiane... Des jours difficiles dont ils sortent épuisés, furieux, tristes d'avoir été obligés de s'entre-déchirer. Funeste période qui annonce la fin d'une époque. Ils commencent tous à le ressentir : ils s'aiment... mais ne pensent plus ensemble.

Alors, comme dans les couples les plus éprouvés, à l'extrême bord de la rupture, on fait des concessions de part et d'autre. Jean-Marie tente de sauver les meubles, finasse et échafaude le soir, avec son nouveau complice Christian, des plans pour tenter de contourner l'intransigeance des autres.

« J'arrivais dans une certaine mesure, mais pas autant que je l'aurais voulu, à faire passer mes idées. Le succès les avait aveuglés... Je me souviens d'une bagarre homérique au sujet de la fin, que je voulais réécrire entièrement. Je n'ai pas pu aller au bout de mon idée. Je suis entièrement responsable de ce qui est sur l'écran, mais je pense qu'on aurait pu faire mieux... En revanche, sur le début, j'avais obtenu gain de cause, c'est-à-dire de commencer beaucoup moins rapidement que dans la pièce. Au théâtre les acteurs sont là, en chair et en os, c'est chaleureux, on peut donc démarrer tout de suite. Alors qu'au cinéma il faut s'installer, laisser aux gens le temps de découvrir tout le monde. C'était ces petits trucs un peu techniques qu'il fallait que j'impose. »

L'idée première de Jean-Marie est qu'il faut sortir du bureau, bouger, aller partout, dans la chambre, dans la salle de bains, dans la cuisine, chez Presko même... Il tente tout de suite de convaincre les Splendid, de leur faire prendre conscience que leur pièce est beaucoup plus forte et beaucoup plus drôle qu'ils ne le pensent eux-mêmes. Des heures de discussions pour les obliger à se rendre sur le palier, ce qui permet d'introduire le personnage de Josiane, absente de la pièce. Car il n'est évidemment pas question, pour Jean-Marie, de laisser Josy derrière la porte de Détresse-Amitié. Il crée le personnage de Mme Musquin : outre le fait d'intégrer Josy dans le jeu de quilles, ce personnage permet d'aérer le film, de quitter l'appartement, de créer la panne d'ascenseur et d'en rajouter dans le comique : la scène des fusibles, l'arrivée de Zézette, les voisins irascibles – et surtout le sauvetage de Josiane, qui va permettre à Thierry d'improviser cette réplique à peine audible : « Salope, tu pèses une tonne! »

« Le personnage de Josiane était facile à introduire dans la mécanique de la pièce. En revanche, on ne pouvait pas la conserver dans l'appartement, parce que cela nous aurait obligés à réécrire complètement toutes les interactivités entre eux. Donc, pour la garder un peu, nous avons trouvé cette panne d'ascenseur... »

En fait, Jean-Marie se révèle très respectueux de leur travail ; il rajoute simplement des situations que tous discutent avec une véritable frénésie. La pièce ne les a pas du tout quittés ; ils l'ont jouée deux ans, et certains soirs ils rêvent même secrètement de reprendre des situations, de les développer. D'en rajouter. Jean-Marie et le cinéma vont le leur permettre.

Ce que laisse deviner la pièce n'est plus ici suggéré. Pierre et Thérèse ne rêvent que d'une aventure qu'ils n'osent, de toute évidence et par éducation, pas vivre? Poiré les entraîne dans la salle de bains...

« Que nous est-il arrivé? Je m'excuse, Thérèse.

– Non, Pierre, ce n'est pas grave. Du reste, je n'ai rien senti... »

Pierre toujours, le droit et moraliste Pierre se coinçant les doigts dans la boîte à fusibles, laisse aller son moi profond. Il insulte Thérèse pour avoir relâché le couvercle...

« Salope, oh, putain de ta mère! » Puis, quelques instants plus tard, regrettant ces mots : « Excusez-moi, Thérèse, c'était dit sans méchanceté... d'autant que je ne connais pas votre mère. »

Jean-Marie arrive peu à peu à ses fins. Il aère la pièce et en fait un film avec une chute différente et très controversée : les protagonistes de l'affaire donnent aux fauves du zoo de Vincennes les restes, découpés par Félix, du pauvre ouvrier appelé pour dépanner l'ascenseur...

« Je trouvais et je trouve toujours la pièce magnifique, mais leur fin est loupée ; on a l'impression qu'ils n'ont pas su comment s'en sortir, d'où cette explosion. Je trouve la fin du film un peu meilleure, mais abominablement triste. On a fait tellement de concessions qu'on est en fait arrivés à un pis-aller. On n'a pas été assez courageux pour se disputer plus... »

Par ailleurs, dans la pièce, ce n'est pas un dépanneur qui est découpé, mais Katia, ce qui est autrement cynique...

Six mois de travail, de disputes seront nécessaires pour faire un film à la hauteur de la pièce. Pourtant, au moment où ils inscrivent le mot « Fin » au bas du scénario, personne n'y croit vraiment. La plupart d'entre eux se sentent même profondément trahis...

« Dès lors qu'ils avaient entériné le scénario, ils ont été merveilleux. J'ai eu tout ce que je voulais, et ce qu'ils ne m'avaient pas donné, je l'ai pris sans que cela pose problème... » Pour Jean-Marie, le cauchemar de l'écriture, ce corps-à-corps quotidien pour un mot, une réplique, une situation laisse place à un vrai travail d'équipe sur le plateau. Et cette solidarité n'est pas de trop pour repousser les exigences d'un Yves Rousset-Rouard qui fait tout bonnement son... boulot de producteur. « C'est trop long ! On coupe ! Tu fais trop de prises, la première était bonne ! » Des remarques qui tombent à plat ! Car, si Yves sait être le plus retors des hommes, Jean-Marie Poiré n'est pas, lui non plus, des plus faciles à manier. Les deux hommes s'affrontent souvent, d'autant que Jean-Marie Poiré n'est pas, à proprement parler, un réalisateur qui filme à l'économie...

Sur *Twist Again à Moscou*, un film qu'il signera quelques années plus tard avec son complice Christian Clavier, Jean-Marie Poiré mettra même au point un stratagème destiné simplement à faire enrager son producteur ! Toutes les scènes « soviétiques » du film, tournées en Yougoslavie, sont envoyées chaque jour à Paris pour y être développées. Et, comme d'habitude, chaque bobine est accompagnée d'une feuille de travail indiquant les scènes à développer, à l'exclusion de celles que le réalisateur sait mauvaises et qu'il n'est donc pas nécessaire de traiter. Un jour, le producteur regardant machinalement la feuille voit inscrit : « A développer, les prises 127, 131 et 134. » « Quoi!... Cent trente prises par scène! Tout le budget va y passer », hurle-t-il avant de découvrir que Poiré s'amuse à numéroter ses prises à partir de la... cent vingt-cinquième!

« Je ne dis pas que Rousset-Rouard est un monstre de pingrerie; il faut le comprendre, c'est lui qui paie le film. Il a appris là qu'il était plus coûteux de faire une bonne comédie que de tourner un film chiant. Quand on veut un effet, un mec qui se prend les pieds dans un tapis, on peut faire douze prises avant que ça ait l'air naturel! » explique Jean-Marie.

Des États-Unis où il suit jour après jour la progression du film, Yves devient fataliste. « Je pense que ce n'était pas tellement Jean-Marie qui faisait beaucoup de prises, mais que chacun avait sa version des choses, et que le pauvre réalisateur était obligé de faire une prise pour Christian, une pour Jugnot, une pour Thierry, etc. »

Jean-Marie Poiré allait, en fait, s'en tirer mieux que l'on ne pouvait le prévoir...

45

Le tournage a lieu aux studios d'Épinay, qui offrent leurs grands plateaux à la construction de l'appartement – cinq pièces ! – et du palier qui accueille Détresse-Amitié. En attendant l'ultime coup de peinture et la pose du dernier lé de papier peint, la bande part en extérieurs tourner les séquences d'ouverture – celles où Félix le Père Noël racole les passants devant un grand magasin illuminé. Jean-Marie a attendu Noël afin de profiter des décorations mises en place chaque année pour les fêtes. Les Galeries Lafayette sont retenues, et Jean-Marie tente une première approche auprès de la direction du magasin pour obtenir l'autorisation de tourner sur le trottoir devant les vitrines...

« Titre de votre film ? » demande le chargé de la communication des Galeries. Jean-Marie n'ose pas révéler le titre exact... « *Les bronzés fêtent Noël.* » Et il repart l'autorisation en poche.

Quelques jours avant le tournage, la direction du magasin ayant fortuitement appris qu'il s'agit en fait de la version cinéma du *Père Noël est une ordure* revient sur son accord, arguant de vagues raisons de sécurité. Jean-Marie comprend qu'il aura du mal à imposer son titre. L'image du Père Noël est intouchable, surtout en cette période de l'année...

Ils décident alors de changer leur tactique d'approche. Désormais, le nom de code du film sera *Les bronzés fêtent Noël* ! Un titre qui a un double avantage : celui d'être plus attractif pour les distributeurs et de leur faciliter les demandes d'autorisation de tournage. La direction des Galeries, inflexible, reste sur ses positions. « Père Noël » ou « Bronzés », ils s'en foutent. « Pas de voyous devant nos vitrines ! » Mais l'équipe a un atout dans sa manche : Thierry

Dassault, un ami de Jean-Marie, le petit-fils de Marcel l'avionneur... et l'un des actionnaires du magasin! Thierry Dassault propose d'intervenir auprès de son grand-père. Un coup de fil plus tard, Jean-Marie est reçu par un sous-fifre de la société Marcel-Dassault, qui lui promet de soumettre sa demande d'autorisation à la signature de son patron. « Deux jours après, la réponse de Marcel Dassault arrive : " C'est hors de question, jamais vous ne tournerez devant chez moi cette saloperie avec un nom pareil ! " » Pouvait-on s'attendre à une autre réaction de sa part ? Lui qui avait eu des velléités de cinéma en produisant des bleuettes édifiantes, dont *La Boum* reste le fleuron ! Et des interdictions, il y en aura d'autres...

« C'était la même chose chaque fois que l'on se pointait quelque part pour tourner, devant une pharmacie, un magasin, une cabine téléphonique. C'était un refus ! »

Mais Jean-Marie tient dur comme fer à ouvrir son film sur cette scène devant un grand magasin. Bravant l'interdit et – par la même occasion – trop heureux de faire un bras d'honneur aux censeurs, il décide de tourner en sauvage, planqué dans une camionnette. Ce soir-là, Jugnot, déguisé, se mêle à la foule et aux « vrais » Père Noël qui officient devant les Galeries. Dans la camionnette, Jean-Marie n'est pas encore prêt. Gérard en profite donc pour ôter un instant sa barbe. C'est alors qu'une dame s'approche de lui et lui demande de la remettre, car sa petite-fille est choquée de voir le Père Noël sans barbe. Fatigué, un brin exaspéré, Jugnot n'est pas des plus courtois et invite même la brave femme à aller se faire... La dame n'apprécie pas et commence à invectiver le malotru, puis à lui taper sur la tête avec son parapluie !

« A ce moment-là, j'aurais dû m'apercevoir que le titre n'était pas bon, explique Jean-Marie. En appelant le film *Le Père Noël est une ordure*, je me mettais à dos tous les parents dont les enfants... croient au Père Noël ! »

Après les trottoirs, le studio. La félicité et la sérénité remplacent le stress des quelques jours de tournage volés en extérieurs. Chaque jour, dans les grands hangars d'Épinay, la troupe fignole son film, prend plaisir à tourner avec ce réalisateur de leur génération. Seul angoissé : Yves Rousset-

Rouard. Délaissant quelques jours les États-Unis et la Coupe de l'America, il vient, tel un chef d'entreprise, visiter son « chantier ». Il perturbe surtout l'harmonieux ensemble. « Vous gaspillez beaucoup ! » ose-t-il reprocher un soir lors d'une projection des rushes. Jean-Marie n'apprécie pas vraiment. Yves : « En fait, je me suis aperçu qu'il [Jean-Marie Poiré] jouait gros sur le film, il ne fallait pas qu'il le rate, car personne ne le raterait, lui. D'un côté, il avait son nom à affirmer, et de l'autre sept auteurs qui l'attendaient au tournant. Ils lui avaient donné un joyau, il ne pouvait en faire un film quelconque ! » Yves a raison.

Raisonnable, le réalisateur ne dépassera le planning que de quinze jours. Deux semaines arrachées au producteur, après de vives discussions : « Qu'est-ce que vous voulez que je mette après cette scène ratée ? Une pancarte stipulant : " Navrés cette scène est merdique, mais on était arrivés au bout du temps, et notre producteur n'a pas voulu qu'on la retourne ! ", ou " Vous ne riez pas ? Normal, on a dû économiser sur les gags ! ". » Yves cède, et le film est enfin bouclé, à l'insatisfaction de son réalisateur. « Je ne savais pas que le film deviendrait un film-culte. A vrai dire, j'étais plutôt énormément déçu en voyant le premier montage. »

Mais la malédiction du Père Noël ne va pas s'arrêter là. Elle se poursuit lorsque le distributeur commence à négocier la campagne d'affichage. Les « institutionnels », le métro, les bus, la SNCF refusent d'afficher le film ! Toujours cet intouchable Père Noël ! Bruno Moynot, agacé, décide de porter l'affaire sur la place publique. Il écrit aux journaux une lettre bien sentie, intitulée : « La SNCF ne croit pas au Père Noël », un brûlot accompagné de la lettre de refus de France-Rail. En vain. La compagnie des colonnes Morris fait, elle aussi, la fine bouche et répond à Bruno qu'ils ne peuvent accepter la campagne... « faute de place » !

Sous le titre « La guerre des affiches », *France-Soir* du 25 juin relate le différend qui oppose la production du film aux afficheurs et en profite pour donner la parole à Jean-Marie : « J'aurais aimé que le film sorte pour Noël, ça aurait été un plaisir grinçant... »

Jean-Marie et l'équipe ont pourtant mis de l'eau dans leur vin en acceptant qu'une nouvelle affiche soit créée à la demande du distributeur du film. Jean-Marie avance le nom de Solé, un dessinateur de bandes dessinées au crayon des plus sages. Une consigne : on freine sur le côté malveillant vis-à-vis du barbu encapuchonné. Son affiche est un modèle de diplomatie, qui s'inspire d'une façon sarcastique et un peu perverse de l'innocente affiche du chocolat Menier des années 60. On y voit une gamine très sage graffiter le titre sur un mur où sont collés les portraits dessinés de chaque protagoniste de l'affaire. Jugnot, le criminel, n'a même pas sa barbe blanche. Seul rappel du scandale, un Père Noël tout ce qu'il y a de conventionnel regarde (ou mate?) la gamine. On ne pouvait faire plus sage... en apparence. Rien n'y fait, c'est le titre qui ne passe pas... A tel point qu'en Suisse et en Belgique le film sera débaptisé, et que certains exploitants ne garderont que les mots « Père Noël », couvrant pudiquement d'une feuille de papier le reste du titre! Il y a même un exploitant du sud de la France qui ajoute à côté du « Père Noël » : « Pas le vrai »! Et inutile de parler de la levée de boucliers aux États-Unis, lorsque le producteur essaiera de vendre son film aux distributeurs outre-Atlantique... « Je n'ai jamais pu, même en changeant le titre, confie Yves Rousset-Rouard. C'était trop iconoclaste que de s'attaquer à ce personnage. » Dix ans après, les Américains en achèvent aujourd'hui le remake!

« Un autre exemple, poursuit le producteur. Air France n'a jamais voulu le passer sur ses vols, il est complètement inédit aussi bien sur l'Atlantique que de l'autre côté! » « Nous savons, explique Josiane, que le titre a sûrement découragé bon nombre de spectateurs. On a tout de même fait un joli score en salle. Et, comme d'habitude, l'intelligentsia nous a descendus en flammes, alors qu'aujourd'hui les mêmes ont le film dans leur vidéothèque et crient au chef-d'œuvre. »

Pourtant, la presse n'est pas méchante avec eux. Bien au contraire. « Une bonne heure durant, on a ri à travers nos larmes, écrit Michel Perez dans *Le Matin*. *Le Père Noël...*, on peut le glisser dans son cabas entre un journal de BD et son kil de rouge... » Dominique Jamet, dans *Le Quotidien*, est plus circonspect : « On mentirait en disant que cette comédie à la française est un modèle de délicatesse et de grâce. Gros rouge et tarte à la crème... ou à la crime! » Jusqu'à Jacques Siclier, qui leur tresse des lauriers dans *Le Monde* et les compare à la troupe des Branquignols de Robert Dhéry : « Les gens du Splendid sont de fameux acteurs, ils apportent au cinéma comique français un grain de folie et d'extravagance qui bouscule les codes traditionnels du vaudeville et de la comédie de boulevard. » Du petit lait, qui leur enlève doutes et craintes quant au devenir du film... et de la troupe!

Le film ne cessera plus d'être encensé, porté aux nues, pour faire partie aujoud'hui du club très fermé des films-culte. Plus de dix ans après, lors d'un des rares passages à la télévision du *Père Noël...*, Jean-Luc Douin commençait son article dans *Télérama* par : « Méprisé par la critique et vénéré par des milliers de spectateurs, *Le Père Noël est une ordure* est un film-culte! Des répliques qui resteront au panthéon du 7e Art au même titre que " Gueule d'atmosphère " d'*Hôtel du Nord*, ou le " Bizarre, bizarre " de *Drôle de drame*! » Enfin, lors d'un sondage en juillet 1994, le mensuel *Première* demande à ses lecteurs de classer leurs cent films préférés, et *Le Père Noël...* arrive en troisième position derrière... *Autant en emporte le vent* et *Danse avec les loups*! Premier film français préféré. Le deuxième – placé en dix-huitième position – est *Le Grand Bleu*!

Bien sûr, à l'époque, certains font aussi grise mine à cause de l'attitude du réalisateur. Craignant la critique, Jean-Marie a eu la très mauvaise idée de se poster à l'entrée de la salle de projection le jour de la présentation aux journalistes, et de refuser l'entrée de la salle à ceux qu'il pense hostiles à ce genre de cinéma! La presse, on s'en doute, n'apprécie pas. Dans *Télérama*, Pierre Murat s'en offusque dans un billet qui suit sa critique du film – qu'il est allé voir en salle, « comme tout le monde ». Il raconte qu'il s'est fait refouler par le réalisateur lui-même.

« Il [Poiré] m'explique que *Télérama* a toujours massacré ses films (ce qui n'est pas vrai en ce qui concerne le premier d'entre eux, *Les Petits Câlins*) et que cette projection est réservée à des critiques... " Amis? " lui glissé-je perfidement. Il acquiesce, l'imprudent! Je vois que passent – sans être " arrêtés " – quelques confrères connus. Sont-ils des amis de Jean-Marie Poiré? Ou des personnes si peu influentes dans leurs écrits que leur présence est tolérée par le réalisateur tout-puissant? » se demande le... refoulé. Et de regretter qu'une telle attitude contraigne les journalistes « à jouer les publicitaires travestis ». Malgré l'incident, Pierre Murat a l'honnêteté de passer outre et d'écrire ce qu'il pense vraiment du film... Jean-Marie Poiré a eu tort de s'inquiéter. Très sport, Murat reconnaît que « *Le Père Noël est une ordure* est, sans aucun doute, le plus réussi de tous les films inspirés par le café-théâtre. Sûrement parce que, derrière les fantoches de l'intrigue, on devine par instants des êtres de chair et de sang, fragiles, démunis et meurtris... » Ce qui, dans cet hebdomadaire vertueux, équivaut à un éloge. Pierre Murat termine par un véritable panégyrique de tous les acteurs de la troupe... Mais pour un Pierre Murat, combien ont trempé leur plume dans l'encre la plus noire? La palme revient sans conteste à Georges-Marc Benhamou – qui ne dit pas s'il a ou non été accepté, mais qui juge, dans *Le Quotidien de Paris* du 26 août 1982, que la troupe du Splendid est « plus soudée, plus vorace et globalement moins talentueuse » que celle du Café de la Gare. « Ils ont trente ans, continue l'actuel directeur de *Globe*, ne sont ni beaux ni vraiment intelligents... » Et, prenant pour caution un de ses confrères de... *Spectacle du monde* (!), il réduit le film à un « café-cinéma », et parle tour à tour de Josiane, de Gérard et de Bruno en accompagnant leurs noms des qualificatifs de « grosse », « ordure » et « affreux ». La rancœur que semble leur porter Benhamou n'a pas de limites : Gérard devient « un sous-Coluche craignos », Jean-Marie Poiré « un bon technicien à qui il manque la... nervosité d'un Lautner » (!) ; et toute l'équipe « continue, confortée dans cette imposture par certains qui les persuadent qu'ils ont du talent ».

Jean-Marie contre-attaque dans *Le Matin* : « Un bon sujet de comédie reste un bon sujet, explique-t-il. C'est la nouvelle vague qui a corrompu la notion de cinéma. En France, pour être valorisé, il faut être ennuyeux; sinon, on vous prend pour un marchand de soupe. »

Pourtant, une bouffée d'oxygène arrive de là où l'on aurait pu attendre le pire. *Le Figaro*, sous la plume de la délicieuse Marie-Noëlle Tranchant, se veut (surprise!) plus objectif. La journaliste, que l'on ne peut soupçonner de vouloir faire l'apologie du mauvais goût, trouve au film et à l'équipe « un humour neuf, à la fois agressif et bon enfant, corrosif mais franchement gai ». Et de reconnaître à Marie-Anne de grandes qualités (Zézette a encore fait une émule...) en terminant par : « Et ce serait bien le diable si on ne la retrouvait pas un de ces jours là où on ne l'attend pas. »

46

« Viviers en danger ! » Dès 1978, le café-théâtre sort à peine de l'adolescence que certains déjà tirent la sonnette d'alarme. Le genre va-t-il être bouffé tout cru par le cadre juridique et l'arsenal de réglementation qu'on lui prépare ? Cette réglementation, pourtant, beaucoup l'appellent de leurs prières : elle leur permettra enfin une véritable reconnaissance, une couverture sociale et un rattachement aux organismes du spectacle... Mais danger ! Il faut à tout prix préserver cette différence, cet espace de liberté et de ton qui ont présidé à la naissance du genre. Une frontière floue délimite alors les deux pôles : théâtre établi, théâtre marginal. Mais le café-théâtre vieillit, et ses initiateurs, qui bedonnent tranquillement vers la quarantaine, s'inquiètent de leur avenir.

La fronde a commencé dès 1977. L'année d'après, un semblant d'association est né, pompeusement baptisé Union des cafés-théâtres et des théâtres parallèles (UCA-TEP), qui ne fédérera jamais plus d'une quinzaine d'établissements. Leur mot d'ordre : Finie l'ère des patrons (sous-entendu, des bistrotiers qui nous « piquent » soixante pour cent de la recette) ; place aux directeurs, aux chefs de troupe. Les profits à ceux qui suent sur scène ! Leur idée : faire des cafés-théâtres des structures indépendantes, mais avec un cadre juridique et social bien défini. Comme l'écrit Colette Godard dans *Le Monde*, en août 1978 : « Les cafés-théâtres sont à la mode et sont trop souvent utilisés comme alibis à une politique de création qui exigerait des moyens professionnels. Il y a les festivals où ils sont associés aux " théâtres en marge " – c'est-à-dire amateurs –, ce qui veut dire que les organisateurs ne les paient pas. Mais depuis longtemps ils ont pignon sur rue, ils ne peuvent plus vivre dans l'illégalité. »

En attendant, ils prolifèrent. Et, débordés par ces quelque trois cents à quatre cents spectacles qui se jouent chaque jour à Paris mais aussi en province, les organismes sociaux comme la Caisse des congés-spectacle et celle de la retraite des artistes portent devant les tribunaux ces farfelus qui piquent des spectateurs aux salles installées et ne paient même pas leur denier aux cultes professionnels. En pleine violation de l'article L 672.1 ! Eux qui justement ont créé ces endroits pour ne pas entendre parler de tout cela sont obligés de rentrer dans le rang ! Une vraie condamnation à mort ! Après confirmation en appel, le jugement est rendu le 9 octobre 1980, condamnant les cafés-théâtres à devenir sages...

« Si ce jugement est appliqué, clame Da Costa, figure mythique de l'histoire du café-théâtre, les sommes à verser seront tellement énormes que nous serons obligés de fermer nos portes. »

Ce vide juridique, devenu un statu quo entre les deux parties, ne peut durer longtemps. De plus, échappant à la loi sur les spectacles, bon nombre de « salles » passent également au travers des services de sécurité. Il faut donc que le café-théâtre devienne adulte ! Juridiquement, mais aussi dans ce qu'il propose à ses spectateurs. Presque une génération est passée depuis l'âge des pionniers. Si le café-théâtre était né en réaction contre un certain théâtre installé, ce dernier, de plus en plus, attrape les accents du café-théâtre ! Des pièces sont montées sous des ors centenaires, mais dans un ton et sur des thèmes qui ne dépareraient pas une scène de café-théâtre. Les directeurs de salle, les agents, les réalisateurs écument chaque soir les pires endroits, à la recherche de nouvelles idées, de nouvelles têtes, d'un nouveau public. La Gaîté-Montparnasse n'a-t-elle pas ouvert toutes grandes ses portes au Splendid à la recherche de place, pour répondre au succès du *Père Noël...* ? Encore impensable cinq ans auparavant ! Étonnant retour des choses ! Le Splendid l'a vite compris. En soignant autant que ses moyens le permettaient décors, costumes, régie et promotion, il est devenu le « chaînon manquant » entre les deux frères qui s'ignorent depuis bientôt dix ans.

« On était loin, comme l'écrit René Bernard dans un long article sur la question dans *L'Express*, de l'époque où il suffisait d'une valise à Rufus pour occuper le plateau de La Vieille Grille; où les Jeannes sans décors et sans accessoires triomphaient aux Blancs-Manteaux! »

Époque bénie où il suffisait tout juste de dix mille francs pour assurer la production d'un spectacle avec quelques décors. Trente mille francs permettaient presque de rivaliser avec une petite salle de boulevard... Mais rentabiliser un investissement de trente mille francs dans une salle de cent places en vendant un Coca à l'entrée tient du casse-tête... ou d'une gestion de génie. Alors que le « boulevard » vendait ses places cent francs, le café-théâtre ne pouvait espérer, au plus, qu'une recette de vingt ou trente francs! D'autant que, pour rivaliser avec leurs aînés, ils usaient des mêmes recettes de promotion... et aux mêmes prix : « pavés » publicitaires dans *Pariscope*, affiches, premières avec invitations, et même – comme ce fut le cas au Splendid lors du lancement du *Père Noël* et de *Papy*... – attaché de presse!

Le Splendid, lui, sait bien que le café-théâtre a vécu. En cette année 1981, si aucun d'entre eux ne se considère comme une vedette, ils sont tout de même devenus des acteurs connus, pourvus chacun – sauf Thierry, qui fera toujours bande à part – d'un agent chargé de leur trouver des engagements. Il est peut-être temps de se séparer de cette structure sécurisante qui leur a permis de grandir. Seulement voilà, certaines habitudes sont prises, l'amitié et l'amour qui ont toujours présidé aux destinées communautaires de cette bande d'individualistes restent très forts. Après le départ de Michel, puis de Josiane, c'est au tour de Gérard et de Christian d'avoir des fourmis dans le stylo. Mais ils ne peuvent se résoudre à se quitter comme ça... Très vite naît l'idée de conserver un foyer, un « siège social », un endroit à eux où la pérennité du nom Splendid et de l'esprit de la troupe serait assurée. C'est évident, lumineux, simple : Achetons un théâtre ensemble. Un vrai avec coulisses, scène, éclairage, rangées de fauteuil et... une histoire, un passé, une mémoire!

« Grands boulevards,
ancien caf' conc'.
Bail neuf à saisir »

47

Un soir, après la représentation du *Père Noël* à La Gaîté, un ami les attend dans le hall. Un visage connu de tous dans le monde du café-théâtre : Christian Spillmacker. Ils l'ont invité à venir les applaudir... avec une petite idée derrière la tête. Une table a été retenue dans un restaurant proche, et la bande s'installe sur les banquettes rouges. A la fin du repas, c'est Christian qui attaque : « Comme tu l'as fait pour Michel [Coluche] à l'époque où il cherchait un lieu pour Le Vrai Chic parisien, est-ce que tu aurais le temps de visiter pour nous ? »

La question est abrupte. Spillmacker demande des éclaircissements. Thierry continue : « Voilà, c'est simple, on aimerait revendre la rue des Lombards et avoir un vrai théâtre à nous, beaucoup plus grand, plus confortable, où l'on pourrait monter des vraies pièces. On en a discuté entre nous, il nous faut passer à la vitesse supérieure. On a pensé à toi pour ça, et aussi pour gérer nos affaires avec Bruno. Voilà, réfléchis. » Spill rentre ce soir-là très songeur... Et pourquoi pas bosser avec ces mecs sérieux ? Marre des galères !

Car Christian Spillmacker a été de tous les combats du café-théâtre. Des travaux ingrats chez Bouteille – ménage, caisse, régie au passage du Départ, puis à la rue Vieille-du-Temple – aux jours et aux nuits passés à arranger la vie de Coluche. Après le clash Coluche-Bouteille, Spill est resté fidèle au « gros », l'a suivi partout, est devenu à la fois son confident, son homme d'affaires et même parfois son psy.

« J'y ai laissé ma santé, et surtout ma vie privée. » Il a dû choisir entre le monstre et sa femme... Spill est à la fois un frère, un ami fidèle, un compagnon attentif, un secrétaire zélé. C'est même lui qui a dégotté ce polar glauque, *Tchao pantin !*. Car il est sur tous les fronts, Spill, y compris la nuit rue Gazan, où très souvent il organise les fêtes chez Coluche. C'est là qu'il nouera des liens d'amitié avec Le Splendid.

En 1980, un fantasme, une idée fixe animait Coluche : avoir son théâtre à lui pour y monter ses spectacles, mais aussi pour inviter tous ses potes à venir délirer sur scène. Il se souvenait de ses difficultés pour remonter sa pièce *Ginette Lacaze*, faute d'endroit pour cela. Il avait donc chargé Spill de lui dénicher une salle : « Vas-y, ma poule, trouve-moi un truc bien grand et très kitsch... » Spill s'était mis en chasse et avait visité des hangars, des salles à l'abandon, d'anciens cafés-théâtres. En vain.

Mais, en ce début 1981, Coluche a d'autres chats à fouetter... Entre autres, ceux contre lesquels il se présente comme « candidat nul » à l'élection présidentielle. Un sondage paru dans *Le Quotidien de Paris* – après une interview épique de Dominique Jamet – le crédite même de douze pour cent d'intentions de vote ! Chaque matin, sur Europe 1, il a campagne ouverte pour parler des « pédés, des exclus, des travelos, des chômeurs », bref de tous les laissés-pour-compte de la société giscardienne. C'est le même élan qui donnera naissance, peu de temps après, aux Restaurants du Cœur. Spill laisse donc tomber sa recherche d'une salle pour le Coluche saltimbanque et passe à l'assistance du Coluche candidat.

De comique, Coluche devient, quelque temps plus tard, un mythe sur une route de vacances, en pleine Provence. Et Spill, orphelin de frère, est libre de tout engagement.

Spill n'a pas réfléchi longtemps. « D'accord, j'accepte. » « Il était temps que je me case », reconnaît-il aujourd'hui. Mais il pose ses conditions : « Je deviens votre associé, j'en ai marre d'être salarié, je veux être partie prenante de toutes les décisions... » Thierry et Christian, porte-parole du groupe, s'inclinent mais mettent une restriction : « Tu ne seras pas comédien – avec nous, du moins. » Le soir même, le contrat moral est entériné, et le lendemain Spill se remet en chasse avec Bruno Moynot.

Des salles à Paris, ce n'est pas ce qui manque... quand on a quelques millions de francs en poche et des appuis politiques. Les Splendid n'ont rien de tout cela. Leurs atouts : leur bonne volonté et des copains en arrière-garde. Bruno et

Christian épluchent les annonces, interrogent tous ceux qui gravitent dans le métier. Au bout de quelques mois, seules deux salles ont retenu leur attention : le mythique Vieux-Colombier, qui a tout pour lui... sauf son prix et le devis de sa remise en état. Ils se concertent longtemps... Le Splendid dans les murs du Vieux-Colombier ! Quel rêve... Un rêve seulement. Ils se rabattent sur plus simple, plus popu aussi : le Théâtre de la Bastille, ex-Théâtre oblique, ex-ex-Cyrano Roquette, un cinéma de quartier dans les sixties ; mais ils sont doublés sur le poteau. De plus, ce quartier ne fait pas l'unanimité parmi les membres de la troupe. La Bastille n'a pas encore la vie nocturne qu'on lui connaît aujourd'hui. Ce n'est qu'un paisible quartier populaire de l'est de Paris, désert après 21 heures et assez triste.

Mais saint Martin veille sur eux, et c'est tout à fait par hasard, en feuilletant une revue professionnelle, que nos deux compères tombent sur une annonce sibylline : « Quartier grands boulevards, ancienne salle de spectacle transformée en cinéma. Bail neuf. » L'après-midi même, ils sont sur place. Une entrée en forme de porche, au 48, rue du Faubourg-Saint-Martin, laisse seule deviner qu'il y a là un théâtre. Pas de grande façade en stuc, de fronton orgueilleux, de cariatides supportant un prétentieux balcon. Rien. Une entrée ordinaire, dans cette large artère qui donne sur la porte du même nom. Une simple entrée d'immeuble suivie d'un boyau qui semble mener à un tripot clandestin. Le type de l'agence, essoufflé, arrive en retard : « J'ai déjà quelqu'un sur le coup, mais je sens qu'il n'y tient pas tellement... » Se pointe le concurrent : Michel Boujenah, lui aussi à la recherche d'un lieu. Il se désiste après quelques palabres au comptoir du bistrot d'à côté. Et deux membres du Splendid pénètrent pour la première fois dans les murs du Casino Saint-Martin...

Construit en 1896, et pompeusement baptisé Fantaisies Saint-Martin, le lieu est d'abord un caf' conc' comme il en existait beaucoup sur les grands boulevards, au siècle dernier. Plus populaire que Le Maxeville, qui reste un symbole du genre, il accueille des chanteuses de beuglants jusqu'en 1934. Cette année-là, un certain Max Trébor en fait une salle de spectacle et met la clé sous la porte deux ans plus tard...

Remplacé par un cinéma, le Saint-Martin 48 sera tour à tour cinéma de quartier, cinéma porno, puis salle d'art et d'essai avant de fermer à son tour et de servir épisodiquement de studio d'enregistrement pour des jeux radiophoniques. C'est ce lieu fermé, qui sent le moisi et l'abandon, que visitent Bruno et Christian en ce printemps 1981.

« Le droit au bail, c'est cinq cent mille francs, plus, naturellement, le loyer. » Pas question de discuter, et pourtant ils sont loin d'avoir les moyens. Ils ont bien quelques économies... mais ce n'est pas suffisant. Et leur première visite n'augure pas une installation facile. D'accord, même si ce n'est pas la mûrisserie de bananes à l'abandon des Lombards, l'endroit a besoin d'un sacré rajeunissement. Les murs de l'entrée et de la salle sont recouverts d'une ignoble moquette caca d'oie, à la mode dans ces années d'extrême bon goût qu'étaient les seventies; les sièges sont en piteux état; le jeu d'orgue qui commande l'éclairage de la scène ne comporte que trois maigres circuits; quant à la scène elle-même, sûrement parfaite pour la chanson réaliste, elle est loin de correspondre à leurs besoins. Leur rêve prend un peu l'eau à réception des premiers devis : un bon million de francs rien que pour la scène, les peintures et l'électricité. Les sièges tiendront bien encore un moment.

Ils se réunissent, retournent leurs poches et sortent royalement une vingtaine de mille francs chacun! « On refait comme en 76, lance Gérard, on tape tout le monde! »

Christian Spill a une idée de gestionnaire : que chacun recrute ceux qui seront ses prêteurs. Tous se mettent en chasse, un seul mot d'ordre aux sollicités : « Prêtez ce que vous pouvez perdre! » La formule est de Spillmacker. Les prêteurs de 1976 répondent présents tout de suite. Une longue liste à laquelle s'ajoutent d'autres, croisés pendant ces six dernières années. Ils sont connus, aujourd'hui, leur quête n'en est que plus facile : parmi les gentils prêteurs – qui seront tous remboursés en moins d'un an –, on note Isabelle Adjani pour quinze mille francs, ou encore Richard Berry, ou Lederman et Martinez, les agents de Coluche...

Le saint patron du café-théâtre veille sur eux. Alors qu'ils se débattent dans d'infernaux calculs, une dame semble s'intéresser à leur salle, qu'ils cherchent à revendre, rue des Lombards. Cette brave femme, mère d'un jeune comédien, est à la recherche d'un lieu pour son rejeton, Jean-Baptiste Play, qui a eu un court moment de gloire avec sa pièce *Phèdre à repasser*. Le prix demandé par Spill et Moynot correspond au montant du bail de leur nouveau lieu : cinq cent mille francs. A leur grand étonnement, la mère angoissée accepte sans discuter !

« Nous avions acheté une mûrisserie de bananes dans une rue à putes, nous avons revendu un théâtre dans une rue piétonnière », souligne Bruno qui a le sens de la formule. Une bonne affaire...

Lors de leur première visite en groupe au Casino Saint-Martin, ils éprouvent le même enthousiasme qu'au cours de leur découverte de la rue des Lombards, quelques années auparavant. Mais il s'agit là à présent d'une « vraie » salle. Ils ont à peine trente ans... et possèdent leur théâtre !

« J'ai trouvé ça immense, se souvient Marie-Anne, et je me suis demandé comment on allait le remplir. C'était moche, orange avec des tentures au mur et dans un état abominable. Malgré cela, ce qui nous émerveillait, c'est que c'était un vrai théâtre, avec une entrée, une caisse, des coulisses et des loges – crasseuses, du reste, comme toutes celles que nous avions eues jusqu'alors, mais des loges tout de même... »

« Du théâtre, mais plus de café ! » titre *France-Soir* dans un article annonçant le futur déménagement du Splendid. Suit une courte interview de Christian qui explique, en brûlant un peu ce qu'il a tant aimé : « Le café-théâtre aura duré dix ans, nous l'enterrons. Les petites salles avec les bancs ont cessé de séduire le public, qui réclame du confort, des décors, des costumes et des éclairages... » Il parle d'un autre public, celui qui, comme eux, vieillit. Et à ce public, qui sera le leur demain, il faut préparer un nouveau lieu.

Avec l'argent « collecté », Spill et Bruno parent au plus urgent : ils refont les peintures, aménagent l'accès à la scène en supprimant deux escaliers de côté, et font agrandir les coulisses. Moins de trois ans plus tard, grâce au succès des différents spectacles qui seront montés dans le théâtre ressuscité, ils changeront les fauteuils, installeront un jeu d'orgue électronique et se paieront le luxe d'installer une scène inclinable !

Mais ils ne sont pas pour autant au bout de leurs peines.

Et celles-ci ne vont pas venir des travaux qu'ils entreprennent.. même si certains d'entre eux, comme au bon vieux temps de la rue des Lombards, mettent encore la main à la pâte; non, ce sont les organismes fiscaux, professionnels, sociaux et autres, qui vont leur faire comprendre qu'ils ont changé de statut. Spillmacker est obligé de s'inscrire à... l'Association des directeurs de théâtre! Quant à Bruno, il se bat avec le fonds de soutien et les taxes parafiscales. Il est bien fini, le temps du cornet de glace à vingt francs, et gratuit pour les porteurs de lunettes! De « petit » en passant par « moyen », Le Splendid est devenu « grand ». C'est ainsi que, dorénavant, ils qualifieront leur ascension et les lieux qui la ponctuent, du passage du Départ à la rue des Lombards puis au Faubourg-Saint-Martin... Mais ce « grand » Splendid va-t-il répondre aux espoirs placés en lui par ses parrains?

48

« Il faut marquer le coup ! Il faut que tout le monde sache qu'on a un vrai théâtre, maintenant ! » Les idées, ce n'est pas vraiment la denrée la plus rare au Splendid. Mais comment faire ? Comment frapper un grand coup médiatique ? « Merde, Le Splendid qui déménage, ça doit faire du bruit dans Landerneau, non ? » Les grandes décisions se prennent toujours chez Taraire. Ce jour-là, délicats tripoux et tarte aux quetsches. Sur la banquette du fond, la bande est excitée par cette nouvelle aventure. Inquiète, aussi.

C'est Thierry qui va avoir l'idée : « Et si on organisait un jogging d'ici au Saint-Martin, avec remise de prix au vainqueur ? » Ce n'est pas le délire, mais l'idée plaît ; et Anne-Marie Princiaux, tacitement leur attachée de presse depuis qu'elle a gagné ses galons avec *Le Père Noël...*, est tout naturellement chargée de draguer, racoler, inviter, persuader le tout-Paris que, le jour fixé pour l'événement, il n'y a rien de plus important à faire à cent kilomètres autour des Halles. Un dossier de presse est bricolé, qui annonce la grande nouvelle, retrace l'historique du Théâtre Saint-Martin depuis son ouverture en 1896, et celui plus modeste de la troupe. Il est grand temps de commencer à écrire leur histoire. Anne-Marie charge un peu la note, les dote de filmographies où pas une de leurs plus petites apparitions ne manque. Vu ainsi, ils ont déjà tous un sacré palmarès... même si l'apparition de Marie-Anne dans *Le Quincaillier de Meaux*, ou celle de Gérard dans *Oublie-moi Mandoline*, n'est plus dans toutes les mémoires. Une photo doit commémorer l'événement pour être distribuée à la presse. On les voit déménageant à la queue leu leu. Bruno ouvre la marche portant un carton, Christian une grosse valise d'immigré, Marie-Anne juste un sac, Thierry deux, Josiane un... sac poubelle, Gérard un baluchon; quant à Michel, réminiscence des *Bronzés*, il est à terre, tentant de refermer sa valise éventrée. Le jour J est fixé au 8 octobre 1981. Ce soir-là, plus de deux cents personnes répondent à l'appel des Lombards. « Un discours! Un discours! Un discours! » Juché sur une caisse, c'est Gérard qui s'y colle. Belle oraison funèbre, digne de l'Aigle de Meaux. C'est beau, c'est grand, c'est magnifique... Avec juste la pointe de nostalgie qu'il faut. Dépôt d'une gerbe de fleurs et départ du jogging, le tout couvert par France Roche pour Antenne 2! Arrivée (essoufflés) au nouveau lieu... où un bon millier de personnes a déjà envahi la salle, le long couloir, le hall, et déborde sur le trottoir! Anne-Marie a réussi son coup. Un vrai événement parisien, qui regroupe stars, comédiens des autres cafés-théâtres venus apporter leur soutien, leur amitié, peut-être parfois leur envie à ceux qui sont « arrivés ». Ce soir-là, c'est aussi un peu la fête du café-théâtre. Sur scène, l'intarissable Gérard remet la coupe au vainqueur, et la nuit commence. Longue et arrosée.

En cette fin de 1981, ils sont définitivement ancrés dans le paysage du spectacle. Pour preuve, juste après l'inauguration de leur nouvelle salle, *L'Express* leur consacre trois pages sous le titre pertinent de « PME du rire », et Bouvard à la « une » de *France-Soir* parle argent. Si le chroniqueur du quotidien note qu'Isabelle Adjani et Miou-Miou sont en baisse et que Depardieu, Ventura et Montand se maintiennent en très haute position, Le Splendid et ses composants, en revanche, sont des valeurs en très forte hausse! Ils sont crédités chacun d'un cachet de deux cent mille francs par film, « et ils les obtiennent! » ironise Bouvard. Le café-théâtre, après quinze ans d'existence, assure la relève des stars vieillissantes... *L'Express* quant à lui qualifie Le Splendid de « réservoir à idées le plus convoité de ces dernières années », mais loin de la douce et utopique rêverie du Café de la Gare. L'hebdomadaire, pas dupe, note : « Abordant la trentaine sans trop y penser, ils émergent pourtant avec des rêves particulièrement clairs : réussir, réussir, réussir... »

« Les anciens de 68 sont devenus profs, ingénieurs ou journalistes. Ils ont changé de vêtements et sont prêts à accepter ces nouvelles années actives, technologiques, vigoureuses et gaies », écrivent avec justesse Bernier et Buot dans leur ouvrage sur les seventies. « Finies les utopies : un grand besoin d'action! », titre le premier numéro du nouvel *Actuel* de Jean-François Bizot en 1979. « Le message est clair, continuent Bernier et Buot. Prenons le monde tel qu'il est, imposons-nous avec notre énergie et notre créativité. Les jeunes gens des années 80 vont d'abord penser à leur carrière. Ils ne crachent plus sur l'argent ni sur les postes à responsabilité. Ils réhabilitent le profit et le combat individuel. Il est devenu illusoire d'attendre un grand soir qui n'arrivera plus en accusant la société et le gouvernement de ses propres échecs. » Une description étonnante du nouveau pouvoir aux mains d'ados vite devenus des adultes responsables. Une autre révolution est en marche, qui annonce les années yuppies.

L'achat du Saint-Martin est un acte non de la troupe, mais d'individus associés. Il est dicté plus par le bon sens que par l'affectif. Comme si, une fois ce but atteint, la chrysalide Splendid ne leur servait plus. On décèle chez eux l'amorce de la rupture. *L'Express* s'interroge : « Premières fissures dans un bloc autrefois granitique? Non! D'ailleurs, ils restent associés au sens le plus strict du terme dans le destin du Splendid : ils sont coactionnaires de la SARL Le Splendid Saint-Martin. » « Une vraie PME, explique Jugnot avec un accent des plus paternels, le regard perdu vers une petite PME de plomberie à Courbevoie... Si ça ne marche pas, continue ce Tapie du café-théâtre, on ferme la boutique. »

« Nous sommes à la mode... mais les modes passent. » Christian est clairvoyant. Il résume ce que chacun sait et redoute. Leur avenir est de profiter au mieux du tremplin que leur a offert Le Splendid. Ils le savent. « Les choses sérieuses commencent... », conclut *L'Express*. C'est vrai.

Le « grand Splendid » retapé, reste à étrenner cette scène repeinte en noir, même si en coulisse on entend encore, dans la journée, le chant du marteau. Une nouvelle pièce est à l'écriture. On n'en parle pas encore. Chut! Secret d'État... En attendant, il faut faire « tourner » le lieu! C'est Gérard qui monte le premier sur leur toute nouvelle scène, dans une reprise d'*Enfin seul*, son « one man show » qui a fait les derniers (beaux...) jours des Lombards.

Titre prémonitoire, qui dit bien l'état d'esprit du clan à l'aube de cette nouvelle aventure. *Enfin seul* n'est pas un manifeste, simplement pour Gérard une petite envie d'air frais, hors de l'étouffant cocon. Une façon aussi de se rassurer sur ses capacités à voler en solo. A cette fin, il se paie le luxe d'une première affiche sans ambiguïté. On voit toute la troupe assise côte à côte sur un banc de square, et Gérard isolé en bout... Et, pour bien enfoncer le clou, un trait de peinture rouge raie les visages de Marie-Anne, Christian, Bruno et Thierry. L'affiche qui sera finalement retenue n'est qu'un morceau de celle-ci : Gérard est assis seul à l'extrémité d'un banc. Un Gérard triste, presque abattu, qui pourtant ne va pas manquer de punch pendant les quelques mois où il tiendra la scène.

« " Enfin seul ", explique-t-il, c'est le cri du mec qui a quitté sa femme. " C'est fini, ouf! " Mais en même temps, le mec se dit : " Mais merde, je suis seul! " D'autre part, c'était très excitant. Je l'ai d'abord joué tout l'été, j'étais heureux, mon fils Arthur venait de naître, c'était le grand bonheur. »

Plus « beauf » que jamais, en « survêt' » passé sur une chemise, il débite avec force une ribambelle de sketches... En point d'orgue, l'inoxydable *Proverbe*. Il a tapé dans *Je vais craquer* et dans quelques autres écrits, au gré de son spleen ou de son imagination. Josiane lui a prêté main-forte pour l'écriture. La famille reste la famille!

« C'était très important pour moi de jouer... enfin seul. C'est là que je me suis aperçu d'une chose : je n'avais jamais aimé les personnages que je jouais au Splendid! Ça peut paraître paradoxal de dire cela. Peut-être parce que je suis très timide et que je n'osais pas vraiment m'affirmer? Je détestais Félix le Père Noël, par exemple, et je l'ai joué plus de cinq cents fois! »

Enfin seul, c'est du travail nickel dans lequel Gérard exploite son image très « popu » : employé de banque flemmard, joueur de boules pinailleur, homo (avec une perruque!) qui tente d'expliquer ses tracas à sa femme de ménage portugaise, serveur agacé par une famille pingre ou reporter minable (Gérard règle quelques comptes avec la presse, qu'il n'a jamais portée dans son cœur...), toute la panoplie y passe. Le succès suit. Cette première envolée le conforte dans l'idée qu'il peut exister hors du groupe, lui qui est le moins sûr de son talent. La presse aussi s'en mêle, une « presse d'enfer », comme il dit à juste titre. C'est la naissance d'un grand comique que fêtent spectateurs et critiques, un type planqué derrière les deux immenses Balasko et Blanc, et qui enfin se découvre ! « Un " one man show ", ou plus exactement un " one macho ", ose *Télé 7 jours*, avec une vélocité de pensée et de jeu. » « Jugnot accomplit une véritable performance », renchérit *Le Matin de Paris*. *Le Point* fait aussi dans l'éloge : « Servi par son physique de Français moyen et ses qualités comiques de sociétaire du Splendid, Jugnot entre sans effort dans la peau de ses personnages. Le coup d'œil est juste. Le monologue au point. Un numéro drôlement futé. » Il est aux anges, le Gérard ! *France-Soir*, *Le Parisien*, *Les Nouvelles littéraires* et même *Télérama* sont unanimes ! « Il a un ton, il a un style. Et un talent à casser la baraque. Avant, il vous aura d'abord fait crever de rire... »

Mais le plus beau reste à venir : une grande interview dans *Paris-Match* et presque une page dans *Hara-Kiri Hebdo* ! Il est désormais loin, le temps où ils guettaient au kiosque l'arrivée des journaux et se contentaient des quelques maigres lignes d'un critique bienveillant...

Le reporter de *Match* l'a bien compris : *Enfin seul*, c'est le manifeste de leur séparation. Gérard parle ouvertement de ce qu'ils n'osent pas aborder entre eux : « Oui, nous sommes à l'aube d'une nouvelle ère. Nous avons toujours cherché à garder nos distances en faisant à la fois une carrière collective et des carrières individuelles. Comme le succès est venu avec *Les Bronzés*, c'était plus facile pour nous. » Comme pour s'excuser de ce crime d'individualisme, il énumère : « Josiane écrit actuellement un film avec Jean-Marie Poiré, Thierry vient de jouer avec Adjani, Christian tourne avec Leterrier... Moi, je ne faisais rien, et notre théâtre était libre. » Et de raccrocher les wagons avec cette boutade : « Notre succès n'a jamais gâté l'ambiance du Splendid, dans la mesure où il arrive à tout le monde. Chez nous, chacun tire la couverture à soi. Comme tout le monde tire en même temps, la couverture est bien tendue ! »

Paris-Match n'est pas le seul à s'intéresser à leurs lendemains. Martin Peltier, dans *Le Quotidien de Paris*, attaque bille en tête le zébulon du Faubourg Saint-Martin. Que va faire Jugnot maintenant, hors du groupe? Il s'entend répondre : « Je suis un peu le spécialiste des cons, comme d'autres sont représentants en confiture! »

49

Depuis qu'elle a claqué la porte du Splendid en les « lâchant » lors de l'écriture du *Père Noël est une ordure*, Josiane n'a pas chômé. Du reste, n'est-elle pas partie pour tenter enfin sa chance, seule, comme elle l'a toujours désiré ? Depuis le temps que ça la chatouillait, il fallait bien qu'un jour elle y arrive. Elle vole enfin de ses propres ailes et va jouer « sa » pièce, qu'elle aurait pu sous-titrer « Enfin seule »... Humour et autodérision, Josiane a opté pour *Les hommes préfèrent les grosses*, retitrée *Bunny's Bar* !

Une pièce étonnante, coluchienne, désespérée... « Écrite avec une vérité au bord des larmes », dira *L'Express* en parlant de cette tranche de vie en sous-sol à laquelle Josiane travaille seule, la nuit, en rentrant fourbue des représentations d'*Amour, coquillages et crustacés*. Un besoin qui la tenaille, une manière bien à elle d'affirmer son indépendance. « Si je n'écris pas pour moi, on ne viendra pas me chercher. » « On n'écrit pas pour les femmes comme moi ! » Alors, quoi ? Une vie de comédienne vouée aux seconds rôles, aux utilités, aux bonniches, aux femmes délaissées ? Son physique, comme celui de Gérard, la sert... mais pas toujours dans le bon sens. « Je crois que j'ai rapidement compris que même au Splendid je n'arriverais pas à écrire de rôle vraiment pour moi. Parce que j'étais un peu bloquée. J'étais face à quatre garçons qui ne pensaient qu'à écrire des rôles masculins. Marie-Anne participait à l'écriture, mais elle avait le handicap d'être là depuis longtemps et par cooptation. Moi, on m'avait demandé de venir, ce qui aurait dû me mettre en position de force, et pourtant je n'obtenais rien de bien satisfaisant, aussi bien dans les pièces que dans les films... Je n'ai jamais trouvé mes rôles très passionnants. Alors, très vite, je me suis dit : “ Ce n'est pas grave, j'écris à côté... Et si on divorce, j'aurai toujours quelque chose. " » Cette crainte de devenir otage du groupe va la pousser à agir seule.

Être seule, c'est marcher sur les brisées de celles qui, à l'époque et à longueur de « one woman show », rabâchent éternellement les mêmes sujets : les mecs, les maris, la drague, la vie de couple et autres revendications aux accents féministes. Josiane comprend vite qu'il faut qu'elle se démarque. Elle ne peut compter que sur son esprit et sur son talent : « Moi aussi, c'est la vie qui me motive, mais les choses que j'écrivais étaient assez violentes. Les personnages se racontaient d'une façon naturaliste, dérangeante. A l'époque, il y avait plein de spectacles de filles qui, sous des dehors très féministes, respectaient le jeu en étant jolies, maquillées et tout ça. Moi, je me suis dit : " Je n'ai pas besoin de cela, je suis comme je suis ! " » Radicale.

« La grande révélation, ce fut Bertrand Blier. Je lui dois beaucoup. Il a changé notre regard dès son premier film, *Les Valseuses*. Blier, c'est un phare, c'est le premier qui nous a montré comment des gens existent. De plus, il utilise une langue magnifique qui me laisse sur le cul, moi qui ne sais pas bien écrire des dialogues... »

Libérée, Josiane se sent pousser des ailes. Elle ne tarde donc pas à livrer sa pièce, sur la scène même des Lombards, en première partie de soirée *Amour, coquillages...* pour la rentrée 1978. *Bunny's Bar*. Un choc. On l'attendait au détour de la rate, elle touche également au cœur... *Bunny's Bar*, ce n'est pas seulement une pochade, c'est un manifeste, le premier manifeste du balaskovisme en marche !

Elle fait mouche ! *Elle*, *Le Matin de Paris*, *Télé 7 jours* s'aperçoivent enfin qu'au sein de cette bande qui monte il y a aussi une drôle de marrante « qui a des choses à dire » (dixit *Elle*) et qui était, jusqu'à présent, un peu cachée... Avec *Bunny's Bar*, en une heure à peine, elle se révèle.

Une boîte de strip, les vestiaires plus exactement, dans lesquels Anita, ancienne bunny, ex-strip-teaseuse et aujourd'hui femme de ménage, officie. Anita, qui a pris des rondeurs, a dû laisser tomber le maillot de « lapin » pour le tablier de femme de ménage. Elle vit là sa dernière nuit de travail. A l'aube, Paul Pain, son fiancé, viendra la chercher pour une nouvelle vie... à Metz. Dans ce hall triste, il y a aussi Jacques, le portier, qui rêve de devenir un grand compositeur. C'est l'impasse des illusions, le vestiaire du Bunny's Bar. Cette dernière nuit arrive. Betty, la remplaçante d'Anita, un « petit chaperon rose » de banlieue. Betty est ce qu'Anita fut... et deviendra sûrement ce qu'Anita est devenue...

Jacques : « Elle est mignonne...

Anita : Moi aussi, y a cinq ans, j'étais mignonne...

Jacques : Y a prescription, hein?

Anita : Oh, rigole, rigole, c'est facile de rigoler. Mais quand je faisais mes cinq boîtes faciles par nuit, eh bien excuse-moi, j'étais mignonne!

Jacques : Tu vendais des fleurs?

Anita : Oh, pas du tout, môôsieur, je faisais du... strip-tease!

Jacques : Tu me répéterais ça sans rire? »

En cette nuit froide, c'est tout un pan de vie de ces besogneux du plaisir qui va se dérouler. Triste sort des petits dans un monde de paillettes, réflexion sur le devenir et l'espoir, l'espérance et la déception. Entre *Bus Stop* et *Chantons sous la pluie*.

Catherine Lara a mis en musique les deux chansons de la pièce. Josiane ne chante pas, mais feule d'une extraordinaire voix chaude les aventures de *Sexy Lady*, du temps où Anita était effeuilleuse et où « l'on montait de province spécialement pour la voir ». Le message est sans ambiguïté : regardez les « moches » avec un autre œil... ce sont souvent d'anciennes belles.

« C'est un vrai tabac tous les soirs
Les connaisseurs cloués au bar
vont craquer si elle n'enlève pas
ses gants, sa guêpière et ses bas... et ses bas!
Sexy Lady... Sexy Lady... Sexy Lady... Sexy Lady... »

« *Bunny's Bar* est vraiment ma première pièce, avec des personnages et une situation. Je suis partie de la petite bunny, cette jeune fille qui veut devenir une vedette. J'en ai eu l'idée en lisant *Les Naufragés de l'autocar*, de Steinbeck, qui baigne dans cette ambiance de gens qui rêvent, mais qui ne vont pas jusqu'au bout. Il y a dans le livre un personnage de môme qui monte à Hollywood, pense devenir star, mais n'en a pas les moyens. Là-dessus, j'ai greffé mon personnage d'ancienne bunny dans un univers de boîte minable à Pigalle. » Il n'en faut guère plus à l'esprit vif, acerbe et plein de tendresse de Josiane pour faire de cette pièce une œuvre d'une grande maîtrise.

La critique ne se trompe pas. « Une pièce personnelle », constate un Alain Riou ému dans *Le Matin*. Et il y a de quoi. Monique Pantel, dans *France-Soir*, est elle aussi sous le charme : « Balasko est comme d'habitude, juste, drôle et sensible. » *Le Figaro* se met au diapason et veut y voir un « chassé-croisé amoureux plus subtil que le titre pourrait le laisser supposer, selon Marion Thébaud. La petite musique de Josiane Balasko, héroïne drolatique et auteur de cette comédie, jongle avec les genres. Une larme de tendresse, une pointe de causticité, une bonne dose de rigolade ». Le portrait écrit de Josiane.

Pour lui céder la place, tous ont accepté de repousser *Amour, coquillages*... à 22 h 30. Elle est donc en lever de « torchon », deux heures plus tôt. Elle emmènera la pièce jusqu'à leur départ à Val-d'Isère pour le tournage de la suite des *Bronzés*. Elle la reprendra dans le vide créé par les répétitions du *Père Noël est une ordure*. Et, devant le succès de *Bunny's Bar*, elle décidera de continuer, laissant ainsi le rôle de Thérèse dans *Le Père Noël*... à Anémone.

« Certains soirs, explique Josiane, il y avait peu de monde... et la pièce paraissait assez grave. Devant beaucoup de spectateurs, elle tend vers le burlesque. C'est peut-être parce que je ne suis pas partie d'une idée abstraite, mais du comportement des gens véritables. Ce qui est bien, au café-théâtre, c'est que les personnages parlent comme dans la vie. Et, comme dans la vie, ils ont leurs humeurs. »

Pour cette première grande expérience après les sketches de ses débuts, elle fait équipe avec l'autre frondeur de la bande, Michel Blanc. Il incarne Jacques, le pianiste un peu philosophe et vanneur qui l'accompagne de ses lazzis en zieutant, d'un air de matou gourmand, les rondeurs de Betty. C'est Nathalie Guérin qui créera ce rôle ; elle laissera la place à Christine Dejoux, qui sera remplacée par... Valérie Mairesse (!), de retour, les rancœurs apaisées, lors de la reprise de la pièce au Splendid Saint-Martin en 1982. Quant au fiancé de Metz, qui apparaît quelques minutes à la fin, c'est tour à tour Bruno ou Gérard qui s'y collent. Les heureux spectateurs du Splendid Saint-Martin croiront même avoir la berlue un soir en voyant apparaître dans ce personnage... Coluche, venu faire un tour et rendre ainsi hommage à celle que le magazine *Cosmopolitan* avait un peu vite qualifiée de « Coluche en escarpins ».

Coup d'essai, coup de maître! Les hebdos « féminins » se précipitent sur elle. Josiane les change de leurs habituelles « stars » blondes et glamours... Comment, elle n'est pas un canon de beauté et elle ose? Josiane soudain réconcilie toutes celles qui ne se reconnaissent jamais dans les stars pour magazines et presse du cœur. Les journalistes la questionnent autant, sinon plus, sur son physique que sur son métier. Elle s'y prête de bonne grâce. Elle sait pertinemment que c'est ce physique qui la rend abordable et sympathique. C'est son meilleur atout pour faire passer le reste. Béatrix d'Aulnoit, dans *Cosmo*, met tout de suite les pendules à l'heure : « Mais il ne faut pas croire qu'il suffit d'être ronde, rigolote et binoclarde pour avoir du talent. » Pour son premier grand « papier » dans un magazine à fort tirage, voilà Josiane obligée de parler d'elle au physique et de se prêter à une étonnante séance de photos qui ne lui ressemblent pas. En robe fourreau de crêpe noir, maquillée, cheveux de diablesse coiffés genre « 3615 Demonia », elle est très *Cosmo*, mais pas vraiment Balasko! *France-Soir* (déjà...) ne fait pas dans la dentelle. Le photographe du quotidien a osé demander à la Madone du Splendid de poser, une casserole de cassoulet sur les genoux, un paquet de victuailles et *L'Art culinaire français* à ses pieds, et un gâteau à la main! L'article commence gracieusement par : « Cinquante-neuf kilos pour un mètre soixante, Josiane Balasko est la ronde la plus célèbre du cinéma français. » Suit une longue liste de plats censés faire ses délices quotidiens : paella, couscous, pâtes, avec en conclusion ce cri de foi(e) : « Bref, j'aime tout ce qui tient au corps et fait grossir! »

On veut tout savoir d'elle. Elle accepte, un peu empêtrée dans cette nouvelle popularité. La presse la dévore. Elle devient même le sujet d'articles réservés habituellement à des actrices qui gèrent leur carrière grâce à leur vie privée.

Josiane accepte de laisser transparaître la « femme » sous l'actrice. Elle reçoit Macha Béranger pour *Confidences* (!) chez elle, aux Halles, en avril 1982. Séparée de Bruno au retour du tournage des *Bronzés font du ski*, elle, « la plus populaire des actrices françaises », comme l'écrit la journaliste, met fin aux supputations en présentant celui avec qui elle partage ses jours : Philippe Berry, le frère de Richard, épousé en 1980. « Lorsque je l'ai rencontrée, explique Philippe, j'ai eu un vrai coup de foudre, j'ai tout laissé tomber ! » Josiane continue : « C'est son frère qui me l'a présenté. En le voyant, j'ai pensé qu'il était moins beau que lui, mais que finalement j'aimerais bien vivre avec un dessinateur... » Philippe est aussi un peintre et un décorateur de théâtre très apprécié... Josiane revenait à ses premières amours. Moins d'un an après, Marilou naît, premier enfant de Josiane et de Philippe suivi, quelques années plus tard, de Rudy, un adorable orphelin qui a trouvé là une chaumière à la mesure de son cœur.

Le passage est réussi. En l'espace d'une pièce, de quelques films – dont une époustouflante prestation dans *Hôtel des Amériques* de Téchiné dans lequel elle laisse deviner le tragique qui se cache sous la dérision –, Josiane est la première du groupe à accéder à l'échelon de grande vedette. Vedette ! Le mot de Coluche : « Je veux faire vedette », elle l'a repris à son compte... Maintenant, elle peut tout se permettre, de l'excellent comme du moins bon. On le lui pardonne, c'est la grâce accordée à ceux qui ont non seulement du talent, mais aussi le cœur du public.

De l'efficace *La Smala* de Jean-Loup Hubert (pour lequel elle avait déjà adapté au cinéma *L'année prochaine si tout va bien*) au piètre *Vengeance du serpent à plumes* de Gérard Oury, qui lui permet de retrouver Coluche après *Le Maître d'école* de Berri, elle taille sa carrière à coups de cœur, installant définitivement dans le public une image de copine tendre à la grande gueule. Apothéose en 1985, avec *Sac de nœuds*, qu'elle réalise à son corps défendant. Après Blanc, l'autre frondeur qui avait réalisé avec succès *Marche à l'ombre*, « la Balasko » devient à son tour réalisatrice avec ce rocambolesque et touchant road movie. Le ton, les dialogues, les situations entre l'univers coluchien et la dérive presque surréaliste de Blier (modèle Bertrand) font mouche. Pourtant, le but n'est pas tout à fait atteint... A peine deux cent mille spectateurs en exclusivité sur Paris. Mais, retrouvant avec bonheur les planches, Josiane livre en cette fin 1985 *Nuit d'ivresse*, une pièce exceptionnelle, un morceau d'anthologie qu'elle monte sur la scène de « leur » théâtre, au Splendid Saint-Martin. Le succès se confirmera pendant de longs mois et nécessitera, au gré des engagements des uns et des autres, trois distributions. La création se fera avec Josiane et Michel, Thierry reprendra le flambeau, et ils laisseront enfin la place à Gérard Jugnot et Victoria Abril.

Avec *Nuit d'ivresse*, on retrouve tous les éléments de l'univers balaskovien : une « brave » fille, un peu grassouillette, abordée un soir dans un bar par un dandy, présentateur vedette d'un jeu télévisé... et bien éméché. Ils font connaissance, et elle se réveille le lendemain matin dans ses bras. « Il a eu un trou de mémoire, elle est tombée dedans... » Qui est cette fille? que fait-elle là? comment lui, la vedette, a-t-il pu succomber aux « charmes » un peu rustres de cette taularde en permission? Mais alors que tout son monde s'écroule – en l'espace d'une heure, il perd sa « fiancée », son boulot et son meilleur ami –, seule cette fille un peu simplette au grand cœur restera à son côté et l'aidera dans son malheur. Et lui qui ne voyait jamais dans les gens que leur statut social va se mettre à la regarder... et à l'aimer. Méfiez-vous des apparences... *Nuit d'ivresse* sera un grand succès populaire et remplira Le Splendid Saint-Martin pendant de longs mois. Avec *Nuit d'ivresse*, Josiane confirme : *Bunny's Bar* n'était pas un « accident », elle a un talent rare. La presse, acquise, salue l'événement.

Comme d'habitude, la pièce deviendra un film. Moins percutant, moins touchant aussi. Une émotion diluée dans une action où les gags frôlent la farce. La brave fille se change en une sorte de houri, et le dandy en trublion fat. Le film dérange là même où la pièce touchait juste au cœur. Le rock dansé du début de la pièce s'enlise dans une parodie triste et gênante d'une parade de majorettes dans le sous-sol d'un hypermarché. Même si Josiane veut là encore faire rire de son physique, on a de la peine pour elle. La pièce ne devait pas s'échapper de l'espace pour lequel elle avait été créée. L'écriture de Josiane est si forte et si intime qu'elle n'est jamais plus à sa place que dans une confrontation directe et physique avec le public. Dans le film, son couple avec Lhermitte ne laisse en rien augurer – au contraire de la pièce – une grande histoire d'amour. Le film *Nuit d'ivresse* est une leçon qui fâchera quelque temps Josy avec le cinéma. Elle se rattrapera en osant *Sac de nœuds*, l'anti-*Nuit d'ivresse*. Les critiques ne sont pas enthousiastes. Mais son crédit auprès de la presse la sauve de leur plume acérée. *Première* trouve le démarrage « mou », mais reconnaît à Josy sa « puissance comique ». Au contraire d'un Jugnot qui entretient avec les médias des rapports de chien et chat – souvent parce que les interviews le mettent mal à l'aise –, Balasko est un véritable délice de drôlerie et de complicité face à un journaliste. Dès lors, qui oserait l'assassiner ? Quant à Jacques Zimmer, dans *La Revue du cinéma*, il met le doigt sur le point faible du film : la difficulté de transposer une pièce au cinéma. Il n'a pas tort.

50

« Le plus dur, se souvient Claude Olivier, régisseur ès Splendid depuis l'époque des Lombards, c'était les soirs où le public boudait, où l'on se retrouvait seuls ou presque dans le hall en attendant que les gens viennent... » Et quand il n'y a personne au Splendid, il n'y a pas grand monde alentour... Souvent, ces soirs de disette, le téléphone sonne. A quelques centaines de mètres de là, Martin Lamotte s'angoisse également. Il veut se rassurer en demandant si le Splendid est aussi désert que sa Veuve Pichard. Et alors, il propose de laisser tomber, de fermer et de se retrouver au Diable des Lombards ou au Conway's, les cantines nocturnes des deux bandes. En l'espace de trois ans, les punks ont chassé les putes, et le « burger » a pris le pas sur le steak-frites. *O tempora! O mores!*

L'axe Splendid-Veuve Pichard s'est créé de lui-même. Par affinité, mais aussi en souvenir des rêves et des illusions laissés sur les planches de cercueils de la chambre de Martin, rue Duret, au bon temps de Balachova... Il y a si longtemps déjà! Presque une autre vie. Le Splendid se sent vraiment en communion avec la bande à Martin: Gérard Lanvin, Renaud, Claire Nadeau, Pierre Bruneau, et surtout Anémone. Mêmes angoisses, mêmes galères, mêmes problèmes et mêmes espoirs, des points communs suffisants pour qu'ils se rapprochent. Et puis, ils se croisent souvent, au gré des castings, des essais, des engagements. Ils ont même tourné ensemble dans *Les Babas cools*, une production du « tonton » Rousset-Rouard. Deux mois de presque vacances en plein Luberon!

Mais il n'y a pas que cela. Au Splendid, il faut préparer l'avenir. Eux qui se sont farouchement blindés contre l'extérieur pendant de nombreuses années jouent l'ouverture, en cette fin 1981. Après le départ de Michel et de Josiane, Thierry a bien tenté de faire cohabiter les écritures de Gérard, Christian, Marie-Anne et la sienne. Peine perdue, la magie du groupe n'opère plus. Ils ont trop tiré la couverture... Elle a fini par craquer. Il est temps que chacun parte avec un bout. Et si la nouvelle aventure du Saint-Martin a refédéré un instant l'enthousiasme d'antan, tous ont vite compris que leur union est surtout, et d'abord, un mariage de raison. Cette salle dont ils ont tous rêvé, qu'ils ont cherchée et investie dans l'euphorie, ne les verra donc jamais jouer ensemble... mais leur servira séparément. Comme une maison commune.

Les soirs d'angoisse, attablés devant des frites et un double-cheese, Christian et Martin se découvrent des affinités, beaucoup même. Feydeau, Blake Edwards, l'absurdité dévastatrice des Marx (oui, tendance Groucho...), ils y reviennent sans cesse. Et même si leur conversation prend parfois des allures de Café du Commerce, la complicité devient chaque jour plus grande. Christian voit chez Martin des traits étrangement proches de ceux de Jean-Marie Poiré. Un nouveau noyau se crée, des électrons y gravitent, qui vont s'éloigner rapidement du Splendid...

Martin y trouve également son compte. Une porte de sortie rassurante pour oublier les emmerdements que lui cause son rêve raté : La Veuve Pichard. Son théâtre est une entreprise aussi bien gérée qu'une usine de tracteurs soviétiques, affublée d'un lambeau de la troupe sur laquelle il aurait bien voulu régner... mais qui ne lui reconnaît aucun mérite, aucune légitimité. Christian représente une bouée de sauvetage. Martin va la saisir. Ils se sont bien trouvés. Excepté une différence de taille. Car si Christian, sous des allures de maquignon du rire, un sérieux que lui envierait un pape, a un sens aigu de la responsabilité et du devoir envers les autres, Martin, lui, est le champion du bordel, l'empereur de la crise de nerfs, le roi des caractériels. L'eau et le feu. Un autre mariage de raison pour Christian dont le cœur, malgré tout, est à jamais ancré au Splendid...

Le cœur, oui... plus le reste.

« Quand j'ai rencontré Martin chez ses parents, rue Duret, et chez Balachova, explique Christian, très docte, je l'ai trouvé de suite très très irresponsable, mais doté d'un fabuleux talent de parodiste et excellent acteur. Son passage chez Coluche avec lequel il s'engueulait tout le temps – car Martin était persuadé, à raison, je crois, que Coluche lui avait piqué plein de choses – n'a arrangé en rien son caractère. Puis, quand il a monté La Veuve Pichard, il n'a cessé de s'engueuler avec ses comédiens qui n'ont jamais pu faire plus de trois mois avec lui, car Martin voulait être le chef, et les autres ne voulaient pas le reconnaître. En revanche, il avait écrit des choses très intéressantes, comme sa *Revanche de Louis XI* que je trouve très brillante au niveau des dialogues. C'est là que je me suis dit que je pourrais écrire avec lui. » D'autres points communs vont concourir à ce rapprochement : Martin habite alors le même immeuble que Christian et Marie-Anne, rue Sainte-Croix-de-la-Bretonnerie. Ils cultivent le bon voisinage, les soirées se passent chez l'un ou chez l'autre. C'est là, au cours de conversations d'après-repas, qu'ils se découvrent un goût commun pour le cinéma *bis*, les grands films de guerre, les péplums dans lesquels des lions faméliques grignotent du chrétien et les films d'aventures remplis de héros magnifiques qui se sacrifient pour une certaine idée de la liberté. Ça les fait hurler de rire...

« En fait, affirme Martin, nous en avions eu l'idée bien avant. On s'était dit qu'il était bête d'avoir deux troupes, et de ne pas essayer avec tout ce monde de faire du grand spectacle. C'est cette passion commune pour les grandes aventures qui nous avait poussés à tenter d'écrire un truc ensemble. »

Leur premier essai date de 1978, lorsque Martin vient planter ses décors à deux pas du Splendid. Christian et lui adorent *Gunga Din* et *Les Trois Lanciers du Bengale*, des aventures sur fond d'armée des Indes à la fin du siècle dernier. Ils écrivent une parodie titrée sobrement *Aventures en Indes*. Mauvais ! Ils se rabattent alors sur une histoire mettant en scène (allez savoir pourquoi)... Boileau ! Pas très bon non plus ! Quand enfin ils ont l'idée de développer quelque chose autour de la Résistance... le sujet ne peut que les exciter. Rire du plus intouchable, tourner en dérision ces héros de l'ombre, en pasticher l'icône qu'en a donnée depuis trente ans le cinéma ! Un rêve ! Ils se mettent à l'écriture...

pour laisser encore tomber, quelques mois après, chacun étant pris par son quotidien – le Splendid par son *Père Noël...*, Martin par ses ennuis de troupe.

C'est Christian, un jour, qui fait le premier pas : « Écoute, on a maintenant une salle, on a acheté un théâtre, mais on n'a plus de troupe et rien à jouer... Si on revoyait notre truc sur la Résistance ? »

Pas question de réfléchir. Pour Christian, travailler sur un nouveau projet est impératif ! Jugnot, toujours « seul », ne va plus tourner longtemps, et les échéances de la salle ne sont pas celles des Lombards. Remplissage et rentabilité, ils font l'apprentissage de la dure loi des entreprises. « Il faut, continue Christian, que nous ayons une nouvelle pièce pour fin octobre ! » Cet appel désespéré est lancé à la fin d'août, alors que Martin et sa troupe sont sur le départ pour Sarlat, où Jean-Claude Sussfeld doit tourner l'adaptation pour le cinéma de leur succès théâtral *Elle voit des nains partout...* Au fou !

Mais il en faut plus pour ébranler la conviction de Christian. Le mois de septembre se passe en allers et retours entre Paris et Sarlat, et la pièce est en partie écrite dans le train. Dès les premières séances d'écriture, il est évident pour les deux auteurs qu'il n'est pas question de faire au théâtre, sur la Résistance, ce que Zanuck avait fait au cinéma sur le débarquement. Manque de place, mais surtout d'argent. Un seul décor suffira. D'où une idée aussi simple que lumineuse : la scène se passera entièrement dans une... cave ! Naturellement, celle d'une maison occupée par un général allemand ! Et le reste suit : de « Ici Londres » au gestapiste français, du général allemand à l'aviateur anglais ! Tout y est.

« On voulait faire une parodie de film d'aventures, explique Martin. Mais on voulait aussi rendre un vibrant hommage au genre, en démonter les mécanismes. »

Sous le portrait bienveillant d'un aïeul, le fameux « papy », la pièce – à l'image de leur nouveau lieu – se rapproche du boulevard, mais conserve un esprit qui sent bon l'école du café-théâtre. Une sortie du ghetto, une pièce-charnière dans laquelle, en se rapprochant des grands boulevards, les auteurs ne trahissent pas leurs origines. Entre

Dumas et Amouroux, un rien Lagardère, un brin Superman, et beaucoup d'*Hellzapoppin'*! *Papy fait de la Résistance* ressemble un peu au sous-sol du BHV. Pas étonnant donc qu'on y trouve de tout : un méchant (le général Sponz, superbement campé par Roland Giraud) ; un traître (le milicien Ramirez, alternativement Jugnot et Pierre Bruneau) ; un pleutre qui va se révéler être un héros cent pour cent pur jus dans la lignée du *Père Tranquille* (Guy Hubert, dit Superrésistant, alias Martin Lamotte) ; un candide plein de bonne volonté (Taupin, Christian Clavier) ; une figure emblématique (la mère Bourdelle, Marie-Anne vieillie) ; la jeune fille de famille volage au cœur d'artichaut (Colette, jouée par Carole Jacquinot) ; et enfin l'indispensable pilote de la RAF, abattu au-dessus de Paris et qui doit échapper aux recherches teutonnes (Harry Mac Buret, le sobre Bruno Moynot au merveilleux accent *british*). Le délire tous les soirs, dans un chassé-croisé truffé de jeux de mots et bardé de situations baroques. L'histoire? Simplette : alors que, dans la cave de son hôtel particulier réquisitionné, la famille Bourdelle survit comme elle peut, dans Paris occupé on ne parle que des exploits d'un « Superrésistant ». Mais qui est-il? Taupin, l'amoureux de Colctte, ou Guy Hubert, l'apprenti coiffeur un peu « précieux » ? Tout y est : homo, poivrot, collabo, nympho et héros!

« Le passage au Splendid Saint-Martin revêtait une très grande importance, cxplique Christian. Déjà, c'était une salle immense, qui mc donnait envie de faire autre chose, du vrai théâtre avec des décors plus compliqués. Martin et moi, on voulait faire une pièce avec du spectaculaire dans la mise en scène, avec des lumières chiadées, une vraic bande-son. C'est aussi la véritable fin du groupe en tant qu'entité créatrice, puisque *Papy*... n'est pas une pièce Splendid, mais une pièce Clavier-Lamotte dans laquelle jouent des gens du Splendid. C'est de là que date ma véritable envie de faire du comique et de l'aventure, donc de la mise en scène, donc des lumières, donc du vrai son... donc du spectaculaire! Et c'est aussi de cette époque que date ma véritable rencontre avec Jean-Marie, et que j'ai entrevu que mon avenir était d'écrire avec lui. »

La pièce n'attend pas sa dixième représentation pour devenir l'un des spectacles phares de cette fin 1981. Dès les premiers jours, les Splendid sont dopés par leur déménagement et tous les articles qu'on leur consacre. Quelques journalistes bien choisis et invités, quelques « pavés » dont une couverture de *Pariscope*, et leur nouvelle salle retrouve sa fréquentation des beaux jours. Le Splendid Saint-Martin est un lieu qui compte dans le Paris nocturne. Jean-Luc Jenner, du *Figaro-Magazine*, trouve la pièce iconoclaste... mais « drôle, enlevée, bien jouée et à l'intrigue bien construite ». Christian est aux anges. Un bon « papier » dans *Le Fig-Mag* est la reconnaissance tacite qu'un pas est franchi. Il est aujourd'hui sur l'autre rive : celle du « théâtre reconnu ». Dans la foulée, *Le Journal du dimanche* attribue « trois cœurs » à la pièce. « Quatre-vingts minutes de rires et de hoquets ». Et Jean-Charles Lajouanie, qui préside alors à la critique théâtrale des *Nouvelles littéraires*, lui octroie un coup de chapeau : « Les comédiens sont stupéfiants de drôlerie. » Avoir quitté le giron du café-théâtre leur ouvre soudain de nouvelles portes médiatiques. Marie-Laure Bouly raconte dans *Elle* leur histoire sur trois pages, accompagnées d'une grande photo double page! Dans l'article, Christian et Marie-Anne sont présentés comme les « Renaud-Barrault du café-théâtre »! « De ces six débutants, affirme avec raison la journaliste de l'hebdo féminin, sont nées six drôles de stars d'une nouvelle race. »

L'idée d'adapter pour l'écran ce nouveau succès fait long feu. Dès avril 1982, Christian confesse au *Parisien* qu'il est en train d'écrire avec Jean-Marie Poiré, à peine sorti du *Père Noël...*, l'adaptation de *Papy...* qui sera tournée en septembre avec à la caméra... Jean-Marie, naturellement!

Le producteur va être rapidement trouvé. Yves Rousset-Rouard? Non! Il est battu sur le poteau par Christian Fechner, l'homme qui compte dans le cinéma français d'alors. Rompant avec ses habitudes, cet homme secret et casanier se laisse convaincre, par son épouse Solange, d'aller un soir « voir cette troupe à mourir de rire qui fait un drôle de spectacle aux Halles ».

Assis sur les bancs, il reçoit la « bonne parole » et décide dans la foulée de convoquer ces dangereux individus dans son bureau! Ça tombe on ne peut mieux! Non seulement cette demande leur permet de couper le « cordon ombilical » qui les relie encore un peu à l'époque Splendid, mais elle permet surtout à Jean-Marie d'avoir les moyens de ses ambitions. Car le réalisateur veut faire grand, monumental, péplumesque! Et il pense qu'Yves Rousset-Rouard ne leur en donnera pas les moyens. Ils décident donc de donner leur accord au seul producteur qui, à l'époque, a les épaules assez larges pour cela : Christian Fechner. Un producteur qui, estiment-ils, est le seul susceptible de vouloir faire de *Papy...* un grand film d'aventures.

« Yves Rousset-Rouard nous en a beaucoup voulu, mais nous savions que ce n'était pas un producteur qui avait la capacité de mettre l'argent dont nous avions besoin sur la table pour faire un film à grand spectacle. » Son alliance avec Jean-Marie donne à Christian des envies et des ailes. Ils veulent faire grand et vite! Ça passe ou ça casse!

Rendez-vous est aussitôt pris dans les bureaux du producteur, au 25 de l'avenue Marceau. Christian, Martin et Jean-Marie lui apportent le texte de la pièce, accompagné d'un vague synopsis.

Christian, avec l'aplomb d'un type qui veut vendre un réfrigérateur à un Esquimau, attaque d'entrée sur le terrain miné où Fechner l'attend : la notoriété.

« Je sais que je ne vaux pas le haut de l'affiche d'un film à grand spectacle; mais comme je pense que vous avez envie d'acheter notre pièce, moi je ne veux pas la vendre pour en faire un petit film. Ou ça vous intéresse dans ces conditions et on fait affaire; ou vous me dites non, et on garde notre pièce et on vous écrit autre chose! »

Fechner est intrigué. En homme carré et pragmatique, l'idée lui plaît. Le Splendid, il connaît, il est attentif à tout ce qui fait bouger les foules. Ses *Charlots* s'essoufflent, il est temps de trouver de nouvelles têtes, et ceux-là – Patrice Leconte lui en a parlé en bien... – il ne faut pas les laisser passer.

Fechner a ses habitudes, il entraîne ses interlocuteurs dans un restaurant voisin, se laisse bercer par leur envie, se persuade de leur enthousiasme. Pour des débutants, ils n'y vont pas de main morte. Leur aplomb, au lieu de le faire hésiter ou fuir, lui plaît. Aux hors-d'œuvre, Fechner se fait expliquer le film, au plat il dit « banco! », et au dessert il commence à parler distribution!

« On va essayer de faire plonger AMLF. Richard Pezet devrait être d'accord! » Le plus grand producteur qui s'allie au plus grand distributeur... Deux sacrés parrains penchés sur le berceau du film! Christian boit du petit-lait. Il sait ce jour-là qu'il a devant lui la voie royale... s'il ne se plante pas en route.

Avec Fechner, ils vont apprendre une chose d'importance : faire marrer les gens, c'est très bien... mais en faire marrer le plus grand nombre, c'est encore mieux. Le producteur attaque Jean-Marie bille en tête. Il met l'argent – beaucoup d'argent – sur la table, mais à une condition...

« Je veux que dans chaque rôle, même le plus minime, il y ait une vedette du comique français, que ce soit une véritable palette de tout ce que notre cinéma compte de gens qui font rire. »

C'est l'une des premières grandes idées du film : faire une affiche jamais vue... Près d'une centaine de noms prestigieux!

« Christian Fechner, qui connaît parfaitement son métier, nous a fait part d'une autre réflexion, souligne Jean-Marie : " Avec *Le Père Noël*, vous n'avez pas suffisamment ratissé large. Votre film ne concernait qu'une partie de la population; cette fois, vous allez élargir votre univers. " Et, pour cela, Fechner nous donnait les moyens d'une superproduction... Les yeux de Christian s'élargissaient au fur et à mesure que Fechner parlait. En sortant, nous étions bien incapables de dire ce que nous avions mangé! »

Avec Fechner aux commandes, tout devient possible. Homme de coups de cœur capable de tout miser sur un projet, aussi fou soit-il – on se souvient de la façon dont il est venu à la rescousse du désespéré (et désespérant...) film de Leos Carax *Les Amants du Pont-Neuf* –, il leur donne sans rechigner ce qu'ils demandent. Casting, décor, délais de tournage, matériel! Pas de restriction. Rassurés, les trois acolytes se mettent à l'écriture du film. Du billard! Finis les affrontements du *Père Noël*...!

« C'est là qu'a vraiment commencé mon aventure avec Christian, note Jean-Marie, parce que, lors de l'écriture du

Père Noël..., même s'il volait souvent à mon secours devant les renâclements des autres, il avait un peu les mains liées. Ici nous avons travaillé ensemble, nous seuls, car très vite Martin Lamotte s'est effacé. J'ai vite compris que le duo que je forme avec Christian allait devenir important au box-office. »

Ils conservent intacte l'idée de base de la pièce : un général allemand qui réquisitionne l'hôtel particulier de la très célèbre cantatrice Bourdelle et oblige ses habitants à se réfugier dans la cave. Mais alors que, pour des raisons évidentes de moyens, la pièce se cantonnait au sous-sol, le film va grimper dans les étages, sortir, partir dans la France en guerre, se frotter à la Milice, à la Kommandantur, au One Two Two – lieu mythique de la débauche teutonne, dans les réseaux de résistants à la campagne, dans les dédales par où s'enfuit « Superrésistant », etc. ! Autant de nouvelles péripéties, jusqu'au final grandiose où Jacques Villeret, en frère d'Hitler, retrouvant « la » Bourdelle, son amour d'enfance, chante une parodie d'un tube d'Iglesias : *Non, je n'ai pas oublié*.

L'exigence de Fechner a été respectée à la lettre : le gotha du spectacle est mobilisé. Les copains, d'abord : Josiane devient une pharmacienne collabo, Thierry un officier SS, Michel un curé résistant, Christian reprend son rôle de Taupin, Gérard celui du milicien Ramirez, et Martin retrouve l'uniforme de Schpountz. Jacqueline Maillan en Bourdelle, Galabru en Papy viennent compléter l'affiche. Lavanant joue Colette – rôle tenu par Carole Jacquinot dans la pièce –, et Martin redevient un Guy Hubert superrésistant toujours aussi ambigu.

Le blanc-seing de Fechner pour employer tous les acteurs comiques français donne une idée de génie à Christian, une idée qui va lui permettre d'approcher l'intouchable Louis de Funès, auquel il voue une admiration sans bornes. C'est pour lui spécialement qu'avec Jean-Marie ils imaginent la surréaliste scène du retour du frère d'Hitler. Le script écrit, les deux compères contactent Fufu, qui accepte avec joie. Le contrat est plus que rempli : il y aura même de Funès comme une cerise sur cette fabuleuse tarte à la crème ! Malheureusement, le 15 janvier 1983, de Funès meurt. Le film sera tourné en juin et en juillet de la même année, et c'est

Jacques Villeret qui le remplacera. De Funès aura quand même son nom au générique : le film lui est dédié. Christian a tenu à lui rendre ainsi hommage.

« De Funès était venu nous voir un soir au Splendid. Il nous avait dit – compliment suprême! – qu'il avait adoré la pièce. On ne pouvait pas lui faire jouer une simple apparition, nous avons donc imaginé cette fin. Mais de Funès était présent depuis longtemps dans la pièce puisque avec Martin on pensait sans cesse à lui, et surtout à son rôle de Janvier dans *La Traversée de Paris*, d'Autant-Lara. Le personnage de Jugnot, Ramirez, lui doit beaucoup. Lorsque Louis est mort, on a proposé ce rôle à d'autres acteurs, comme Michel Serrault ou Jean Poiret, qui ont refusé. Jacques Villeret a accepté, et il est parfait! »

Comme de Funès, qui construisit de film en film son image, Christian met en place les grandes lignes de son personnage : le type bien, qui a les défauts de tout le monde et le bon droit pour lui, mais qui est l'éternelle victime! Celui qu'on prend toujours pour taper sur les autres, qui ne contrôle jamais vraiment les situations dans lesquelles il est embringué à son insu. De Taupin à Jacquouille en passant par Rognansky d'*Opération Corned-beef*, sans oublier le présentateur vedette de *La Vengeance d'une blonde*, il est effectivement l'éternelle victime, plus proche en cela d'un Bourvil que du retors de Funès.

51

Les préparatifs du tournage de *Papy*... sont ceux d'une énorme production. L'une des plus grandes du cinéma français ! Et Jean-Marie, angoissé, se retrouve soudainement à la tête d'un budget qui serait aujourd'hui de l'ordre de cent vingt millions, et à diriger les plus grandes vedettes de l'époque ! Il va lui falloir gérer tout ça ! Il a mis sur rails une monstrueuse locomotive, et il se demande inquiet, au moment du départ, s'il va être capable de la conduire... « Un film qui a coûté plus cher que le débarquement ! » ironisera l'affiche du film. Au moment de commencer le tournage, Jean-Marie est persuadé que son entreprise est autrement plus coton que le D-Day ! Finies les douze semaines de fous rires ininterrompus du tournage du *Père Noël*... Jean-Marie et Christian vont se faire des cheveux blancs les premiers jours, mais très vite retrouver leur sourire, une fois la machine lancée.

Du savoir-faire aux astuces, des secrets d'écriture aux recettes du rire, ils vont mettre au point un ton nouveau, un tour de main qui marquent depuis dix ans toutes leurs productions – de *Twist Again à Moscou* jusqu'aux *Visiteurs*, en passant par *Mes meilleurs copains* et *Opération Corned-beef*. Une signature !

Fechner est parfait. Il ne lésine pas sur les moyens. Il connaît l'angoisse de ses jeunes poulains. Son rôle n'est pas seulement celui de grand argentier. Plus le tournage avance, plus il visionne les rushes de la journée... et plus il se félicite de son enthousiasme. Le film promet, et il va mettre tout son poids et son expérience pour en faire un événement digne de son investissement. Il ne laisse à personne le soin de s'occuper de l'affiche, du slogan du film et de sa promotion... Et le résultat dépassera toutes leurs espérances. Le film sort le 26 octobre 1983, c'est l'événement de l'année dans le cinéma français. Et, comme un bonheur n'arrive jamais seul, *Papy*... sera aussi cette année-là l'une des rares productions françaises à tenir tête aux mastodontes américains.

Le vrai match en cette fin 1983 est franco-français ! Le jour où *Papy* sort sur les écrans, Belmondo qui est alors au sommet de sa popularité affiche sa dernière prestation : *Le Marginal*, réalisé par Jacques Deray. Les jeunots tiennent tête au champion poids lourds toutes catégories ! Poiré a réussi son incroyable pari au-delà de toute espérance ! Près d'un million de spectateurs rien que sur Paris ! Seul Bébel fait mieux... d'une très courte tête. Mais le géant s'essoufflera ensuite, tandis qu'eux continueront de grimper... jusqu'aux *Visiteurs* qui, avec ses quatorze millions de spectateurs en France, frôlera le record mythique des dix-sept millions d'entrées détenu par *La Grande Vadrouille* !

Christian ne peut être jaloux du grand de Funès...

« Papy contre Bébel ! » titre *Le Point*. « Comme prévu, Bébel a gagné... mais les comiques associés ont bien résisté. » Les autres médias ne le voient pas d'un même œil et restent assez mitigés. Jean-Marie avait bien raison de lancer son couplet sur la comédie lors de la sortie du *Père Noël*. Décidément, même dans les journaux les plus popus, le rire qui tache a du mal à avoir bonne presse. « *Papy* est un produit remarquablement lancé, écrit avec condescendance Gérard Lenne dans *Télé 7 jours*. Bénéficiant d'une affiche percutante, Poiré et ses compères s'accommodent allégrement des recettes éprouvées du comique à l'ancienne. Rien de dégradant. Rien d'exaltant. » Une série de sketches à laquelle on sourit... si on est de bonne humeur, écrit dans *Le Figaro* Claude Baignères, qui ne semble pas apprécier qu'on rigole de cette période et regrette que *Papy*... soit « ... loin du génial *To Be or Not to Be*... L'erreur tient peut-être aux moyens mis en œuvre, continue le critique du *Figaro*, l'anecdote étouffe sous le spectacle ». Quant à Michel Perez, du *Matin de Paris*, il dit tout le mal qu'il pense de l'entreprise sous un titre sans ambiguïté : « Le jour le plus con. » Le regretté (par ailleurs...) critique du *Matin* vitriole le film :

« Dire qu'on s'amuse à *Papy* serait exagéré. C'est beaucoup trop véhément, trop lourdingue... Pour peu qu'on se souvienne de la sensibilité de Chaplin ou des subtilités de Lubitsch, on se sent trop " papy " pour résister. » Lubitsch, la référence! Alors que c'était plutôt du côté des Marx qu'il fallait loucher. Claude-Marie Trémois, l'inusable critique de *Télérama*, tombe dans la même référence (une question d'école ou d'âge?), ce qui n'est pas étonnant de la part des « coupeurs de têtes » qui attaqueront l'année d'après, par un manifeste assez stupide, la sortie trop tonitruante de *L'As des as*, d'Oury. Décidément, il ne fait pas bon faire rire au pays de Molière et de Feydeau. Seul Jacques Siclier, du *Monde*, est étonnamment gentil et clairvoyant : « Leurs exploits vont sûrement faire crouler de rire la France entière... » Il ne se trompe pas! Le même Jacques Siclier qui – bizarrerie de la presse multicartes – officie aussi à... *Télérama* pour faire les notules sur les films qui passent sur le petit écran écrira plus tard, dans l'hebdo qui avait vilipendé *Papy* lors de sa sortie, ces lignes d'anthologie : « Depuis *La Grande Vadrouille* de Gérard Oury, c'est la meilleure comédie burlesque qu'on ait faite sur l'Occupation... La mise en scène emporte dans un tourbillon insensé des situations invraisemblables... »

Le temps a fait son travail, l'œuvrette aura mis moins de dix ans pour passer du rayon gaudriole vulgaire à celui du classique culte. Mais dans la fête *Papy*, personne ne semble s'apercevoir d'une absence cruelle... Où est donc passée la créatrice sur scène du rôle de « la » Bourdelle? Pourquoi Marie-Anne Chazel, l'intrépide Zézette, qui fut de toutes les créations du Splendid, est-elle absente du générique? Seule une raison de force majeure a pu lui faire louper ce train. Cette raison a pour prénom Margot, une adorable petite fille qui naît de son couple avec Christian cette année-là. Un immense bonheur qui éloigne Marie-Anne des plateaux pendant plus d'un an. Elle a décidé d'être heureuse en dehors de la troupe... Sa façon à elle de « sortir » du Splendid.

Marie-Anne, Fechner, Christian et Jean-Marie. Tout le monde est aux anges... Surtout les deux derniers, dont le capital confiance est soudain immense.

Sans attendre que le souffle retombe, ils embraient sur de nouvelles aventures. Dix ans avant *Jurassic Park*, avant la déferlante dinosaures, Christian et Jean-Marie écrivent *Attack*!, l'histoire farfelue, « jules-vernienne », de deux explorateurs anglais qui découvrent un endroit sur Terre où s'ébattent en paix des dinosaures. Rien ne manque de ce qui a fait le succès de *Jurassic Park* : le script est écrit, le story board que Christian conserve précieusement est entièrement dessiné, avec explorations, batailles, courses-poursuites, brontosaures et T-Rex... projet à l'échelle hollywodienne auquel aucun producteur ne veut croire! Hollywood et Spielberg mettront dix ans à faire le chemin... Nul n'est prophète en son pays, les visionnaires encore moins!

52

« On pouvait effectivement me considérer comme leur producteur naturel... Alors qu'ils étaient tous complètement inconnus, j'avais pris des risques pour les produire. » Amer, Yves Rousset-Rouard? Un peu. Il s'était bien installé dans le costume du producteur griffé Splendid, mais le coup de poignard de *Papy...* remet les choses à leur place. Il s'aperçoit que, malgré leurs antécédents et ses liens familiaux avec un membre du groupe, ils peuvent s'affranchir de lui facilement, sans état d'âme ou remords. Pourtant, leur bout de chemin ensemble est loin d'être négligeable. Une sacrée route, de 1978 à 1982, qui les a menés de l'ombre à la lumière! Il y a eu les morceaux de bravoure : *Les Bronzés* 1 et 2, *Le Père Noël...* Les parties les plus visibles de l'iceberg. Cette collaboration a aussi donné des œuvrettes comme *Je vais craquer* ou *Les Babas cool.* Yves a relifté son image de producteur jeune... en produisant des jeunes. Finie, oubliée *Emmanuelle!* Mais le morceau de bravoure de cette époque reste sans conteste *Les Babas cool,* tourné sous le titre *Écolos têtes de veau* – ce qui veut tout dire – et ressorti un peu plus tard sous celui de *Quand tu seras débloqué, fais-moi signe.* Un film qui est l'incontestable pendant du *Père Noël...,* une autre irrésistible entreprise de démolition en direction des années écoulées. Du passé, camarade, faisons table rase. Et qu'est-ce que le passé, à l'aube des années 80? Les communautés, l'écologie naissante, les rêves libertaires et autogestionnaires sur fond de fromage de chèvre et d'atelier de tissage en Ardèche.

Les Babas cool, c'est une dénonciation de toutes les théories fumeuses et de toutes les philosophies de bazar qui ont agité ces années-là. Ce que Gilles Herzog [1] nomme « la vérité rétrospective de Mai 68 ». « Une fois fini le temps des rêves de changer la vie, affirme-t-il en 1978, il est, pour tous les désenchantés de la révolution introuvable, la reconnaissance de leur échec et de leurs désillusions... » Ces mots furent écrits pour célébrer l'ouverture du Palace, un monument élevé sur les ruines d'un rêve effondré, un monument à la gloire du retour à la dure réalité. *Les Babas cool* en est un autre écrit, réalisé pour démontrer l'absurdité de rêves tout aussi utopiques. La génération « Aquarius » croyait changer le monde, les babas cool lui rappellent surtout l'effroyable comique de son combat douteux. Mais célèbre aussi l'enthousiasme qui a agité cette génération. Les années baba ont été des années d'indicibles joies, de bonheur, de rêve et d'insouciance. Le pompidolisme tranquille cède la place au libéralisme giscardien, qui va mettre au bûcher les années hippies. On entre alors de plain-pied dans l'ère du marketing et des golden-boys. Le yuppie vire le hippie ! Le costume trois-pièces redevient à la mode, et on se taille des pochettes dans les tuniques afghanes de la génération précédente...

Écrit par Christian Clavier, Philippe Bruneau, Martin Lamotte et François Leterrier, qui en signe aussi la réalisation, *Quand tu seras débloqué...*, film estampillé Veuve Pichard, célèbre le futur mariage d'esprit des deux cafés-théâtres qui donnera naissance à *Papy*... Le scénario plaît à Christian, qui accepte avec enthousiasme de jouer le con de cette fabuleuse satire. *Quand tu seras débloqué...* est un tir de barrage en règle, mais aussi et surtout le meilleur documentaire sur l'esprit de ces années-là. Dans une communauté bien baba de « retour à la terre et de fromage de chèvre bio » débarque un beau jour, à la suite d'une panne de voiture, Antoine, un cadre d'entreprise en vacances. Il tombe nez à nez avec Aline qui prend un bain de soleil nue sur un rocher. Il fait connaissance du reste de la bande et pense qu'il pourrait peut-être, en feignant de prendre fait et parti pour leur mode de vie, vivre une histoire, sinon d'amour du moins de corps, avec la belle Aline. Tous, naturellement, prêchent la liberté, le renoncement aux biens de consommation, l'amour libre et l'éducation sans entraves.

1. « Les folles nuits du Palace », *Playboy*, juillet 1978.

Dans cette ambiance de liberté, Antoine va tenter de se débarrasser de tous ses préjugés « bourgeois »... mais, surtout, il sera la victime des escrocs que sont les deux « chefs » de la communauté, sous couvert de partage et de mise en commun des biens. Pillé, essoré, laminé, grugé jusqu'à la moelle, Antoine ne vivra pas son histoire d'amour, mais perdra ses illusions et verra l'envers du décor, fait de mesquinerie, de bassesses et de manipulations...

Ce sera l'une des dernières entreprises communes d'importance entre Yves Rousset-Rouard et Le Splendid... Mais le producteur a encore une carte dans sa manche : son pourcentage dans la SARL du Splendid, qui détient, entre autres, les droits du fleuron de la troupe, *Le Père Noël...* Il aurait pu en être ainsi jusqu'à la fin des temps. Le film continue gentiment sa carrière et demeure l'une des meilleures ventes en vidéo. Quant à la pièce, il n'a jamais été question que la troupe la reprenne. Mieux, celle-ci a toujours refusé les demandes émanant des théâtres désireux de la jouer. Seules quelques troupes amateurs ont eu ce rare privilège. Et, à ce jour, plus de deux cents associations de par le monde ont bénéficié de cette largesse. Les autres, les grands noms comme les lieux les plus prestigieux, ont eu droit à un refus poli mais ferme.

En 1992, les Restaurants du Cœur fondés par Coluche ont l'excitante idée de demander aux acteurs de l'ex-Splendid de remonter la mythique pièce sur la scène de... l'Opéra de Paris, pour une soirée de gala dont les bénéfices seront naturellement versés à l'association. Presque tous acceptent... mais ils s'aperçoivent très rapidement qu'il leur est impossible d'accorder leurs agendas pour se libérer quelques jours au même moment! Le beau projet tombe à l'eau pour cause de... célébrité! Ce mois-là, tous constatent amèrement que l'aventure Splendid est bien finie... même si elle continue sur le papier. Thierry, qui reste le plus attaché au groupe, en est le plus affecté : « Quel rêve! Quels souvenirs aussi cela nous aurait fait! Nous retrouver tous, sur la plus prestigieuse des scènes, pour rejouer cette pièce qui a fait de nous ce que nous sommes! Malheureusement, nous n'avons plus vingt ans, et nous ne sommes plus totalement maîtres de nos décisions... »

Pourtant, c'est le même Thierry qui, sans le vouloir, va mettre le feu aux poudres entre la bande et Yves Rousset-Rouard. En 1983, malgré un emploi du temps des plus chargés – cette année-là, il tournera cinq films, dont *La Femme de mon pote* de Bertrand Blier, avec Coluche –, il s'envole pour les États-Unis. Le but de cette nouvelle escapade américaine : le film de Richard Marquand, le réalisateur du *Retour du Jedi*, titré *Until September* et qui sortira en France sous le titre de... *French Lover* (!). Il y donne la réplique à Karen Allen. Les soirées se passent au restaurant, où Thierry raconte à l'actrice américaine l'aventure, impensable pour elle, du Splendid. Naturellement, il en vient à parler du *Père Noël*... et, devant l'excitation de Karen, décide de faire venir une cassette de France.

« Nous nous sommes réunis avec quelques autres personnes dans une salle de projection, et j'ai passé *Le Père Noël* en traduisant les dialogues au fur et à mesure. Et tous se marraient comme des tordus... » Karen qui a, à l'époque, l'oreille des studios à Hollywood veut absolument reprendre le rôle de Josette ! Elle en parle aux studios Disney qui, devant son enthousiasme, donnent leur accord pour faire un remake au travers de leur filiale Touchstone. Et Thierry rentre en France avec un précontrat de développement sur lequel il ne reste plus que... la somme à négocier. Yves Rousset-Rouard entre en lice. Tous lui font confiance, et pour cause : n'est-ce pas son métier de parler de gros sous ? Il part donc aux États-Unis et revient peu après un contrat en poche, concernant un remake sobrement intitulé *Holiday Blues*... Il n'est toujours pas question de jouer les iconoclastes avec « Santa Claus ». La négociation d'Yves rapporte au total cinq cent mille dollars : quatre-vingt mille dollars à chaque auteur, la même somme à Yves Rousset-Rouard, et vingt mille à la société du Splendid ; plus... un pourcentage pour Yves sur la négociation, et l'assurance d'être producteur exécutif sur le remake américain ! Deux points que Rousset-Rouard passe sous silence. Mais pas longtemps ! La troupe, Gérard et Josiane en tête, a soudainement l'impression de s'être fait rouler dans la farine. Leurs intérêts semblent avoir été peu défendus par un Yves Rousset-Rouard qui en tire, à leurs yeux, de confortables avantages. Le contrat est bloqué, et l'affaire capote.

« J'avais l'air idiot vis-à-vis des Américains, se souvient Yves, aujourd'hui député du Vaucluse. Le studio exigeait, non pas une majorité d'accord, mais la signature de chacun des auteurs... et deux refusaient! Sans compter que le contrat que j'avais négocié est un contrat type aux États-Unis, assorti d'une clause dite *red line* d'engagement réciproque. Quand je leur ai dit que deux des auteurs ne voulaient pas signer, ils m'ont répondu : " Débrouillez-vous, car de toute façon vous ne pourrez pas monter des négociations ailleurs sans notre accord. " »

De plus, se fondant sur des assurances données par Yves Rousset-Rouard, les Américains ont déjà mis en œuvre un aréopage de scénaristes chargés de commencer l'écriture du script. Coût engagé : un million de dollars!

Entre-temps, Yves vend sa société, donc ses parts sur *Le Père Noël...* à UGC, qui... le recommissionne pour tenter d'arranger cette histoire de remake. Les choses semblent bloquées, tant les exigences de Josiane et de Gérard paraissent exorbitantes... Et pourtant, elles ne le sont pas : les deux trublions réclament la modique somme de... sept cent mille dollars pour le contrat dans son entier. Une goutte d'eau, quand on sait Hollywood prêt à payer des millions de dollars une belle histoire. Et *Le Père Noël...* est, sur ce plan, de la plus belle eau!

« Il ne faut pas dramatiser, explique Thierry. Ce qui arrivait là arrive tous les jours dans n'importe quelle discussion commerciale. Nous n'étions pas d'accord sur le prix de cession, nous faisions de nouvelles propositions... » Une attitude révélatrice de l'attention qu'ils ont toujours portée à leur travail.

« Ce n'était pas seulement une question d'argent, affirme Josiane l'anar. D'accord, ils nous donnaient un peu de fric, mais ce n'était pas le vrai motif de notre refus. Ce qui nous avait choqués, Gérard et moi, c'est qu'on leur donnait *Le Père Noël...* pieds et poings liés! Leur contrat était inacceptable – par exemple, il nous fallait même leur permission pour remonter la pièce ici sur scène! J'ai refusé par principe : les Américains n'ont pas d'idées, mais ils ont du pognon, et s'ils veulent des idées il faut qu'ils les achètent. Ils sont omniprésents chez nous, ils sont partout à l'affiche, ils viennent bouffer notre cinéma... »

Yves repart pour de nouvelles négociations, comme un émissaire de l'ONU à la recherche d'un impossible accord de cessez-le-feu... Lassé, le grand Disney lève son option et donne le film en *turn around* à Tri-Star, un autre géant, qui accepte. Il faudra tout de même près de... six ans pour que le film soit enfin mis en chantier, avec entre autres Juliette Lewis et Steve Martin dans les rôles de Zézette et de Mortez, et Nora Ephron, la scénariste de *Quand Harry rencontre Sally*, derrière la caméra... Mais que peuvent bien faire les Américains d'une telle purée de pois française?

« On n'en sait rien, avoue Yves Rousset-Rouard. On n'a pas eu le droit de regard sur le scénario, et quand bien même : on se doute que cela n'aura rien à voir avec l'original, tant ce dernier est particulier. Je trouve seulement un peu triste que Gérard, qui gagne beaucoup d'argent, bloque un projet pour trente mille dollars. Car enfin, ou ce que font les Américains est nul, et ça ne retirera rien au film original, bien au contraire; ou le film est génial, et dans ce cas ce sera une sacrée victoire, non? »

Fin du dernier épisode. Aujourd'hui, sur ses terres du Vaucluse, Yves partage son temps entre son exploitation vinicole et ses obligations de député. De temps en temps, il « monte » à Paris, à la Chambre. Le cinéma? Il continue à y toucher. Presque en amateur. Sa fierté d'avoir été le producteur du Splendid, il la garde pour lui et sourit devant la carrière actuelle de « ses » acteurs. Sûr avec raison de ne pas s'être trompé. Il leur a, le premier, donné les moyens de faire rire la France. Trinacra, sa société de production, devrait au moins être, pour cela, reconnue d'« utilité publique »...

53

Tous les soirs, la petite rue du Bourg-l'Abbé, un minuscule boyau entre les grands boulevards et les Halles, sort de sa torpeur vers 20 heures. Dans cette rue tranquille du centre de Paris, il y a un établissement de bains-douches. Mais, depuis longtemps déjà, les pommeaux des douches, les caillebotis et les serviettes ont été remplacés par une piste de danse, un bar et un restaurant. En cette année 1984, Les Bains-Douches – « Les Bains », pour les habitués – est la boîte la plus courue de Paris avec son alter ego Le Palace, à quelques rues de là. Plus que jamais, en ce doux soir de juin, l'établissement est pris d'assaut ! Il se passe un événement majeur aux Bains, qui pourtant en ont connu d'autres ! L'endroit est le détour obligé des stars de passage dans la capitale : Kim Basinger y a sa bouteille, Prince y a fait des « bœufs », et Mickey Rourke le coup de poing. Mais ce soir-là, on fête les « dix ans du Splendid ». « Dix ans pour devenir stars ! » titrera le lendemain *Le Parisien* ! Une idée de *Paris-Match*, qui veut, pour fêter dignement l'événement, rassembler sur un seul cliché, non seulement les membres de la troupe, mais aussi et surtout tous ceux de la galaxie Splendid – ceux qui tournent ou gravitent autour d'elle depuis le début de cette décennie qui les a conduits de l'anonymat à la célébrité, de la rue de la Banque... à la gloire. Mais que fête-t-on exactement ce soir-là ? L'émergence d'une nouvelle génération de stars ? Un nouveau rire ? La relève des anciens ? L'enterrement des années baba ? Ou la grande fête du café-théâtre ?

Sa fin, surtout... Comme une chenille devenue papillon se débarrasse de son cocon, les comédiens qui l'ont porté au pinacle s'en débarrassent ce soir-là en faisant une double page du plus grand, du plus lu des hebdomadaires français... Même si, parmi ceux qui posent pour cette photo historique, certains savent qu'ils ne seront jamais les égaux de ceux qu'on fête alors, ils sont tous venus, réunis autour d'un Coluche qui semble présider la cérémonie. Pourtant, cette grande fête du Splendid n'est en rien une remise des prix ; c'est plutôt un banquet de fin d'année...

Et, comme pour bien entériner l'idée qu'ils ne pourront plus jamais être tous ensemble, l'un d'eux manque à l'appel : Thierry. Une absence révélatrice. La légende de la photo excuse l'absent d'un « pour cause de tournage en Espagne ». Mais personne n'est vraiment dupe...

Au petit matin, après une nuit mémorable, la rue du Bourg-l'Abbé retrouve son calme. Tous, dans la tiédeur du petit jour, se quittent sur le trottoir en se promettant de s'appeler. Comme autrefois sur le trottoir du lycée Pasteur... il y a bien longtemps.

La page est définitivement tournée. Seule l'amitié va rester.

Le sillon que chacun creuse dès lors va les éloigner, pensent-ils, de ce qui fut leur raison de vivre pendant tant d'années. Pas vraiment. « Nous sommes une troupe d'individualistes », aime à répéter Jugnot. Ils reprennent simplement une liberté mise un moment en leasing sous le nom de Splendid. Et ce sillon va encore donner de belles moissons.

« L'esprit du Splendid s'est dissipé, écrivait Henri Argelès dans *Le Monde* pour les dix ans de la troupe, mais son importance historique pour le cinéma français des années 80 est indéniable. Il a permis de rapprocher le cinéma de son public, de briser les schémas narratifs des comédies traditionnelles, bref, de réaliser un travail de décapage aussi important sur le plan du récit que celui que la nouvelle vague avait permis sur un plan formel. »

Et avec le recul que nous donnent ces dix dernières années, si on se pose plus prosaïquement la question : « Que reste-t-il de l'esprit Splendid ? », on peut aisément répondre : « Notre rire »... Ils l'ont changé à jamais !

« Allô, c'est Thierry. On a pensé à un titre pour ton bouquin... *Nous nous sommes tant marrés !* »

FILMOGRAPHIE-THÉÂTROGRAPHIE

JOSIANE BALASKO

1975

Le Locataire, de Roman Polanski.
Ginette Lacaze (théâtre), de Coluche.

1976

Pot de terre contre pot de vin (théâtre), du Splendid.
Si vous n'aimez pas ça, n'en dégoûtez pas les autres, de Raymond Lewin.
Une fille unique, de Philippe Nahoun.

1977

Amour, coquillages et crustacés (théâtre), du Splendid.
Pauline et l'Ordinateur, de Francis Fehr.
Monsieur Papa, de Philippe Monnier.
Dites-lui que je l'aime, de Claude Miller.
Nous irons tous au paradis, d'Yves Robert.
L'Animal, de Claude Zidi.
Les Petits Câlins, de Jean-Marie Poiré.
La Tortue sur le dos, de Luc Béraud.

1978

Bunny's Bar (théâtre) de Josiane Balasko.
Les héros n'ont pas froid aux oreilles, de Charles Nemès.
Les Bronzés, de Patrice Leconte.

1979

Les bronzés font du ski, de Patrice Leconte.

1980

Clara et les Chics Types, de Jacques Monnet.

1981

Les hommes préfèrent les grosses, de Jean-Marie Poiré.
Le Maître d'école, de Claude Berri.
Hôtel des Amériques, d'André Téchiné.

1982

Le Père Noël est une ordure, de Jean-Marie Poiré.

1983

Papy fait de la résistance, de Jean-Marie Poiré.
Signes extérieurs de richesse, de Jacques Monnet.
P'tit con, de Gérard Lauzier.

1984

La Smala, de Jean-Loup Hubert.
Tranches de vie, de François Leterrier.
La Vengeance du serpent à plumes, de Gérard Oury.
Sac de nœuds, de Josiane Balasko.

1985

Nuit d'ivresse (théâtre), de Josiane Balasko.

1986

Nuit d'ivresse, de Bernard Nauer.
Les Frères Pétard, d'Hervé Palud.

1987

Les Keufs, de Josiane Balasko.

1988

Une nuit à l'Assemblée nationale, de Jean-Pierre Mocky.
Sans peur et sans reproche, de Gérard Jugnot.
Trop belle pour toi!, de Bertrand Blier.

1990

Les Secrets professionnels du Dr Apfelgluck, de Stéphane Clavier (sketch).

1991

Ma vie est un enfer, de Josiane Balasko.

1992

Solo (théâtre), de Willy Russell (mise en scène de Josiane Balasko).

1993

Tout le monde n'a pas eu la chance d'avoir des parents communistes, de Jean-Jacques Zilbermann.

1994

Grosse fatigue, de Michel Blanc.

1995

Gazon maudit, de Josiane Balasko.

MARIE-ANNE CHAZEL

1975

Je vais craquer (théâtre), du Splendid.

1976

Le Quincaillier de Meaux (TV), de Pierre Lary.
Ma tête est malade (théâtre), du Splendid.
Pot de terre contre pot de vin (théâtre), du Splendid.

1977

Amour, coquillages et crustacés (théâtre), du Splendid.
Pauline et l'Ordinateur, de Francis Fehr.
Vous n'aurez pas l'Alsace et la Lorraine, de Michel Coluche et Marc Monnet.
Le Point de mire, de Jean-Claude Tramont.
Les Naufragés du Havre (TV), de Michel Leviant.
La Tortue sur le dos, de Luc Béraud.

1978

Les héros n'ont pas froid aux oreilles, de Charles Nemès.
Les Bronzés, de Patrice Leconte.
Le Coup de sirocco, d'Alexandre Arcady.
French Postcards (TV), de Willard Huyck.

1979

Le Père Noël est une ordure (théâtre), du Splendid.
Les bronzés font du ski, de Patrice Leconte.

1980

Viens chez moi, j'habite chez une copine, de Patrice Leconte.
On est pas des anges, elles non plus, de Michel Lang.
Fais gaffe à Lagaffe, de Paul Boujenah.

1981

Papy fait de la résistance (théâtre), de Christian Clavier et Martin Lamotte.
L'Année prochaine si tout va bien, de Jean-Loup Hubert.
Quand tu seras débloqué, fais-moi signe, de François Leterrier.

1982

Le Père Noël est une ordure, de Jean-Marie Poiré.

1984

L'Amour en douce, d'Édouard Molinaro.
Tranches de vie, de François Leterrier.

1985

Une amie de passage, d'Édouard Molinaro.
Un drôle de cadeau (théâtre), de Jean Bouchaud (mise en scène de l'auteur).
La Gitane, de Philippe de Broca.

1986

Cross, de Philippe Setbon.
La Vie dissolue de Gérard Floque, de Georges Lautner.

1988

Mes meilleurs copains, de Jean-Marie Poiré.

1989

Pièce détachée (théâtre), d'Alan Ayckbourn (mise en scène de Bernard Murat).
Fantômes sur l'oreiller (TV), de Pierre Mondy.

1990

Les gens ne sont pas tous forcément ignobles (TV), de Bernard Murat.

1991

La Dame de chez Maxim's (théâtre), de Feydeau (mise en scène de Bernard Murat).

1992

Les Visiteurs, de Jean-Marie Poiré.

1994

La Vengeance d'une blonde, de Jeannot Szwarc.
Grosse fatigue, de Michel Blanc.
Drôle de couple (théâtre), de Neil Simon.

VALÉRIE MAIRESSE

1974

L'Agression, de Gérard Pirès.

1975

Adieu poulet, de Pierre Granier-Deferre.
Sept morts sur ordonnance, de Jacques Rouffio.
Les Loulous, de Patrick Cabouat.
Calmos, de Bertrand Blier.

1976

Ma tête est malade (théâtre), du Splendid.
Je vais craquer (théâtre), du Splendid.
On aura tout vu, de Georges Lautner.
L'une chante, l'autre pas, d'Agnès Varda.
René la Canne, de Francis Girod.

1977

Dora ou la Lanterne magique, de Pascal Kané.
Haro, de Gilles Béhat.
Repérages, de Michel Soutter.
Emmenez-moi au Ritz (TV), de Pierre Grimblat.

1978

Un si joli village, d'Étienne Périer.
Tu comprends ça, soldat? (TV), de Pierre Granier-Deferre.

1979

C'est pas moi, c'est lui, de Pierre Richard.

1980

Le Coup du parapluie, de Gérard Oury.

1982

Bunny's Bar (théâtre), de Josiane Balasko.
Deux heures moins le quart avant Jésus-Christ, de Jean Yanne.
Croquignole (TV), de Jacques Brard.
Banzaï, de Claude Zidi.

1983

Debout les crabes, la mer monte, de Jacques Grand'Jouan.
Les Fauves, de Jean-Louis Daniel.

1984

La Triche, de Yannick Bellon.
La Femme du boulanger (théâtre), de Marcel Pagnol (mise en scène de Jérôme Savary).
Le Sacrifice (Offret), d'Andreï Tarkovski.
L'Ordre (TV), d'Étienne Périer.
Un homme comblé (TV), de Paula Delsol.

1985

Gros dégueulasse, de Bruno Zincone.

1986

Les Frères Pétard, d'Hervé Palud.
Le Bourgeois gentilhomme (théâtre), de Molière (mise en scène de Jérôme Savary).

1987

Funny Boy, de Christian Le Hémonnet.
Talkie-walkie (TV), de Daniel Moosmann.

1988

Les Pique-Assiettes (TV), de Gilles Amado.
Mary de Cork (TV), de Robin Davis.
Le gorille compte ses abattis (TV), de Jean Delannoy.
Arrêts fréquents (TV), de Gérard Marx.

1989

La Vierge noire (TV), de Igaal Niddam.

1990

Amalia Lopes O'Neill, de Valeria Sarmiento.
Les Secrets professionnels du Dr Apfelgluck, de Thierry Lhermitte (sketches de liaison).
Morphée aux enfers (TV), de C. Grinberg.
L'Entraînement du champion avant la course, de Bernard Favre.

1991

Ville à vendre, de Jean-Pierre Mocky.
Les Cravates léopards (TV), de Jean-Luc Trotignon.

1992

Sup de fric, de Christian Gion.
Le Talion (TV), de Pierre Aknine.

1993

Le Prix Martin (théâtre), d'Eugène Labiche (mise en scène de Daniel Benoît).
Quadrille (théâtre), de Sacha Guitry (mise en scène de Daniel Benoît).
Dose mortelle (TV), de Joyce Buñuel.

MICHEL BLANC

1974

Que la fête commence, de Bertrand Tavernier.

1975

Attention les yeux, de Gérard Pirès.
La Meilleure Façon de marcher, de Claude Miller.
Je t'aime moi non plus, de Serge Gainsbourg.
L'Ordinateur des pompes funèbres, de Gérard Pirès.
Le Locataire, de Roman Polanski.

1976

Ma tête est malade (théâtre), du Splendid.
Pot de terre contre pot de vin (théâtre), du Splendid.
On aura tout vu, de Georges Lautner.
Le Diable dans la boîte, de Pierre Lary.

1977

Amour, coquillages et crustacés (théâtre), du Splendid.
Des enfants gâtés, de Bertrand Tavernier.
Vous n'aurez pas l'Alsace et la Lorraine, de Michel Coluche et Marc Monnet.
Le Point de mire, de Jean-Claude Tramont.
Le beaujolais nouveau est arrivé, de Jean-Luc Voulfow.
La Tortue sur le dos, de Luc Béraud.

1978

Bunny's Bar (théâtre), de Josiane Balasko.
Les héros n'ont pas froid aux oreilles, de Charles Nemès.
Chaussette surprise, de Jean-François Davy.
Les Bronzés, de Patrice Leconte.
L'Adolescente, de Jeanne Moreau.
Cause toujours, tu m'intéresses, d'Édouard Molinaro.

1979

Les bronzés font du ski, de Patrice Leconte.
Rien ne va plus, de Jean-Michel Ribes.
La Gueule de l'autre, de Pierre Tchernia.

1980

Le Cheval d'orgueil, de Claude Chabrol.
Viens chez moi, j'habite chez une copine, de Patrice Leconte.

1981

Ma femme s'appelle reviens, de Patrice Leconte.

1982

Circulez, y a rien à voir, de Patrice Leconte.

1983

Papy fait de la résistance, de Jean-Marie Poiré.
Drôle de samedi, de Bay Okan.
Nemo, d'Arnaud Sélignac.

1984

Retenez-moi ou je fais un malheur, de Michel Gérard.
Marche à l'ombre, de Michel Blanc.

1985

Nuit d'ivresse (théâtre), de Josiane Balasko.

1986

Tenue de soirée, de Bertrand Blier.
Je hais les acteurs, de Gérard Krawczyk.
Les Fugitifs, de Francis Veber.

1987

L'Excès contraire (théâtre), de Françoise Sagan (seulement mise en scène).

1988

Une nuit à l'Assemblée nationale, de Jean-Pierre Mocky.
Sans peur et sans reproche, de Gérard Jugnot.
Afghanistan, le pays interdit (TV), épisode de la série « Médecins des hommes », d'Alain Corneau.
The Loser Takes All (inédit), de James Scott.
Monsieur Hire, de Patrice Leconte.
En vacances (TV), de Roger Guillot.

1989

Chambre à part, de Jacky Cukier.

1990

Prospero's books, de Peter Greenaway.
Uranus, de Claude Berri.
La Montre, la Croix et la Bannière, de Benjamin Lewin.
Les Secrets professionnels du Dr Apfelgluck (sketch), de Stéphane Clavier.
Merci la vie, de Bertrand Blier.

1992

Toxic Affair, de Philomène Esposito.
Je veux faire du cinéma (théâtre), de Neil Simon (acteur, adaptation et mise en scène).

1994

Grosse fatigue, de Michel Blanc.

1995

Prêt à porter, de Robert Altman.
Le Monstre, de Roberto Benigni.
Le Marchand de Venise (théâtre), de William Shakespeare (mise en scène de Jean-Luc Tardieu).

CHRISTIAN CLAVIER

1972

Non Georges pas ici! (théâtre), de Thierry Lhermitte, Christian Clavier et Gérard Jugnot.

1974

Que la fête commence, de Bertrand Tavernier.

1975

Je vais craquer (théâtre), du Splendid.
Ginette Lacaze (théâtre), de Coluche.
F comme Fairbanks, de Maurice Dugowson.

1976

Ma tête est malade (théâtre), du Splendid.
Pot de terre contre pot de vin (théâtre), du Splendid.
Le Diable dans la boîte, de Pierre Lary.
L'Amour en herbe, de Roger Andrieux.

1977

Amour, coquillages et crustacés (théâtre), du Splendid.
Des enfants gâtés, de Bertrand Tavernier.
Dites-lui que je l'aime, de Claude Miller.
Vous n'aurez pas l'Alsace et la Lorraine, de Michel Coluche et Marc Monnet.
La Tortue sur le dos, de Luc Béraud.

1978

Les héros n'ont pas froid aux oreilles, de Charles Nemès.
Les Bronzés, de Patrice Leconte.

1979

Le Père Noël est une ordure (théâtre), du Splendid.
Les bronzés font du ski, de Patrice Leconte.
Je vais craquer, de François Leterrier.

1980

Cocktail Molotov, de Diane Kurys.
Clara et les Chics Types, de Jacques Monnet.

1981

Papy fait de la résistance (théâtre), de Christian Clavier et Martin Lamotte.
Quand tu seras débloqué, fais-moi signe, de François Leterrier.
Elle voit des nains partout, de Jean-Claude Sussfeld.

1982

Le Père Noël est une ordure, de Jean-Marie Poiré.
Rock and Torah, de Marc-André Grynbaum.

1983

Papy fait de la résistance, de Jean-Marie Poiré.
Ma vedette américaine (théâtre), de François Courtanoux (Jean-Louis Livi) [mise en scène de Pierre Mondy].

1984

Tranches de vie, de François Leterrier.

1986

Twist again à Moscou, de Jean-Marie Poiré.
Double mixte (théâtre), de Ray Cooney (mise en scène de Pierre Mondy).
La Vie dissolue de Gérard Floque, de Georges Lautner.
L'Été 36 (TV), d'Yves Robert.

1988

Mes meilleurs copains, de Jean-Marie Poiré.
Les cigognes n'en font qu'à leur tête, de Didier Kaminka.

1989

Le Fil à la patte (théâtre), de Feydeau (mise en scène de Pierre Mondy).
Fantômes sur l'oreiller (TV), de Pierre Mondy.

1990

Opération Corned-beef, de Jean-Marie Poiré.
Les Secrets professionnels du Dr Apfelgluck, de Thierry Lhermitte (sketch).
Les gens ne sont pas tous forcément ignobles (TV), de Bernard Murat.

1991

La Dame de chez Maxim's (théâtre), de Feydeau (mise en scène de Bernard Murat).

1992

Les Visiteurs, de Jean-Marie Poiré.

1993

La Soif de l'or, de Gérard Oury.

1994

La Vengeance d'une blonde, de Jeannot Szwarc.
Grosse fatigue, de Michel Blanc.

1995

Les Anges gardiens, de Jean-Marie Poiré.

GÉRARD JUGNOT

1972

Non Georges pas ici! (théâtre), de Thierry Lhermitte, Christian Clavier et Gérard Jugnot.

1973

L'an 01, de Jacques Doillon.
Les Valseuses, de Bertrand Blier.

1974

Les Suspects, de Michel Wyn.
C'est pas parce qu'on a rien à dire qu'il faut fermer sa gueule, de Jacques Besnard.
Que la fête commence, de Bertrand Tavernier.
Vous ne l'emporterez pas au paradis, de François Dupont-Midy.
Pas de problème, de Georges Lautner.

1975

Je vais craquer (théâtre), du Splendid.
Oublie-moi Mandoline, de Michel Wyn.
Calmos, de Bertrand Blier.
Le Juge et l'Assassin, de Bertrand Tavernier.
Monsieur Klein, de Joseph Losey.
Le Locataire, de Roman Polanski.

1976

Ma tête est malade (théâtre), du Splendid.
Pot de terre contre pot de vin (théâtre), du Splendid.
On aura tout vu, de Georges Lautner.
Si vous n'aimez pas ça, n'en dégoûtez pas les autres, de Raymond Lewin.
Dracula père et fils, d'Édouard Molinaro.
Le Chasseur de chez Maxim's, de Claude Vital.
Le Jouet, de Francis Veber.
Treize femmes pour Casanova (*Casanova und Kompanie*), de Franz Antel.
La Coccinelle à Monte-Carlo (*Herbie Goes to Monte-Carlo*), de Vincent Mac Eveety.

1977

Amour, coquillages et crustacés (théâtre), du Splendid.
Des enfants gâtés, de Bertrand Tavernier.
Pauline et l'Ordinateur, de Francis Fehr.
Vous n'aurez pas l'Alsace et la Lorraine, de Michel Coluche et Marc Monnet.
La 7e Compagnie au clair de lune, de Robert Lamoureux.
Les Petits Câlins, de Jean-Marie Poiré.

1978

Bunny's Bar (théâtre), de Josiane Balasko.
Les héros n'ont pas froid aux oreilles, de Charles Nemès.
Les Bronzés, de Patrice Leconte.
Un si joli village, d'Étienne Périer.
Le Coup de sirocco, d'Alexandre Arcady.

1979

Le Père Noël est une ordure (théâtre), du Splendid.
Les bronzés font du ski, de Patrice Leconte.
Retour en force, de Jean-Marie Poiré.

1980

Le Coup du parapluie, de Gérard Oury.
Les Charlots contre Dracula, de Jean-Pierre Desagnat.

1981

Enfin seul (théâtre), de Gérard Jugnot.
Papy fait de la résistance (théâtre), de Christian Clavier et Martin Lamotte.
Pourquoi pas nous?, de Michel Berny.

1982

Pour cent briques t'as plus rien, d'Édouard Molinaro.
Le Père Noël est une ordure, de Jean-Marie Poiré.
Le Quart d'heure américain, de Philippe Galland.

1983

La fiancée qui venait du froid, de Charles Nemès.
Papy fait de la résistance, de Jean-Marie Poiré.
Just the Way You Are (inédit), d'Édouard Molinaro.
Le Garde du corps, de François Leterrier.

1984

Pinot simple flic, de Gérard Jugnot.
Tranches de vie, de François Leterrier.
Les Rois du gag, de Claude Zidi.

1985

Scout toujours, de Gérard Jugnot.

1986

Nuit d'ivresse (théâtre), de Josiane Balasko.
Nuit d'ivresse, de Bernard Nauer.
Le Beauf, d'Yves Amoureux.

1987

Tandem, de Patrice Leconte.

1988

Sans peur et sans reproche, de Gérard Jugnot.
Les cigognes n'en font qu'à leur tête, de Didier Kaminka.

1989

Les Mille et Une Nuits, de Philippe de Broca.

1990

Popkins (théâtre), Murray Schisgal (mise en scène de Danièle Chutaux).
Les Secrets professionnels du Dr Apfelgluck, de Thierry Lhermitte.

1991

Une époque formidable, de Gérard Jugnot.
Les Clés du paradis, de Philippe de Broca.

1992

Voyage à Rome, de Michel Lengliney.

1994

Grosse fatigue, de Michel Blanc.
Casque bleu, de Gérard Jugnot.

THIERRY LHERMITTE

1972

Non Georges pas ici (théâtre), de Thierry Lhermitte, Christian Clavier et Gérard Jugnot.

1973

Les Valseuses, de Bertrand Blier.
L'An 01, de Jacques Doillon.

1974

Le Graphique de Boscop (théâtre), de Sotha.
Que la fête commence, de Bertrand Tavernier.

1975

Je vais craquer (théâtre), du Splendid.
Les Semelles de la nuit (théâtre), de Romain Bouteille.
Ginette Lacaze (théâtre), de Coluche.
Attention les yeux!, de Gérard Pirès.
F comme Fairbanks, de Maurice Dugowson.

1976

Ma tête est malade (théâtre), du Splendid.
Pot de terre contre pot de vin (théâtre), du Splendid.
Si vous n'aimez pas ça, n'en dégoûtez pas les autres, de Raymond Lewin.
L'Amour en herbe, de Roger Andrieux.

1977

Amour, coquillages et crustacés (théâtre), du Splendid.
Des enfants gâtés, de Bertrand Tavernier.
Vous n'aurez pas l'Alsace et la Lorraine, de Michel Coluche et Marc Monnet.
Le Dernier Amant romantique, de Just Jaeckin.

1978

Les héros n'ont pas froid aux oreilles, de Charles Nemès.
E = MC2 mon amour, de George Roy Hill.
Les Bronzés, de Patrice Leconte.

1979

Le Père Noël est une ordure (théâtre), du Splendid.
Les bronzés font du ski, de Patrice Leconte.
Une puce dans la fourrure (TV), de Jean-Pierre Prévost.
Alors, heureux ?, de Claude Barrois, Pierre et Marc Jolivet.
Tout dépend des filles, de Pierre Fabre.

1980

La Banquière, de Francis Girod.
Clara et les Chics Types, de Jacques Monnet.

1981

L'Année prochaine si tout va bien, de Jean-Loup Hubert.
Les hommes préfèrent les grosses, de Jean-Marie Poiré.
Pieds nus dans le parc (TV), de Pierre Mondy.
La Tribu des vieux enfants (TV), de Michel Favart.
Elle voit des nains partout, de Jean-Claude Sussfeld.

1982

Le Père Noël est une ordure, de Jean-Marie Poiré.
Légitime violence, de Serge Leroy.
Rock and Torah, de Marc-André Grynbaum.
L'Indic, de Serge Leroy.
Le Voyageur imprudent (TV), de Pierre Tchernia.
Stella, de Laurent Heynemann.

1983

La Femme de mon pote, de Bertrand Blier.
La fiancée qui venait du froid, de Charles Nemès.
Papy fait de la résistance, de Jean-Marie Poiré.
Un homme à ma taille, d'Annette Carducci.
French Lover (Until September), de Richard Marquand.

1984

La Smala, de Jean-Loup Hubert.
Les Ripoux, de Claude Zidi.
Un été d'enfer, de Michael Schock.
Les Rois du gag, de Claude Zidi.

1985

Nuit d'ivresse (théâtre), de Josiane Balasko.
Le Mariage du siècle, de Philippe Galland.

1986

Nuit d'ivresse, de Bernard Nauer.
Dernier été à Tanger, d'Alexandre Arcady.

1987

Fucking Fernand, de Gérard Mordillat.

1988

L'Ex-Femme de ma vie (théâtre), de Josiane Balasko.

1989

Ripoux contre ripoux, de Claude Zidi.
Les Mille et Une Nuits, de Philippe de Broca.

1990

Promotion canapé, de Didier Kaminka.
Les Secrets professionnels du Dr Apfelgluck, de Thierry Lhermitte (sketch + liaison) et Stéphane Clavier (sketch).

1991

La Totale, de Claude Zidi.
Le Zèbre, de Jean Poiret.
Les Danseurs du Mozambique (TV), de Philippe Lefebvre.

1992

Tango, de Patrice Leconte.

1993

Elles n'oublient jamais, de Christopher Frank.
Deux justiciers dans la ville (TV), de Franck Apprederis.
Ange ou démon (Speaking of the Devil), de E. B. Clucher.

1994

Grosse fatigue, de Michel Blanc.
Un Indien dans la ville, d'Hervé Palud.

BRUNO MOYNOT

1976

Pot de terre contre pot de vin (théâtre), du Splendid.
L'Affiche rouge, de Frank Cassenti.
Une fille unique, de Philippe Nahoun.
L'Aile ou la Cuisse, de Claude Zidi.

1977

Amour, coquillages et crustacés (théâtre), du Splendid.
Vous n'aurez pas l'Alsace et la Lorraine, de Michel Coluche et Marc Monnet.
La Chanson de Roland, de Frank Cassenti.
La Tortue sur le dos, de Luc Béraud.

1978

Bunny's Bar (théâtre), de Josiane Balasko.
Les héros n'ont pas froid aux oreilles, de Charles Nemès.
Les Bronzés, de Patrice Leconte.

1979

Le Père Noël est une ordure (théâtre), du Splendid.
Les bronzés font du ski, de Patrice Leconte.

1980

Viens chez moi, j'habite chez une copine, de Patrice Leconte.

1981

Papy fait de la résistance (théâtre), de Christian Clavier et Martin Lamotte.
Quand tu seras débloqué, fais-moi signe, de François Leterrier.

1982

Le Père Noël est une ordure, de Jean-Marie Poiré.
Le Quart d'heure américain, de Philippe Galland.

1983

Papy fait de la résistance, de Jean-Marie Poiré.
Panique à Orly (théâtre), de Bruno Moynot et Philippe Kléber.

1984

Sac de nœuds, de Josiane Balasko.

1986

Nuit d'ivresse, de Bernard Nauer.

1987

Les Keufs, de Josiane Balasko.

1990

Les Secrets professionnels du Dr Apfelgluck, de Mathias Ledoux (sketch).

1991

Ma vie est un enfer, de Josiane Balasko.

1993

Mauvais garçon, de Charles Gassot.

REMERCIEMENTS

Sept (mille) fois merci à Josiane Balasko, Marie-Anne Chazel, Valérie Mairesse, Michel Blanc, Christian Clavier, Gérard Jugnot et Thierry Lhermitte, qui ont accepté avec enthousiasme mon projet, le rendant ainsi possible. Tout au long de ces deux années, ils m'ont apporté, sans jamais faillir, leur aide, leur soutien et un temps que je sais précieux. J'ai mis leur mémoire à rude épreuve pour qu'ils retrouvent leur histoire, enfouie, cachée, quelquefois oubliée... Ce livre est l'expression de mon amitié et de mon admiration.

Un remerciement tout spécial à Bruno Moynot, le gardien du temple, qui a mis à ma disposition toutes les archives du Splendid, a toujours été présent pour me faciliter la tâche. Sa mémoire et sa gentillesse m'ont été des plus précieuses.

Je me dois aussi de remercier ceux qui ont accepté d'apporter leur témoignage à mon entreprise... Et tout d'abord Mme Tsilla Chelton, qui a répondu à mes questions avec drôlerie et verve. Je garde de nos entretiens un souvenir ému. Merci à Martin Lamotte, Patrice Leconte, Charles Nemès, Jean-Marie Poiré, Christian Spillmacker, Jean-Claude Sussfeld, Bertrand Tavernier ; et plus particulièrement à Yves Rousset-Rouard, pour ses souvenirs, son hospitalité et... son délicieux rosé.

Je remercie aussi ceux qui m'ont aidé dans ma tâche : Aïda (grosse bise !), Annabelle Caroubi, Alain Charlot, Marie-Josée Di Tullio, Jeanne Dutertre (l'œil infaillible), Olivier Billiotet, Dominique Fouré, Alain Grasset, Jean-Claude Maurice, Catherine Meynial, Claude Olivier, Anne-Marie Princiaux, Michèle Stouvenot, Alain Terzian et Hervé Charrier, sans oublier l'inénarrable Jean-Pierre Lamblin !

Et d'une manière plus personnelle : Nadine Le Guillou, l'indispensable et précieuse amie. Loïc Sellin et Dominique Pensec, mes premiers lecteurs, pour leur jugement et leur amitié. Bernard Tessier. Yo Prassinos, pour sa gentillesse et le calme atelier d'Eygalières. Arlette Stroumza, la première à avoir cru à mon projet et qui l'a si bien défendu. Pascale Richard, pour son amabilité et son talent, Brigitte Semler et Tony Cartano, pour leur soutien et leur professionnalisme. Et Laure... pour tout.

TABLE

Filmographie – Théâtrographie

Cet ouvrage a été réalisé par la
SOCIÉTÉ NOUVELLE FIRMIN-DIDOT
Mesnil-sur-l'Estrée
pour le compte des Éditions Belfond
en novembre 1994

Imprimé en France
Dépôt légal : novembre 1994
N° d'édition : 3216 – N° d'impression : 28542